中国人民大学律师学院律师操典丛书

总主编：刘瑞起　学术顾问：韩玉胜

行政复议和行政诉讼实务与案例指引

第二版

行政处罚

行政强制

行政许可

行政确认

信息公开

行政赔偿

朱加宁　主编

中国法制出版社
CHINA LEGAL PUBLISHING HOUSE

主编

朱加宁

编委会成员

卢北益	徐 鹏	陶 潺
张浩哲	吴育琼	王舒娴
卢艺文	蔡咖娣	韩春雨

编写说明

根据中国人民大学律师学院编写律师操典丛书的工作安排，由本人负责《行政复议和行政诉讼实务与案例指引》的编写工作。

目前图书市场上各类法律案例书籍繁多，行政法和行政救济方面的案例书籍也为数不少。如何编写一本体例新颖，对于从事行政法业务的律师、法科学生、行政执法人员的实务操作有指导意义的案例书，我和同事作了一些调研和思考，最后确定了本书的体例编排、案例选用、框架结构和编写方法。

关于本书的体例编排，按照我国行政复议法和行政诉讼法受案范围的体例，根据不同行政行为的分类进行章节排序，分为行政处罚、行政强制、行政许可、行政确认、行政征收、行政履职、行政侵权、行政给付、行政登记、行政协议、信息公开、行政赔偿等，同时加入了行政复议和行政诉讼的主体资格、受案范围、裁判规则等常见的程序内容。

关于案例的选用，根据典型性、新颖性、可读性、实用性的标准，从最高人民法院的指导案例、公报案例和各省评选的典型案例以及作者办理的一些案例中，选取近年来司法实践中出现的新问题和有较大争议、最终又有权威结论和指导意义的案例，抽取归纳其中的主要争议问题，在不影响原案例基本内容的前提下，对案件情况进行适当删节和改写，以突出主要争点进行评析。

关于每篇案例的框架结构，均由四部分组成。一是基本案情和行政救济策略，二是行政救济情况及处理结果，三是争议问题和法律评析，四是参考法条和相关资料。其中行政救济策略部分，包括案件的选择救济途径和具体处理方案，对读者处理类似纠纷可能会起到一定的指导作用；法律评析部分针对主要争点展开，着重介绍相关法律规定和法理，有助于帮助读者全面理解和精准运用法律，在办理案件和撰写代理词时参考；文中所附的相关法条、司法判例和参考资料，有利于读者开阔视野，进一步检索、汲取相关判例和专家的权威意见。

关于写作方法，本书中案例基本情况的叙述，采用案例故事的写作方法，有的案例隐去当事人和法院的真实名称，有的案例删去了与案情无关的日期，以避免枯燥乏味和不必要的对号入座；从真实案例中节选其中的主要问题，省略次要问题，以避免内容过于冗长和重复；在争议问题和法律评析方面，力求突出针对性、实操性和指导性。

本书在编写工作中得到了中国人民大学律师学院刘瑞起院长，杨洪浦、薛强老师的精心指导，并得到了同事卢北益、徐鹏、陶潺、张浩哲、吴育琼、王舒娴、卢艺文等人的大力帮助，这些同事都分别在工作之余参与了本书案例的编写工作，为本书的及时完稿付出了辛勤劳动，中国人民大学律师学院历届毕业的硕士研究生蔡咖娣和韩春雨也参加了本书的编写和修改工作，在校学生张劼、朱杭城也参加了本书的资料收集和文字校对工作。在本书的编写过程中，我们还参考并吸收了一些法官、学者的工作成果和理论研究成果。在此，谨向他们表示最诚挚的谢意！

由于编者水平有限，书中难免存在不少问题，还望读者多多谅解并提出宝贵意见。

朱加宁

2020 年 10 月 25 日

再版说明

  本书自 2020 年 11 月出版以来，我国行政法领域一些法律法规和司法解释作了修改。其中 2021 年 1 月 22 日，全国人大常委会对《行政处罚法》作了较大修改，2023 年 9 月 1 日，全国人大常委会对《行政复议法》作了大幅度修改，最高人民法院也于 2022 年 3 月 20 日颁布了《关于审理行政赔偿案件若干问题的规定》，据此本书有必要随之进行修改。

  对于本书案例与评析的修改方法，考虑到原案例的处理依据大都是修改前的法律和司法解释，为此本书未采用直接修改的方式，而是在"法律评析"一栏中新增了"需要注意的问题"一节，用新修改的法律和司法解释对原案例进行了评析，并根据新法律的新制度新程序规定，对今后行政相对人和代理律师参与行政复议和行政诉讼作出了新的指引。

  本书的修改，得到了中国法制出版社领导以及秦智贤编辑、中国人民大学律师学院刘瑞起院长、薛强等老师的大力支持和帮助。本人的同事卢北益、张律伦、徐鹏、陶潺、吴育琼、张劼等人为本书修改付出了辛勤劳动。在此一并表示衷心感谢！

  同时，期待读者阅后多提宝贵意见，共同探索总结行政复议和行政诉讼领域的新问题和新经验，为我国的行政法治建设添砖加瓦。

朱加宁
2024 年 1 月 25 日

目 录
CONTENTS

第一章　诉讼主体 | 001

　　1. 不服经批准的行政行为可向批准机关的上级申请行政复议 | 001
　　2. 行政行为的利害关系人具有行政诉讼原告资格 | 008
　　3. 行政许可诉讼案可以将署名机关和批准机关列为共同被告 | 015

第二章　受案范围 | 023

　　4. 行政案件立案审查时不能以诉的利益取代受案条件 | 023
　　5. 反复申请行政复议后起诉属于滥用诉权，法院可不予受理 | 030
　　6. 公务员招录纠纷属于外部行政争议，可以申请行政复议 | 039

第三章　行政处罚 | 047

　　7. 行政处罚不得违反过罚相当原则 | 047
　　8. 行政机关没收较大数额财产应当适用听证程序 | 056
　　9. 行政处罚不得违反一事不再罚原则 | 065

第四章　行政强制 | 073

　　10. 无证建筑未经合法程序认定不能视为违法建筑予以强拆 | 073

11. 行政机关故意长期不处理扣留财物的行为构成滥用职权 | 082

12. 行政强制决定正当不等于强制行为必然合法 | 091

第五章 行政许可 | 099

13. 行政许可延续的申请条件不同于重新申请条件 | 099

14. 环保行政许可审查应保障公众参与权 | 108

第六章 行政确认 | 117

15. 职工见义勇为受伤或死亡应当视同工伤 | 117

16. 撤销重作案件不得以同一事实和理由作出基本相同的行政行为 | 125

17. 宅基地登记发证后家庭成员的异议纠纷不属于土地权属争议 | 134

第七章 行政征收 | 143

18. 行政征收批复等内部行为外化后具有可诉性 | 143

第八章 行政履职 | 151

19. 会议纪要议定事项可以转化为政府法定职责 | 151

20. 公安机关不得以存在民事纠纷为由不履行法定职责 | 160

21. 行政执法不能违反禁止不当联结原则设定附加条件 | 167

第九章 行政侵权 | 175

22. 行政自由裁量权依法应受比例原则的约束 | 175

第十章 行政给付 | 185

23. 对行政惯例形成的信赖利益应予以保护 | 185

24. 行政给付诉讼的适用范围及诉讼规则 | 194

第十一章　行政登记 | 203

25. 人民法院对错误的工商登记可直接判决撤销 | 203

26. 行民交叉案件的第三人对善意取得的不动产可依法主张权利 | 210

第十二章　行政协议 | 217

27. 政府不适当履行行政协议应承担违约责任 | 217

第十三章　裁判规则 | 225

28. 行政诉讼的原告可以一并请求审查规范性文件的合法性 | 225

29. 行政决定未引用具体法律条款属于适用法律错误 | 236

30. 实施行政行为无法定程序可遵循时应适用程序正当原则 | 244

第十四章　信息公开 | 255

31. 行政机关内部处理流程不能作为信息公开延期的理由 | 255

32. 高等院校招生过程信息属于应当公开的政府信息 | 262

第十五章　行政赔偿 | 271

33. 对违法行政行为应当适用行政赔偿程序进行救济 | 271

34. 违法强拆行政赔偿案件中的赔偿原则及赔偿标准 | 279

第一章　诉讼主体

1. 不服经批准的行政行为可向批准机关的上级申请行政复议

——毛某等人诉某市人民政府不予受理行政复议案

【基本案情和行政救济策略】

2018年12月27日，最高人民法院作出（2018）最高法行申11443号行政裁定书，认定某市政府不予受理毛某等人的行政复议申请违反了我国《行政复议法实施条例》第十三条的规定，认为市政府应予受理该复议申请。故裁定驳回市政府不服省高级人民法院二审判决所提起的再审申请。

该案始于2016年2月，某区国土局向区政府报送了《第66批城镇建设用地等的征收土地补偿安置方案的请示》。区政府收到该请示后，于同年3月7日作出了《关于第66批建设用地等征地补偿安置方案的批复》，原则同意该补偿方案。为此，区国土局对涉案地块实施了该补偿安置方案。行政相对人毛某等人认为该补偿安置方案不合理，补偿标准过低，要求修改补偿安置方案。毛某等人经多次要求无果，准备通过法律途径解决。

代理律师介入后分析认为，本案是经区政府批复同意，由区国土局出面对外实施的行政行为。按照现行《行政复议法》和《行政诉讼法》的规定和常规救济途径，如果选择行政复议，是将对外作出或实施行政行为的行政机关区国土局作为被申请人，向其上级行政机关市国土局或本级人民政府申请行政复议；如果选择行政诉讼，则是以对外实施机关区国土局为被告，向被告所在地的基层法院起诉。但这两条救济路径均不理想，如向区政府申请行政复议，涉案征地补偿安置方案本身就是区政府批准的，向其申请复议，其结果不言而喻；如向市国土局申请复议，请求其解决补偿不公问题，可能也难以奏效；如向所在地基层法院起诉，由区法院审理名义被告是区国土局而实际被告是区政府的案件，其处理难度可想而知。要取得相对公平合理的处理结果，应尽可能选择对己方更为有利的救济途径和争取由高一级的部门处理。因此，建议根据《行政复议法实施条例》第十三条的特别规定，将作出批复的区政府列为被申请人，向其上级机关市政府申请复议，如复议结果不利，再向市政府所在地的中级人民法院起诉，如不服一审判决，可以向省高级人民法院上诉，直至向最高人民法院申请再审。

【行政救济情况及处理结果】

毛某等人以区政府为被申请人，向市政府提出了行政复议申请，请求撤销区政府关于征地补偿安置方案的批复。市政府受理后，于2017年2月28日作出（2016）985号《驳回行政复议申请决定书》（以下简称复议决定），以该批复是上级行政机关与下级行政机关之间的内部公文，未对毛某等人的权利义务直接发生法律效力为由，认定毛某等人的行政复议申请不属于《行政复议法》（2017年修正）第六条规定的复议范围，不符合受理条件，驳回毛某等人的行政复议申请。

毛某等人以市政府为被告，向市中级人民法院提起行政诉讼，请求撤销复议决定，责令市政府受理原告的行政复议申请并作出复议决定。市中院一审认为：区政府作出的批复，系行政机关内部的行政程序性环节，不对外直接创设新的权利义务，市政府作出的驳回原告行政复议申请的决定正确。据此判决驳回原告毛某等人的全部诉讼请求。

毛某等人向省高级人民法院上诉，行政上诉状认为：根据《行政复议法实施条例》第十三条的规定，上诉人有权向行政行为的批准机关——区政府的上级行政机关市政府申请复议，复议机关驳回上诉人的行政复议申请违反法律规定；一审判决关于复议申请事项属于内部行政行为的认定明显不当，驳回上诉人诉讼请求更是错误。请求二审法院依法改判，责令市政府受理上诉人的行政复议申请。省高院审理后认为，上诉人的上诉理由成立。遂作出二审判决，撤销市中院的一审判决，撤销市政府的复议决定，责令市政府依法受理毛某等人的行政复议申请。

市政府不服，向最高人民法院申请再审，要求撤销省高院的二审判决。最高人民法院审理后认为，市政府应当按照我国《行政复议法》（2017年修正）第十三条的规定，受理毛某等人的行政复议申请；市政府以该批复属行政机关内部程序性行为不对外产生法律效力，不属于行政复议范围为由驳回毛某等人的复议申请，属适用法律错误；二审判决撤销市政府的复议决定，责令其依法受理毛某等人的复议申请并无不当。为此，最高人民法院裁定驳回市政府的再审申请。

【争议问题和法律评析】

一、行政复议和行政诉讼对行政争议的处理机制不同

行政复议和行政诉讼作为解决行政争议的两大法律途径，具有相同的维护公平正义的目标，适用相同的行政实体法，对行政行为的合法性采用同样的标准进行审查，同样能有效监督行政机关依法行政，解决行政争议，维护行政相对人的合法权益。但行政复议和行政诉讼具有不同的功能、处理范围和处理方式。行政复议是行政机关上下级之间的内部监督机制，监督范围比行政诉讼广，对行政行为的审查不仅针对其合法性，还涉及合理性；在处理方式上比行政诉讼更为灵活和便捷。而行政诉讼是人民法院对行政机关的外部监督机制，监督范围相对较窄，对行政行为的审查一般只针对合法性，除"明显不当"外，对行政行为的合理性一般不予审查，以尊重行政机关的自由裁量权；在处理上行政诉讼实行二审终审制，处理方式相对规范但时间较

长。我国现行法律规定行政相对人对行政救济途径,除法定"复议前置"外,均可以"选择救济",既可申请复议,也可提起诉讼。如选择行政复议,还可依照法律规定再作选择。因此,了解行政复议和行政诉讼的异同点,对于有效处理行政争议具有重要意义。

二、《行政复议法实施条例》第十三条对于解决行政争议的重要意义

2007年8月1日起施行的《行政复议法实施条例》第十三条规定:"下级行政机关依照法律、法规、规章规定,经上级行政机关批准作出具体行政行为的,批准机关为被申请人。"该规定不同于2000年3月10日起施行的《最高人民法院关于执行〈中华人民共和国行政诉讼法〉若干问题的解释》第十九条"当事人不服经上级行政机关批准的具体行政行为,向人民法院提起诉讼的,应当以在对外发生法律效力的文书上署名的机关为被告"的规定和2018年2月8日起施行的《最高人民法院关于适用〈中华人民共和国行政诉讼法〉的解释》第十九条"当事人不服经上级行政机关批准的行政行为,向人民法院提起诉讼的,以在对外发生法律效力的文书上署名的机关为被告"的规定。《行政复议法实施条例》第十三条的规定,是对1999年10月1日起施行的《行政复议法》第十条第四款被申请人主体资格的例外规定,是为了落实《中共中央办公厅、国务院办公厅关于预防和化解行政争议健全行政争议解决机制的意见》的制度创新。根据《行政复议法实施条例》,可以列"内部批准机关"为被申请人,向上级行政机关申请行政复议,而根据最高人民法院的司法解释,只能将"对外署名机关"列为被告,且不能将"批准机关"列为被告或共同被告。但在行政管理实践中,批准机关往往就是对外署名机关的上级,如果行政复议只能列对外署名机关为被申请人,而不能列批准机关为被申请人的话,那么行政复议的上下级监督机制就会"形同虚设",行政相对人的复议阻力和难度就可想而知,行政复议的实际效果可能为零。因此,《行政复议法实施条例》第十三条规定可以直接向批准机关的上级机关申请行政复议,对于行政相对人具有特别重要的意义。充分用好这一规定,对行政救济将会起到事半功倍的作用。但是,对不服经批准的行政行为可以越级复议的规定也不是绝对的,应当视具体的批准事项而定。目前,经上级机关批准的行政行为有两种情况，一是下级机关作出的行政行为必须由上级人民政府批准，如《土地管理法》规定的土地征用和收回土地使用权行为；二是法律法规并没有规定应当经上级行政机关批准，而下级行政机关因谨慎等原因请求上级行政机关批复的情况。对此应视不同情况作不同处理：对于前一种情况，行政相对人在申请行政复议时应当将批准机关列为被申请人；对于后一种情况，一般也可以将批准机关列为被申请人，或者将批准机关列为共同被申请人，以有利于切实解决行政争议。

三、通过先行申请行政复议处理本案类似行政争议是行政相对人的最佳救济途径

鉴于行政救济途径的多元化和争议处理方式的多样性，行政相对人和代理律师在选择救济途径方面需要多方权衡，选择最佳方案，如果走错第一步，则可能影响之后的实体处理结果。就本案而言，诉讼案件能由市中院一审、省高院二审，最终由最高院再审，取得了超脱的公平处理环境，这与行政相对人及代理律师选择了最佳处理途径有关。本案跳出了行政复议只能向对外署名机关的上级机关或本级人民政府提出的常规路径，根据《行政复议法实施条例》第十三条的特别规定，向批准机关的上级机关申请行政复议。这样即使上级行政机关不受理，也可以将复议机关作为被告诉至市中院。即使市中院一审败诉，也能跳出本地到省高院二审和到最高人民法院申请再审。可喜的是，本案经省高院二审，撤销了一审裁定，责令市政府受理行政复议申请，最高人民法院也裁定驳回了市政府的再审申请，并权威性地诠释了《行政复议法实施条例》第十三条的重要意义。

【需要注意的问题】

2023年9月1日，第十四届全国人大常务委员会第五次会议修订通过了《行政复议法》，于2024年1月1日起施行。新《行政复议法》对原《行政复议法》作了大幅度的修改，一是明确了行政复议化解行政争议"主渠道"作用的功能定位，确立了合法、公正、公开、高效、便民、为民的原则；

二是优化了行政复议管辖体制，在保留垂直领导行政机关的复议职责外，确定由县级以上地方人民政府统一行使行政复议职责；三是扩大了行政复议受案范围，明文规定行政赔偿、工伤认定、行政协议、政府信息公开等可以申请行政复议；四是健全了行政复议的申请和受理程序，增加了申请复议的诸多便民措施；五是完善了行政复议前置范围，将对当场行政处罚决定、侵犯自然资源权利、未履行法定职责、不公开政府信息纳入复议前置范围；六是建立了行政复议的纠纷调解和和解制度，推动行政争议实质性化解；七是完善了行政复议的审理程序，建立了提级审理制度，增加了简易程序及适用情形；八是强化了行政复议决定的方式及监督体系，增加了确认无效、责令履行等决定类型；等等。因现行《行政复议法》的修改和施行，原《行政复议法实施条例》也将修改，其中作为本案处理依据的第十三条的规定是否有所变化，需要我们在选择行政救济途径时予以特别关注并依法确定行政救济途径。

【参考法条和相关资料】

《中华人民共和国行政复议法》（2023年9月1日修订）

第四条　县级以上各级人民政府以及其他依照本法履行行政复议职责的行政机关是行政复议机关。

行政复议机关办理行政复议事项的机构是行政复议机构。行政复议机构同时组织办理行政复议机关的行政应诉事项。

行政复议机关应当加强行政复议工作，支持和保障行政复议机构依法履行职责。上级行政复议机构对下级行政复议机构的行政复议工作进行指导、监督。

国务院行政复议机构可以发布行政复议指导性案例。

第十九条第一款　公民、法人或者其他组织对行政行为不服申请行政复议的，作出行政行为的行政机关或者法律、法规、规章授权的组织是被申请人。

《中华人民共和国行政复议法实施条例》（2007年8月1日起施行）

第十三条　下级行政机关依照法律、法规、规章规定，经上级行政机关批准作出具体行政行为的，批准机关为被申请人。

《最高人民法院关于适用〈中华人民共和国行政诉讼法〉的解释》(法释〔2018〕1号)

第十九条 当事人不服经上级行政机关批准的行政行为，向人民法院提起诉讼的，以在对外发生法律效力的文书上署名的机关为被告。

参考案例1

四川省高级人民法院（2018）川行终102号 毛某、杨某诉某市人民政府行政复议案

【裁判要旨】《行政复议法实施条例》第十三条规定："下级行政机关依照法律、法规、规章规定，经上级行政机关批准作出具体行政行为的，批准机关为被申请人。"经查，某区国土局报送的郫国土资征（2016）1号《关于某市2014年第66批（某县）城镇建设用地等的征收土地补偿安置方案的请示》系某区政府1号批复的附件，经某区政府1号批复批准后，构成征收土地补偿安置标准的完整行为，应将某区政府1号批复与土地补偿安置方案作为一个行政行为对待。被征地集体组织或农村村民对补偿安置方案不服申请行政复议，均应由郫都区政府作为复议被申请人。

参考案例2

最高人民法院（2018）最高法行申11443号 毛某、杨某诉某市人民政府行政复议案

【裁判要旨】当事人对经上级行政机关批准后对外实施的行政行为不服直接提起行政诉讼，应以在对外发生法律效力的文书上署名的机关为被告，而非以批准该行政行为实施的行政机关为被告，但区别于行政诉讼，行政复议为实现行政机关的内部自我纠错功能，对下级行政机关经上级行政机关批准后对外实施的行政行为不服申请行政复议的，可以该批准机关为被申请人，向批准机关的上级行政机关申请行政复议，复议审查对象包括该批准机关作出的批准行为，该批准行为依法属于行政复议的受理范围。

2. 行政行为的利害关系人具有行政诉讼原告资格
——刘某诉某市规划局撤销行政许可案

【基本案情和行政救济策略】

刘某于2015年5月与某房地产开发公司签订了商品房买卖合同，购买该公司开发的一处景观房。根据该市规划局2013年9月颁发的《建设工程规划许可证》及规划条件，刘某所买的房屋前面是一片绿地。2016年5月，刘某搬入新居，非常满意。但好景不长，2018年3月，开发商在该绿地上施工，建设变电房。刘某与邻居前去阻止施工，与施工人员发生冲突，有的邻居被公安机关行政拘留，刘某也因此受到惊吓。后刘某和邻居在区规划局了解到，市规划局已在2015年8月向开发商颁发了新的《建设工程规划许可证》，许可开发商改变原先的规划，在绿地上建设变电房。如该变电房建成，刘某和邻居不仅在自己的房屋前看不到绿地，而且连通风和采光也将受到较大影响，房屋价值将严重贬值，无论居住还是转让都会受到无法弥补的损失。因与开发商、市规划局交涉无果，刘某准备通过法律途径处理。

对于此类纠纷的处理，当事人一般会采用先简后繁的方法处理，如先向有关行政机关投诉、信访，争取行政机关撤销或改变原规划许可。如果解决不了，再通过行政复议或行政诉讼的方式来处理。因刘某此前已向有关行政机关反映，未能得到有效解决，为此，刘某决定直接通过诉讼途径解决纠纷，以相邻权受到侵害的利害关系人身份向法院提起行政诉讼。

【行政救济情况及处理结果】

2018年5月，刘某向区人民法院起诉，请求判令被告市规划局撤销颁发给开发商的《建设工程规划许可证》，其理由是：一、被告作出行政许可时未尽到审查义务，认定事实不清；二、被告变更原行政许可程序违法，侵害了原告和其他住户的知情权、陈述权和听证权。

一审法院认为，原告刘某以个人名义提起诉讼不符合行政诉讼案件的受理条件。本案涉及全体业主的共有利益，而《最高人民法院关于适用〈中华人民共和国行政诉讼法〉的解释》第十八条规定："业主委员会对于行政机关作出的涉及业主共有利益的行政行为，可以自己的名义提起诉讼。业主委员会不起诉的，专有部分占建筑物总面积过半数或者占总户数过半数的业主可以提起诉讼。"因此本案原告主体资格不适格，依法不应受理。由于本案已经立案，为此，依照《行政诉讼法》第四十九条第（一）项、《最高人民法院关于适用〈中华人民共和国行政诉讼法〉的解释》第六十九条第一款第（一）项及第三款之规定，裁定驳回原告刘某的起诉。

刘某不服一审裁定，向市中级人民法院提起上诉。刘某上诉认为其具有原告主体资格。业主委员会的共有利益和个人利益并不矛盾，《行政诉讼法》并不排斥与行政行为有利害关系的个人以自己的名义提起行政诉讼。上诉人的起诉符合《行政诉讼法》和《最高人民法院关于适用〈中华人民共和国行政诉讼法〉的解释》第十二条第（一）项规定的"被诉的行政行为涉及其相邻权或者公平竞争权的"受案范围，故请求二审法院改判，指令一审法院受理本案。

二审法院审理后认为，根据《行政诉讼法》第二十五条第一款"行政行为的相对人以及其他与行政行为有利害关系的公民、法人或者其他组织，有权提起诉讼"的规定，以及《最高人民法院关于适用〈中华人民共和国行政诉讼法〉的解释》第十二条第（一）项的规定，本案被诉行为涉及上诉人的相邻权，属于《行政诉讼法》规定的受案范围。上诉人与被诉行政行为有利害关系，具有原告主体资格。原裁定适用法律、法规错误。为此，根据《行政诉讼法》第八十九条第一款第（二）项及《最高人民法院关于适用〈中华人民共和国行政诉讼法〉的解释》第一百零九条第一款之规定，裁定撤销一审裁定，指令一审法院继续审理。

【争议问题和法律评析】

一、与行政行为有"利害关系"的"行政相关人"原告资格的相关法律规定

行政诉讼原告资格的认定，特别是"利害关系人"的原告资格的认定，是行政诉讼的常见问题和疑难问题。对比行政相对人，利害关系当事人的原告资格认定更为复杂。1990年10月1日起施行的《行政诉讼法》第二十四条第一款规定："依照本法提起诉讼的公民、法人或者其他组织是原告。"该法第四十一条第（一）项又规定："原告是认为具体行政行为侵犯其合法权益的公民、法人或者其他组织。"2014年修正后的《行政诉讼法》第二十五条第一款规定"行政行为的相对人以及其他与行政行为有利害关系的公民、法人或者其他组织，有权提起诉讼"，使原告资格的认定更加具体明确。在以往的司法实践中，行政诉讼案件的大多数原告是行政相对人，即与行政行为有直接关联的当事人。但也有一小部分原告不是行政相对人，只是与行政行为存在利害关系的"行政相关人"，学理上也称之为"反射性利益当事人"。对此类当事人是否具有原告资格，在我国行政诉讼进程的不同阶段，有着不同的认识和不同的对待。1990年10月1日起施行的《行政诉讼法》对于利害关系当事人的原告资格规定得不够明确，在司法实践中各地法院对此的认定标准掌握也宽严不一。2000年3月10日起施行的《最高人民法院关于执行〈中华人民共和国行政诉讼法〉若干问题的解释》第十二条"与具体行政行为有法律上利害关系的公民、法人或者其他组织对该行为不服的，可以依法提起行政诉讼"的规定，确认了与行政行为有"法律上利害关系"的"行政相关人"具有原告资格。在学理上，对"法律上利害关系"的理解，一般认为是被诉行政行为对相关人的权利义务已经或将会产生实际影响，包括有利或不利的关系。但无论是理论界还是实务界，对"法律上的利害关系"的

理解，究竟是公法上的关系，还是包括私法上的关系；是直接关系，还是包括间接关系；是必然因果关系，还是包括部分偶然因果关系；是物权上的关系，还是包括特殊债权关系，并无统一认识。2014年《行政诉讼法》修改，把"法律上利害关系"修改为"利害关系"，从立法上扩大了利害关系的范围，为进一步放宽原告主体资格提供了法律依据。

二、当前司法实践对利害关系人原告地位的认定标准

虽然我国在行政诉讼立法上将"法律上利害关系"修改为"利害关系"，但在近年的司法实践中，审判机关还是将"利害关系"限定于"法律上利害关系"，且限于公法上的利害关系，除法律另有规定或特殊情形外，不认可私法上的利害关系。2017年4月，最高人民法院在刘某诉某市人民政府行政复议再审案（见参考案例1）中认为：《行政诉讼法》第二十五条中的"利害关系"是指公法上的利害关系而不是私法上的利害关系。只有当事人的"主观公权利"（公法上的权利和利益）受到行政行为影响，存在受到损害的可能性时，才能承认当事人与行政行为具有法律上的利害关系，进而肯定其原告主体资格。在该判例中，最高人民法院还引入了域外法上的"保护规范理论"对公法（行政法）上的利害关系进行判断。即以行政法规范是否要求行政机关考虑尊重和保护原告诉请的权利或法律上的利益，作为判断是否存在公法上利害关系的标准。最高人民法院的该案裁判要旨还认为："基于司法资源等因素综合考量，仍应坚持与被诉行政行为具有'法律上利害关系'之要件，目前尚不宜将这一'利害关系'扩大至反射利益关系和事实利害关系。"以该案为标志，我国行政诉讼利害关系人原告资格的理论和判断标准已从此前的"直接联系论"和"实际影响论"改变为"主观公权利"和"保护规范理论"，对于"利害关系人"的原告资格的认定，似乎开始趋于严格。这也是与行政行为"有利害关系"的"行政相关人"及代理律师在决定是否直接向法院提起诉讼时需要注意的一个问题。

三、相邻关系等法定利害关系人依法具有行政诉讼原告资格

尽管当前理论界和实务界对于各类"利害关系人"的原告资格具有不同

认识，但对于相邻关系的利害关系人的原告资格似乎没有大的争议，其主要原因在于有"对号入座"的法律规定和司法解释。无论是修订前后的《行政诉讼法》，还是最高人民法院先后出台的司法解释，均将相邻权人纳入利害关系人之列。除了相邻权人，根据2018年2月8日起施行的《最高人民法院关于适用〈中华人民共和国行政诉讼法〉的解释》第十二条的规定，还有六类情形属于《行政诉讼法》第二十五条第一款规定的"与行政行为有利害关系"：（1）被诉的行政行为涉及其相邻权或者公平竞争权的；（2）在行政复议等行政程序中被追加为第三人的；（3）要求行政机关依法追究加害人法律责任的；（4）撤销或者变更行政行为涉及其合法权益的；（5）为维护自身合法权益向行政机关投诉，具有处理投诉职责的行政机关作出或者未作出处理的；（6）其他与行政行为有利害关系的情形。加上《行政诉讼法》第十二条规定的受案范围中涉及的利害关系人，符合原告资格的利害关系人应该不少。但在司法实践中，有不少明显符合原告资格的行政相关人，被认为不具有原告资格，本案中刘某就是一例。究其原因，一些办案人员除对法律条文的理解有偏差外，不愿受理也可能是原因之一。一审法院认为本案涉及全体业主的"共有利益"，需要业主委员会或过半数的业主提起诉讼。这是对法律条文的误解，将该"共有利益"理解为"共同共有"，认为该权利是一个不可分割的整体。而在本案中，该居民小区的每户业主均有独立的物权及相邻权，依法可以独立主张权利。且本案全体业主的共有利益和个别业主的利益并不矛盾，而且也比较容易区别，但一审法院还是作出了驳回原告起诉的错误裁定。因此，如何正确认定利害关系人的原告资格，保护当事人依法享有的诉讼权利，有效地化解行政争议，有待于理论界和实务界在充分理解立法本意的基础上不断探索。

【需要注意的问题】

本案涉及行政行为的利害关系人有无行政救济权利和采用何种途径进行救济的问题。在司法实践中，对不同类型案件利害关系人的主体资格存在争议，本案例的评析中已经作了详尽分析。对于此类案件的法律救济，随着

2024年1月1日起新《行政复议法》的实施，受行政行为影响的"利害关系人"，除了可以选择诉讼途径进行维权外，也可以选择更为便捷的行政复议途径进行救济。新《行政复议法》从"发挥行政复议化解行政争议的主渠道作用，推进法治政府建设"的立法宗旨出发，从扩大受案范围、优化审理程序等各方面对"高效便民""实质性解决行政争议"作了具体规定。在多元化解决行政争议的今天，通过行政复议途径处理类似行政争议，不失为首选良策。

【参考法条和相关资料】

《中华人民共和国行政诉讼法》(2017年6月27日修正)

第二十五条第一款 行政行为的相对人以及其他与行政行为有利害关系的公民、法人或者其他组织，有权提起诉讼。

《最高人民法院关于适用〈中华人民共和国行政诉讼法〉的解释》(法释〔2018〕1号)

第十二条 有下列情形之一的，属于行政诉讼法第二十五条第一款规定的"与行政行为有利害关系"：

（一）被诉的行政行为涉及其相邻权或者公平竞争权的；

（二）在行政复议等行政程序中被追加为第三人的；

（三）要求行政机关依法追究加害人法律责任的；

（四）撤销或者变更行政行为涉及其合法权益的；

（五）为维护自身合法权益向行政机关投诉，具有处理投诉职责的行政机关作出或者未作出处理的；

（六）其他与行政行为有利害关系的情形。

第十八条 业主委员会对于行政机关作出的涉及业主共有利益的行政行为，可以自己的名义提起诉讼。

业主委员会不起诉的，专有部分占建筑物总面积过半数或者占总户数过半数的业主可以提起诉讼。

参考案例 1

最高人民法院（2017）最高法行申169号　刘某诉某市人民政府行政复议案

【裁判要旨】《行政诉讼法》第二十五条中的"利害关系"是指公法上而不是私法上的利害关系。只有当事人的主观公权利（公法上的权利和利益）受到行政行为影响、存在受到损害的可能性时，才能承认当事人与行政行为具有法律上的利害关系，进而肯定其原告主体资格。可采用保护规范理论对公法（行政法）上的利害关系进行判断。即以行政法规范是否要求行政机关考虑、尊重和保护原告诉请保护的权利或法律上的利益，作为判断是否存在公法上利害关系的标准。在对行政法所保护的权益范围进行界定的过程中，如果在对行政法规范进行文义解释后仍存有歧义，可参酌整个行政法规范体系、行政法的立法宗旨以及行政行为的目的、内容和性质等综合进行判断，以便扩大法律所保护利益的范围。

参考案例 2

河北省秦皇岛市中级人民法院（2018）冀03行终250号　刘某诉某市城乡规划局行政许可案

【裁判要旨】本院认为，《行政诉讼法》第二十五条第一款规定："行政行为的相对人以及其他与行政行为有利害关系的公民、法人或者其他组织，有权提起诉讼。"《最高人民法院关于适用〈中华人民共和国行政诉讼法〉的解释》第十二条第（一）项进一步规定"被诉的行政行为涉及其相邻权或者公平竞争权的"，属于《行政诉讼法》规定的"与行政行为有利害关系"。本案上诉人以被上诉人作出的规划行为侵犯其通风、采光权为由提起行政诉讼，属于《最高人民法院关于适用〈中华人民共和国行政诉讼法〉的解释》第十二条第（一）项规定的涉及上诉人相邻权的情况，上诉人与被诉行政行为有利害关系，具有原告主体资格。

3. 行政许可诉讼案可以将署名机关和批准机关列为共同被告

——陆某等人诉某市人民政府和市规划局行政规划案

【基本案情和行政救济策略】

不服行政许可决定的利害关系人，在提起行政诉讼时，可否将对外署名的行政机关和作出批准行为的人民政府列为共同被告？对此，司法实践中存在较大争议。2015年12月10日，最高人民法院作出（2015）行提字第30号行政裁定书，认为应将作出行政许可的行政机关和作出批准行为的人民政府作为共同被告，裁定撤销一审、二审法院不予受理的行政裁定书，指令某市中级人民法院受理陆某等人诉某市人民政府和市规划局行政规划纠纷案。

2010年7月，某市石化医院向市规划局提出在原址附近的地块上扩建分院的规划申请。同年8月，市规划局作出《准予行政许可决定书》，认为石化医院的申请符合规划法定条件，决定准予其规划行政许可申请。同时，市规划局还作出了（2010）091号《规划条件》。之后，石化医院又于2012年12月向市规划局提出申请调整原规划的报告，市规划局收到后作出了同意调整的行政许可，并作出了（2012）195号《规划条件》。对此，居住在涉案地块周边的合力花园业主，先后向有关部门提出对扩建项目高层建筑间距不足等内容的反对意见。市规划局作出书面答复，告知合力花园业主，对涉案工程规划如有异议，可以申请行政复议或提起行政诉讼。合力花园业主委员会向省建设厅申请行政复议无果后，又向所在区法院提起行政诉讼，要求撤销原规划许可和规划条件。2014年10月，区法院作出行政裁定书，以合力花园业主委员会的起诉未获得业主大会决定同意或过半数业主同意为由，裁定驳回合力花园业主委员会的起诉。

在此情况下，陆某等合力花园的业主，通过向律师咨询，认为需要调整诉讼策略和方案。应当改换原告主体，由愿意参加诉讼的业主个人作为原告，争取将案件诉至中级人民法院以寻求更为超脱的诉讼环境，如果一审判决不利，还可以向省级人民法院申请二审和向最高人民法院申请再审。后经研究发现，涉案规划许可和规划条件虽然是市规划局署名出具的，但批准机关是市政府。根据《最高人民法院关于审理行政许可案件若干问题的规定》第四条规定，可以将作出行政许可决定的机关和批准行政许可的机关作为共同被告，并根据行政诉讼法和司法解释关于起诉县级以上人民政府的案件可以由中级人民法院管辖的规定，将案件起诉至市中级人民法院。为此，陆某等人开始了诉讼前的准备工作。

【行政救济情况及处理结果】

2014年11月，陆某等人以相邻关系利害关系人的身份，以市政府和市规划局为共同被告，向市中级人民法院提起行政诉讼，请求撤销市政府和市规划局共同作出的规划行政许可和相关规划条件，并判令市政府和市规划局重新对石化医院东院区扩建工程项目核定规划。市中院接到起诉状后，作出（2014）立行初字第9号行政裁定，认为"起诉人虽主张该行政行为已经市政府批准，但没有证据证明该具体行政行为是由市政府所作"，"起诉人在起诉状中将市政府列为被告，明显属于错列被告，对其以市政府提出的起诉，人民法院应裁定不予受理"，故裁定不予受理原告陆某等人的起诉。

陆某等人不服一审裁定，向省高级人民法院提起上诉。陆某等人上诉认为，市政府应当与市规划局作为本案的共同被告。涉案规划许可条件是某市城市规划委员会审议通过，经市政府批准的。根据《最高人民法院关于审理行政许可案件若干问题的规定》第四条以及《最高人民法院关于执行〈中华人民共和国行政诉讼法〉若干问题的解释》第四十条的规定，上诉人将市政府与市规划局列为共同被告正确,一审法院应当依法受理。请求二审法院依法撤销一审裁定,责令市中级人民法院依法受理本案。

二审法院审理认为,本案属于行政规划纠纷,二审争议的焦点是原审法院裁定不予受理是否恰当。关于市政府是否属于本案适格被告问题,因本案规划条件是市规划局署名作出的行政行为,并非市政府所作的行政行为。原审法院根据《最高人民法院关于执行〈中华人民共和国行政诉讼法〉若干问题的解释》第十九条关于应当以署名机关为被告的规定,认定陆某等人在起诉状中将市政府列为被告属于错列被告,裁定不予受理并无不当。因此,二审法院裁定驳回陆某等人的上诉。

陆某等人不服,向最高人民法院申请再审,请求指令原一审法院受理本案。最高人民法院对本案提审后认为:根据《最高人民法院关于审理行政许可案件若干问题的规定》第四条"当事人不服行政许可决定提起诉讼的,以作出行政许可决定的机关为被告;行政许可依法须经上级行政机关批准,当事人对批准或者不批准行为不服一并提起诉讼的,以上级行政机关为共同被告……"的规定,本案应以市政府为共同被告,再审申请人的申请理由成立。为此,裁定撤销市中院和省高院的一审、二审行政裁定,指令市中级人民法院受理本案。

【争议问题和法律评析】

一、本案一审裁定关于陆某等人起诉市政府没有事实根据的认定,既不符合客观事实,也与行政诉讼被告负举证责任的法律规定相悖

行政诉讼的举证责任应由谁承担?原告在行政诉讼中应提交哪些事实证据?《行政诉讼法》和司法解释都明文规定,被告对作出的行政行为负有举证责任,应当提供作出该行政行为的证据和行政行为依据的规范性文件。而原告的举证责任,除诉被告不履行法定职责、行政补偿、国家赔偿等案件外,原告只需提出行政行为存在的事实依据,并没有其他举证要求。对照本案事实和法律规定,原一审、二审裁定不予受理的理由不能成立。从事实上讲,本案所涉的规划行政许可和规划条件的文件内容中，已明确反映该行政行为是由市政府批准的，且本案诉讼前合力花园业主委员会已提起过行政复议程序，省建设厅的《行政复议决定书》中也确认了涉案地块的行政许可和规划条件系经市政府批准的事实；从法定程序上讲，根据《城乡规划法》和该省《城市控制性详细规划管理条例》第十九条的规定，市规划局在核发地块《规划条件》时，必须由市政府批准；从举证责任上讲，根据行政诉讼被告负举证责任的规定，陆某等人起诉时，只要在起诉状中写明本案行政行为是由市政府批准的事实，并提供初步事实依据（如相关书证），就已经完成了举证责任，其余事实证据（包括市规划局的呈报资料和市政府的批准文件等详细资料）依法应由被告举证。因此，原一审裁定关于陆某等人"起诉某市政府没有事实根据"的认定，既不符合客观事实，也不符合法律规定。

二、原二审裁定关于陆某等人将市政府和市规划局列为共同被告不符合法律规定的认定是错误的，陆某等人起诉"双被告"具有充分的法律依据

本案行政争议是否属于行政许可纠纷案件？如果属于行政许可纠纷案件，将作出机关和批准机关列为共同被告有何法律依据？首先，对照我国《行政许可法》第二条"本法所称行政许可，是指行政机关根据公民、法人或者其他组织的申请，经依法审查，准予其从事特定活动的行为"的规定，本案行政行为完全符合行政许可的法律特征。而且，根据各级规划行政机关的"权力清单"，规划行政许可和土地规划条件审批均属于行政许可事项，况且，市规划局作出的行政许可文件名称就是《准予行政许可决定书》。因此，处理本案时应依法适用《行政许可法》及相关司法解释。此外，根据《最高人民法院关于审理行政许可案件若干问题的规定》第一条的规定，除准予行政许可的决定外，就行政许可的变更、延续、撤回、注销、撤销等事项作出的有关具体行政行为同样属于行政许可的范围。其次，根据《最高人民法院关于审理行政许可案件若干问题的规定》第四条"当事人不服行政许可决定提起诉讼的，以作出行政许可决定的机关为被告；行政许可依法须经上级行政机关批准，当事人对批准或者不批准行为不服一并提起诉讼的，以上级行政机关为共同被告……"的规定,陆某等人作为相邻关系利害关系人,不服市规划局和市政府对石化医院的行政许可行为,将作出机关和批准机关列为共同被告于法有据。原二审法院以涉案规划条件是市规划局所作,而并非市政府所作为由,依据《最高人民法院关于执行〈中华人民共和国行政诉讼法〉若干问题的解释》第十九条"当事人不服经上级行政机关批准的具体行政行为,向人民法院提起诉讼的,应当以在对外发生法律效力的文书上署名的机关为被告"的规定,维持原一审裁定,这无论在认定事实方面还是在适用法律方面都是错误的。

三、本案应根据《立法法》的规定,按照特别规定优于一般规定的法律适用原则,优先适用行政许可法相关司法解释的特别规定,予以立案

本案涉及司法解释的一般规定与特别规定不一致时的法律适用问题。最高人民法院在2000年《关于执行〈中华人民共和国行政诉讼法〉若干问题的解释》第十九条中作出了"当事人不服经上级行政机关批准的具体行政行为,向人民法院提起诉讼的,应当以在对外发生法律效力的文书上署名的机关为被告"的一般规定,而2009年最高人民法院又在《关于审理行政许可案件若干问题的规定》第四条中作出了"行政许可依法须经上级行政机关批准,当事人对批准或者不批准行为不服一并提起诉讼的,以上级行政机关为共同被告"的特别规定。关于作出此特别规定的理由,时任最高人民法院行政庭庭长在《法律适用》杂志2010年第4期的《最高人民法院〈关于审理行政许可案件若干问题的规定〉之解读》一文中作了详细的阐明(详见本文所附扩展阅读)。

2014年修正后的《行政诉讼法》实施后,最高人民法院于2018年2月重新制定颁发了《关于适用〈中华人民共和国行政诉讼法〉的解释》,其中第十九条规定:"当事人不服经上级行政机关批准的行政行为,向人民法院提起诉讼的,以在对外发生法律效力的文书上署名的机关为被告。"该一般规定与2000年《最高人民法院关于执行〈中华人民共和国行政诉讼法〉若干问题的解释》第十九条的规定不仅序号相同,文字内容也基本一致,而《最高人民法院关于审理行政许可案件若干问题的规定》至今依然有效。况且，最高人民法院对本案作出的（2015）行提字第 30 号再审裁定书的时间是 2014 年修正的《行政诉讼法》实施后的 2015 年 12 月 10 日，其中也引用了《最高人民法院关于审理行政许可案件若干问题的规定》作为处理本案的依据。可见，无论是从法律规定上讲还是从司法实践上讲，人民法院审理行政许可案件不应适用行政诉讼司法解释的一般规定，而应根据《立法法》第一百零三条"特别规定与一般规定不一致的，适用特别规定"的规定，优先适用《最高人民法院关于审理行政许可案件若干问题的规定》的特别规定。据此，法院对此类"双被告"案件应当予以立案。

【需要注意的问题】

本案是关于行政许可案件被告主体如何确定的问题。对于不服行政许可的"民告官"案件，当事人除了可以起诉对外署名的行政机关，还可以将上级批准机关作为"双被告"一起告上法庭。这是《最高人民法院关于审理行政许可案件若干问题的规定》第四条中规定的"特例"。而根据《最高人民法院关于适用〈中华人民共和国行政诉讼法〉的解释》第十九条的规定，对不服经上级机关批准的行政行为，只能以对外发生法律效力的文书上署名的机关为被告。因而在司法实践中，除行政许可案件外，其余的行政案件均只能将对外署名机关列为"单被告"，而不能把实际决定的批准机关一并列为"双被告"，这在一定程度上削弱了行政诉讼的监督和纠错功能，导致诉讼程序空转，当事人的实体权利得不到有效救济。因此，当事人在对此类行政争议提起行政诉讼时，需要特别注意行政许可案件与其他行政案件的区别，用好行政许可案件的特殊诉讼规则，以争取更好的诉讼效果。

【参考法条和相关资料】

《中华人民共和国行政诉讼法》（2017 年 6 月 27 日修正）

第三十四条第一款　被告对作出的行政行为负有举证责任，应当提供作出该行政行为的证据和所依据的规范性文件。

《中华人民共和国行政许可法》（2019年4月23日修正）

第二条　本法所称行政许可，是指行政机关根据公民、法人或者其他组织的申请，经依法审查，准予其从事特定活动的行为。

《中华人民共和国立法法》（2023年3月13日修正）

第一百零三条　同一机关制定的法律、行政法规、地方性法规、自治条例和单行条例、规章，特别规定与一般规定不一致的，适用特别规定；新的规定与旧的规定不一致的，适用新的规定。

《最高人民法院关于审理行政许可案件若干问题的规定》（法释〔2009〕20号）

第一条　公民、法人或者其他组织认为行政机关作出的行政许可决定以及相应的不作为，或者行政机关就行政许可的变更、延续、撤回、注销、撤销等事项作出的有关具体行政行为及其相应的不作为侵犯其合法权益，提起行政诉讼的，人民法院应当依法受理。

第四条　当事人不服行政许可决定提起诉讼的，以作出行政许可决定的机关为被告；行政许可依法须经上级行政机关批准，当事人对批准或者不批准行为不服一并提起诉讼的，以上级行政机关为共同被告；行政许可依法须经下级行政机关或者管理公共事务的组织初步审查并上报，当事人对不予初步审查或者不予上报不服提起诉讼的，以下级行政机关或者管理公共事务的组织为被告。

《最高人民法院关于适用〈中华人民共和国行政诉讼法〉的解释》（法释〔2018〕1号）

第十九条　当事人不服经上级行政机关批准的行政行为，向人民法院提起诉讼的，以在对外发生法律效力的文书上署名的机关为被告。

参考案例

最高人民法院（2015）行提字第30号　陆某等25人诉某市人民政府、某市城乡规划局行政规划纠纷案

【裁判要旨】《最高人民法院关于审理行政许可案件若干问题的规定》第

四条规定："当事人不服行政许可决定提起诉讼的，以作出行政许可决定的机关为被告；行政许可依法须经上级行政机关批准，当事人对批准或者不批准行为不服一并提起诉讼的，以上级行政机关为共同被告；行政许可依法须经下级行政机关或者管理公共事务的组织初步审查并上报，当事人对不予初步审查或者不予上报不服提起诉讼的，以下级行政机关或者管理公共事务的组织为被告。"陆某等人一审时虽未明确对某市人民政府的批准行为提起诉讼，但其已在上诉理由中依据上述法律规定提出将批准（2012）195号地块规划条件的某市人民政府列为共同被告，应视为陆某等人对批准行为不服一并提起了诉讼，故应以某市人民政府为共同被告。

扩展阅读

《最高人民法院〈关于审理行政许可案件若干问题的规定〉之解读》，作者赵大光等，载《法律适用》2010年第4期（节选）

按照《最高人民法院关于执行〈中华人民共和国行政诉讼法〉若干问题的解释》第十九条关于"当事人不服经上级行政机关批准的具体行政行为，向人民法院提起诉讼的，应当以在对外发生法律效力的文书上署名的机关为被告"之规定，此种情形一般应以作出行政许可决定的下级或者上级机关为被告。然而，在上级机关不批准或者下级机关不予初审、不予上报的情况下，利害关系人仅起诉决定机关难获有效救济。实践中，法院在这一问题上的做法不一。我们经讨论认为，如果上级机关的批准行为和下级机关的初审是法律规定的一个必经程序，则上级机关的批准和不批准或者下级机关的初审不作为，就产生了外化的法律效果，此时应当承认利害关系人的诉权。《最高人民法院关于审理行政许可案件若干问题的规定》第四条将这一观点与现有规范结合，作出如下规定："当事人不服行政许可决定提出诉讼的，以作出行政许可决定的机关为被告；行政许可依法须经上级行政机关批准，当事人对批准或者不批准行为不服一并提起诉讼的，以上级行政机关为共同被告；行政许可依法须经下级行政机关或者管理公共事务的组织初步审查并上报，当事人对不予初步审查或者不予上报不服提起诉讼的，以下级行政机关或者管理公共事务的组织为被告。"

第二章 受案范围

4. 行政案件立案审查时不能以诉的利益取代受案条件
——袁某诉某县人社局劳动、社会保障行政确认案

【基本案情和行政救济策略】

2019年2月,某县机械配件厂向该县人力资源和社会保障局(以下简称县人社局)提出工伤认定申请,要求将该厂职工袁某遭受的事故伤害认定为工伤。之后,县人社局作出工伤认定决定书,认定袁某受到的事故伤害属于工伤认定范围,予以认定为工伤。但袁某认为,由于其受伤时已超过法定退休年龄,根据该省《实施〈工伤保险条例〉办法》的规定,达到法定退休年龄或者按照规定办理退休手续的,不支付一次性工伤医疗补助金和一次性伤残就业补助金(按照袁某6级伤残标准计算,共计24.5万元),袁某只能获得一次性工伤补助金4.8万元(16个月的本人工资)。相反,如果按照《侵权责任法》的规定处理,根据目前的赔偿标准,袁某可以获得37.76万元的金钱赔偿。

为此,袁某不服县人社局的工伤认定决定书,希望通过行政救济途径取得更多的诉讼利益,或通过行政诉讼撤销原工伤认定决定书,然后选择提起民事诉讼,根据《侵权责任法》的相关规定主张损害赔偿,获取比工伤赔偿更多的经济利益。

【行政救济情况及处理结果】

袁某因不服县人社局的工伤认定决定书，向县人民法院提起行政诉讼，请求依法判令撤销县人社局作出的工伤认定决定。

一审法院审查后认为，县人社局作出的工伤认定决定书将袁某所受事故伤害认定为工伤，该行政行为是对袁某作为劳动者合法权益的有效保护，系有利于袁某的行政行为。袁某在行政法上的权利已经得到充分保护的情形下，对行政机关作出的保护其合法权益的行为提起诉讼，明显缺乏法院通过裁判加以保护的诉的利益。据此，法院可认定袁某与案涉工伤认定行为不具备法律上利害关系，袁某也因此丧失了《行政诉讼法》所规定的原告主体资格，对袁某提起的本案诉讼，依法应予裁定驳回。依照《行政诉讼法》第二十五条第一款、第四十九条第（一）项及《最高人民法院关于适用〈中华人民共和国行政诉讼法〉的解释》第六十九条第一款第（一）项及第三款的规定，裁定驳回袁某的起诉。

袁某不服一审裁定，向市中级人民法院提起上诉。二审法院审理后认为，人民法院应当对法定起诉条件持形式审查立场，即只要公民的起诉在形式上符合《行政诉讼法》第四十九条规定，有相应明确的原被告、有指向确定的诉讼请求（行政行为）、属于人民法院的受案范围和受诉人民法院管辖，即应当予以登记立案，而不宜在法律规定之外另行增设起诉条件"门槛"，更不宜将行政行为合法性等实体问题前移至起诉阶段审查。本案中，袁某作为案涉工伤认定决定的行政相对人，以县人社局为被告提起诉讼，请求撤销案涉工伤认定决定，完全符合《行政诉讼法》第四十九条规定的起诉条件。一审法院仅以案涉工伤认定决定系授予袁某利益即认为不属于行政诉讼受案范围，明显不符合立法精神。一审法院未经实体审理，即先入为主地以案涉工伤认定决定对袁某有利为由裁定驳回起诉，实际上是以对"诉的利益"的审查，代替了对上述实体问题的审查，不适当地扩大了"诉的利益"的审查范围，且剥夺了袁某对其主张获得实体审理的权利。因此，一审法院裁定驳回袁某的起诉，属于适用法律错误，依法应予纠正，遂判决撤销一审行政裁定，指令一审法院继续审理。

【争议问题和法律评析】

一、行政诉讼立案审查应采用形式审查标准

行政诉讼过程中存在立案难、审理难、执行难三大顽疾，其中立案难最为常见。由于行政相对人与行政机关之间信息不对称、现有法律规定不明确以及行政机关的权力影响，相对人起诉时往往不知道该告谁和怎么告。为保护行政相对人寻求司法救济的权利，《行政诉讼法》确立了立案登记制，以保护行政相对人的诉讼权利。因此，只要当事人起诉时有明确的被告，有具体的诉讼请求和事实根据，且起诉该被告的案件属于受诉人民法院管辖范围，人民法院在立案审查时不能准确判断该被告并非适格被告的情况下，应当先予立案，经审理查明相关事实后再行判定适格被告。根据《行政诉讼法》及《最高人民法院关于适用〈中华人民共和国行政诉讼法〉的解释》的规定，对当事人依法提起的诉讼，人民法院当场能够判断符合起诉条件的，应当当场登记立案；当场不能判断是否符合起诉条件的，应当在接收起诉状后七日内决定是否立案；七日内仍不能作出判断的，应当先予立案。

二、立案审查阶段不应撇开法定起诉条件对案件进行全面实质审查

《行政诉讼法》第四十九条规定，原告应当是符合该法第二十五条规定的公民、法人或者其他组织；《行政诉讼法》第二十五条规定，行政行为的相对人以及其他与行政行为有利害关系的公民、法人或者其他组织，有权提起诉讼。基于该规定，法院受理案件时出于节约司法资源等目的考虑，往往会过滤一部分明显不符合受理条件的案件。本案属于比较典型的涉及"诉的利益"的问题。人民法院可以过滤一部分在形式上明显不符合起诉条件的诉讼；但基于司法资源、当事人诉讼成本以及司法权行使的界限等考量，人民法院对经审查认为在形式上符合条件的起诉，仍需要在实质上判断是否有必要给予诉讼保护，即对于原告提出的具体的诉讼请求，是否具有进行诉讼和作出判决的必要性和实际效果，也就是"诉的利益"问题。

也就是说，如果原告的诉讼请求没有审理和判决的必要，诉讼就没有实际意义。本案中，一审判决认为县人社局的工伤认定决定，已经给予了袁某权利救济的途径和利益保护，袁某再提起行政诉讼属于明显的重复处理。但是，一审判决的上述理由显然不能成立。《行政诉讼法》和司法解释实行的是立案登记制，只要有明确的被告，且案件属于受理法院管辖，人民法院就应当立案受理，法律并没有将对"诉的利益"的审查作为立案受理的条件，诉讼利益的审查属于实质审查，应在案件审理阶段进行审查判定。退一步讲，即使将"诉的利益"作为排除某些明显的滥诉或恶意诉讼的行为，本案中袁某的起诉也并非没有"诉的利益"。因为袁某有权在工伤赔偿和民事侵权赔偿两者间选择有利于自己的保护方式，法律对此并没有禁止。在赔偿和补偿的义务主体均为同一用人单位的情况下，袁某的赔偿或者补偿主张能否实现，不仅取决于案涉工伤认定决定的合法性，也取决于袁某作为受伤职工的救济选择权。同时，还应关注用人单位是否存在利用工伤认定程序规避其依法应承担的赔偿责任等问题。这些问题的判断，均需要通过实体审理方能得出结论。再者，虽然我国《行政诉讼法》第二条第一款规定"公民、法人或者其他组织认为行政机关和行政机关工作人员的行政行为侵犯其合法权益，有权依照本法向人民法院提起诉讼"，但不能因此就推断，像本案这样认定工伤的"授益行为"就不能起诉，因为即使是"授益行为"，也可能在某些情况下影响行政相对人选择其他更有利的救济途径，这种情况下，就应当赋予当事人司法救济的权利。

三、现有法律规范下的案件受理条件

《行政诉讼法》对受案范围的规定主要集中在第二条、第十二条和第十三条。第二条是原则规定，第十二条是肯定列举，第十三条是否定列举。但是实践中，会出现各种表现形式的行政行为，这里就需要对该行为是否属于行政行为、是成熟的行政行为还是不成熟的行政行为、是外部行政行为还是内部行政行为等问题先行作出分析判断。对此，应当以行为是否对相对人合法权益产生不利影响为判断标准，这也符合立案登记制的立法本意。

关于原告资格问题，也是实践中经常会遇到的难题。由于法律规定的

"利害关系"本身就是一个非常模糊的判断标准，属于不确定概念，因此有时候往往很难作出准确判断。根据学者研究，最高人民法院当前比较一致的观点是，认为"利害关系"不能扩大到所有直接或者间接受行政行为影响的当事人，应限于法律上的利害关系，不包括其他反射性的利益，且仅指公法上的利害关系，不包括私法上的利害关系，只有公法领域的权利和利益受到行政行为影响，存在受到损害的可能性的当事人，才具有原告资格。我们认为，根据立案登记制度的立法本意，对于原告资格的审查，除明显不具有利害关系的，对有争议的原告主体问题，应当在审理阶段进行判定，因为对于利害关系的审查认定较为复杂，如果将此作为立案审查内容，无疑使得立案登记制度失去了意义。

此外，根据相关法律和司法解释，是否超过诉讼时效、是否属于重复起诉、是否存在复议前置规定、是否构成重复处理等问题，也是立案受理的基本要件，这些事实相对比较容易判断。代理律师可以在了解案情后先行作出判断。

【需要注意的问题】

本案是关于法院立案审查和受案条件的案例。法院受理行政案件时是否要对案件进行实质审查？对此《行政诉讼法》和司法解释都有相关规定，只要符合《行政诉讼法》第二十五条规定的原告资格和第四十九条规定的四个受案条件，均应当场立案或办理立案登记。案件受理后经审理，对不符合受理条件的，裁定驳回起诉，对起诉内容不能成立的，驳回诉讼请求。但近年来，法院对行政案件立案的门槛似乎有了提高。其中以"诉的利益"作为不予立案或驳回起诉的案件不乏其例。对此，行政相对人可以提起上诉，继续在二审中主张诉讼权利和实体权利。而对于此类尚未选择救济途径的行政相对人，在当前"诉源治理"的大背景下，也可选择多样化解社会矛盾的救济途径，特别是行政复议途径，争取通过"主渠道"实质性解决行政争议。

【参考法条和相关资料】

《中华人民共和国行政诉讼法》（2017年6月27日修正）

第二条 公民、法人或者其他组织认为行政机关和行政机关工作人员的行政行为侵犯其合法权益，有权依照本法向人民法院提起诉讼。

前款所称行政行为，包括法律、法规、规章授权的组织作出的行政行为。

第三条 人民法院应当保障公民、法人和其他组织的起诉权利，对应当受理的行政案件依法受理。

行政机关及其工作人员不得干预、阻碍人民法院受理行政案件。

被诉行政机关负责人应当出庭应诉。不能出庭的，应当委托行政机关相应的工作人员出庭。

第十三条 人民法院不受理公民、法人或者其他组织对下列事项提起的诉讼：

（一）国防、外交等国家行为；

（二）行政法规、规章或者行政机关制定、发布的具有普遍约束力的决定、命令；

（三）行政机关对行政机关工作人员的奖惩、任免等决定；

（四）法律规定由行政机关最终裁决的行政行为。

第二十五条第一款 行政行为的相对人以及其他与行政行为有利害关系的公民、法人或者其他组织，有权提起诉讼。

第四十九条 提起诉讼应当符合下列条件：

（一）原告是符合本法第二十五条规定的公民、法人或者其他组织；

（二）有明确的被告；

（三）有具体的诉讼请求和事实根据；

（四）属于人民法院受案范围和受诉人民法院管辖。

第五十一条第一款、第二款 人民法院在接到起诉状时对符合本法规定的起诉条件的，应当登记立案。

对当场不能判定是否符合本法规定的起诉条件的，应当接收起诉状，出具注明收到日期的书面凭证，并在七日内决定是否立案。不符合起诉条件的，作出不予立案的裁定。裁定书应当载明不予立案的理由。原告对裁定不服的，可以提起上诉。

《最高人民法院关于适用〈中华人民共和国行政诉讼法〉的解释》（法释〔2018〕1号）

第一条第一款　公民、法人或者其他组织对行政机关及其工作人员的行政行为不服，依法提起诉讼的，属于人民法院行政诉讼的受案范围。

第十二条　有下列情形之一的，属于行政诉讼法第二十五条第一款规定的"与行政行为有利害关系"：

（一）被诉的行政行为涉及其相邻权或者公平竞争权的；

（二）在行政复议等行政程序中被追加为第三人的；

（三）要求行政机关依法追究加害人法律责任的；

（四）撤销或者变更行政行为涉及其合法权益的；

（五）为维护自身合法权益向行政机关投诉，具有处理投诉职责的行政机关作出或者未作出处理的；

（六）其他与行政行为有利害关系的情形。

参考案例

江苏省南通市中级人民法院（2019）苏06行终644号　袁某诉某人社局劳动、社会保障行政确认案

【裁判要旨】对是否具备"诉的利益"的审查和判断，较为复杂。从法院审理的顺序上，对起诉条件的审查应早于对"诉的利益"的审查。起诉条件以保障当事人及时得到救济，让当事人能够充分行使起诉权为目的，"门槛"较低；对"诉的利益"的审查，旨在从程序上排除不合法或者没有本案审理必要的诉（诉讼请求），属于实质性审查，"门槛"较高。但不管"门槛"高低，在对"诉的利益"进行判断时，人民法院不得以"诉的利益"取代对被诉行政行为的合法性审查。

5. 反复申请行政复议后起诉属于滥用诉权，法院可不予受理

——杨某诉某省人民政府行政复议案

【基本案情和行政救济策略】

2013年7月，杨某向某区法律援助中心申请法律援助，该中心作出不予法律援助决定。杨某因不服该不予法律援助决定，向区司法局提出异议。区司法局作出答复意见，认为该不予法律援助决定适用依据正确，内容适当。杨某不服，向市司法局申请行政复议。市司法局于2013年10月23日告知杨某所提复议申请已超过法定申请期限，故不予受理。杨某对此不服，继而向市政府申请行政复议。市政府于2013年10月30日作出青政复办告字（2013）77号《告知书》，告知杨某提出的行政复议申请事项不符合行政复议受案条件，故不予受理。杨某对此不服，又向省政府申请行政复议，要求撤销市政府的《告知书》，撤销市司法局、区司法局及区法律援助中心作出的决定。省政府经审查，于2013年11月18日作出鲁政复不字（2013）38号不予受理行政复议决定。

本案的案情较为简单，由于当事人杨某未在法定复议期限内提出复议申请，不符合行政复议受理条件，所以自始未能进入复议救济程序。根据《行政诉讼法》第四十五条的规定，申请人不服复议决定的，可以在收到复议决定书之日起十五日内向人民法院提起行政诉讼。杨某对市司法局的复议决定不服，本可在市司法局作出不予受理的决定后，在法定期限内即向人民法院

提起行政诉讼。但其针对同一事由，历时四个月连续经过市司法局、市政府、省政府三级行政机关复议，其层层向上申请复议的行为不仅违反一级复议制度，而且明显缺乏正当理由，在一定程度上造成了复议程序的空转，给行政救济资源造成了严重浪费。

【行政救济情况及处理结果】

杨某不服省政府不予受理的行政复议决定，向市中级人民法院提起行政诉讼，要求法院判决撤销被告省政府作出的鲁政复不字（2013）38号不予受理行政复议申请决定，并赔偿损失。

一审法院经审理认为，杨某对市政府不予受理的告知书不服提出行政复议申请，不属于《行政复议法》（2017年修正）第六条规定的行政复议范围。杨某对市司法局、区司法局及区法律援助中心作出的决定等行为不服提出行政复议申请，均不属于省政府的审查范围。省政府决定不予受理原告的行政复议申请，并无不当。据此，一审法院判决驳回杨某的诉讼请求。杨某不服，遂向省高级人民法院提起上诉。二审法院经审理，以与一审法院相同的理由驳回杨某的上诉，维持一审判决。

杨某不服二审判决，向最高人民法院提出再审申请，请求法院依法撤销省政府所作不予受理决定；依法撤销一审、二审判决；依法撤销市人民政府青政复办告字（2013）77号《告知书》；依法撤销市司法局、区司法局、区法律援助中心作出的有关行为；判决省政府依法承担赔偿责任。

最高人民法院经审理认为，申请行政复议和提起行政诉讼是法律赋予公民、法人或者其他组织的权利，其可以在申请行政复议之后再行提起行政诉讼。但杨某在提起行政诉讼之前，针对同一事由连续申请了三级行政复议，明显且一再违反我国一级复议制度和复议诉讼相衔接的制度。对于此类明显违背行政复议制度，明显具有任性恣意色彩的反复申请，行政复议机关不予受理后，申请人对此不服提起行政诉讼的，人民法院可以不予立案，或者在立案之后裁定驳回起诉。原审法院判决驳回杨某的诉讼请求，并无不当。据此，最高人民法院裁定驳回再审申请人杨某的再审申请。

【争议问题和法律评析】

一、申请人不得就行政复议决定再次申请行政复议

行政复议制度是保障行政相对人合法权益的法定救济途径，同时也是行政机关内部自我纠错的重要监督机制。《行政复议法》第二章通过概括式和正反列举式相结合的方式，规定了行政复议的范围。但对于行政机关作出的行政复议决定是否属于行政复议范围，《行政复议法》及相关法律法规并未作出明确规定，实践中存在一定的争议。

笔者认为，申请人不得就行政复议决定再次申请行政复议，理由如下：首先，我国《行政复议法》（2017年修正）第五条规定："公民、法人或者其他组织对行政复议决定不服的，可以依照行政诉讼法的规定向人民法院提起行政诉讼，但是法律规定行政复议决定为最终裁决的除外。"由此可知，法律并没有规定对行政复议决定不服可以向其上一级行政机关再次申请复议。

其次，《行政诉讼法》第二十六条第三款规定："复议机关在法定期限内未作出复议决定，公民、法人或者其他组织起诉原行政行为的，作出原行政行为的行政机关是被告；起诉复议机关不作为的，复议机关是被告。"该条文已经明确规定复议机关不履行行政复议职责的，相对人的权利救济途径是起诉原行政行为或起诉复议机关不作为，而不包括行政复议。

最后，《行政复议法》（2017年修正）第二十条规定："公民、法人或者其他组织依法提出行政复议申请，行政复议机关无正当理由不予受理的，上级行政机关应当责令其受理；必要时，上级行政机关也可以直接受理。"《行政复议法实施条例》第三十一条也作出了类似规定。可见上级行政机关可以通过行政相对人的申诉或者对下级行政机关工作的检查等方式，对下级行政机关是否履行行政复议职责的情况进行监督，无须相对人申请行政复议进行救济。由此可知，我国确立了一级复议制度以及复议诉讼相衔接的制度，即行政行为经过一次复议后，不得就同一个行政行为的复议决定再行申请复议，而应当选择行政诉讼途径进行救济。

本案中，行政复议申请人杨某在提起行政诉讼之前，针对同一事由连续

申请了三级行政复议，违反了一级行政复议制度和复议诉讼相衔接的制度。若对此类行为不加以制止，将导致一级复议制度形同虚设，相对人将会陷入"不服复议不作为—申请复议—再不服复议不作为—向上级复议机关申请复议"的怪圈，无形中增加相对人的权利救济成本，扩大了行政争议的范围，不利于原行政争议的有效解决。

二、多次重复申请行政复议时行政机关的决定不具有可诉性

本案的争议焦点之一在于，复议机关对杨某的重复复议申请所作的决定是否具有可诉性。有部分观点认为，该决定属于行政复议决定，杨某对复议决定不服提起诉讼，符合法律规定。笔者认为，要认定某一行政行为是否具有可诉性，应当结合我国具体的法律法规进行审查，避免相对人不当行使诉权。自2014年修正的《行政诉讼法》实施和立案登记制改革以来，各级人民法院高度重视诉权保护，对依法应当受理的案件有案必立、有诉必理，部分缓解了行政诉讼"立案难"的问题，但实践中恶意诉讼和无理缠诉等问题也随之而来。为此，2017年8月发布的《最高人民法院关于进一步保护和规范当事人依法行使行政诉权的若干意见》明确列举了多种法院应当不予立案的情形，以有效规制滥用诉权行为。2018年2月8日起施行的《最高人民法院关于适用〈中华人民共和国行政诉讼法〉的解释》第一条第二款，也在《行政诉讼法》第十二条和第十三条的基础上进一步规定了不属于行政诉讼受案范围的情形。

首先，根据《最高人民法院关于进一步保护和规范当事人依法行使行政诉权的若干意见》，对于没有新的事实和理由，针对同一事项重复、反复提起诉讼，或者反复提起行政复议继而提起诉讼等违反"一事不再理"原则的起诉，人民法院依法不予立案。本案中，杨某针对同一事由多次重复向三级行政机关申请行政复议，继而就行政机关所作的决定提起行政诉讼，明显违反了一级复议制度和一事不再理的原则，不具有可诉性。其次，根据《最高人民法院关于适用〈中华人民共和国行政诉讼法〉的解释》第一条第二款第（四）项，"驳回当事人对行政行为提起申诉的重复处理行为"不属于行政诉讼的受案范围。本案市政府和省政府在其后的两次复议中均作出不予受理告知书，属于在行政系统内部行使复议监督权的行为，旨在监督下级机关是否依法履行行政复议职责，并未直接对相对人设定新的权利义务，构成"驳回当事人对行政行为提起申诉的重复处理行为"，不属于行政诉讼的受案范围。相对人据此提起行政诉讼也符合该意见所规定的"针对行政机关未设定其权利义务的重复处理行为、说明性告知行为及过程性行为提起诉讼的"，明显存在滥用诉权的嫌疑，人民法院依法应当不予立案。综上所述，行政机关对于相对人多次重复申请行政复议时作出的决定，不具有可诉性。

三、法院对行政相对人滥用诉权的认定和处理

法院在依法保障行政相对人诉权的同时，也要求行政相对人根据法律规定的范围、条件、程序、方式等合理启动救济机制，理性行使诉权，避免程序无意义空转和司法资源的浪费。本案中，最高人民法院认定杨某"明显违背行政复议制度""明显具有任性恣意色彩"的反复申请行为构成滥用诉权，为以后的审判实务直接作出指引，即针对此类案件，人民法院可以直接不予受理，或受理后驳回起诉。实践中，滥用诉权的表现形态远不止于此，为规制行政相对人恶意诉讼和无理缠诉的现象，法院应当结合行政相对人的起诉是否具有诉的利益、有无起诉必要性、起诉是否符合一事不再理原则和诚信原则等方面，对相对人权利救济请求的正当性和必要性进行综合审查认定。

第一，行政相对人是否具有诉的利益，即相对人的起诉目的是否为维护自己的实际权益。如果相对人本身与案件并无利害关系或者仅有微小的利害关系，但仍然多次提起诉讼，其起诉目的并非维护自身合法权益，而是向行政机关施加压力、发泄不满，则可能构成滥用诉权，典型案例如张某诉某镇人民政府信息公开案（见参考案例3）、陆某诉某市发展和改革委员会政府信息公开案（见参考案例1）。第二，行政相对人有无起诉必要性。如果因为案件本身的性质确实无法通过司法渠道获得救济，或者有其他更合适的救济途径可以选择，但行政相对人固执己见，坚持单一的救济渠道，也容易构成滥诉。例如，本案行政机关的决定本就不属于诉讼受案范围，相对人一而再、

再而三地提起诉讼，显然不可能得到救济。第三，相对人起诉是否符合一事不再理原则。对于没有新的事实和理由，针对同一事项重复、反复提起诉讼，或者反复提起行政复议，继而提起诉讼，或者针对已生效判决再次提起诉讼，则也有可能构成滥用诉权。第四，行政相对人起诉是否违反诚信原则。涉及行政相对人进行恶意诉讼、虚假诉讼，为获取非法利益不惜损害他人合法利益和公共利益，也符合滥用诉权常见的情形。

在现行法律规范尚未对滥用诉权行为进行明确规制的情形下，法院一般参照上述相关因素进行审查。如被法院认定为滥用诉权，相对人可能面临法院不予立案，或立案之后裁定驳回起诉，对其诉讼请求不作实体审理的结果。此外，法院也可能对相对人以后其他同类型和涉及相同事务的起诉进行严格审查。当然，这种审查仍然应当在合法合理的范围之内，保障行政相对人的合法诉权仍是基本原则。

【需要注意的问题】

本案是对反复申请行政复议的行为不应保障其诉权的案例。本案当事人向三级行政机关就同一事实反复申请行政复议，违反了一级复议制度以及复议与诉讼相衔接的制度，无论是根据当时还是现行的《行政复议法》和《行政诉讼法》，对此类滥用诉权的案件均不再予以受理。2023年修订的新《行政复议法》虽然扩大了行政复议案件的受案范围，但同时也规定了受理条件和不属于行政复议范围的负面清单，其中第三十条规定重复申请行政复议的案件不予受理。同样，根据《行政诉讼法》及司法解释和《最高人民法院关于进一步保护和规范当事人依法行使行政诉权的若干意见》第十条的规定，向法院提起诉讼也依法不予立案。

【参考法条和相关资料】

《中华人民共和国行政诉讼法》（2017年6月27日修正）

第二十六条第三款 复议机关在法定期限内未作出复议决定，公民、法人或者其他组织起诉原行政行为的，作出原行政行为的行政机关是被告；起诉复议机关不作为的，复议机关是被告。

第四十五条　公民、法人或者其他组织不服复议决定的，可以在收到复议决定书之日起十五日内向人民法院提起诉讼……

《中华人民共和国行政复议法》（2023年9月1日修订）

第三十五条　公民、法人或者其他组织依法提出行政复议申请，行政复议机关无正当理由不予受理、驳回申请或者受理后超过行政复议期限不作答复的，申请人有权向上级行政机关反映，上级行政机关应当责令其纠正；必要时，上级行政复议机关可以直接受理。

《中华人民共和国行政复议法实施条例》（2007年8月1日起施行）

第三十一条　依照行政复议法第二十条的规定，上级行政机关认为行政复议机关不予受理行政复议申请的理由不成立的，可以先行督促其受理；经督促仍不受理的，应当责令其限期受理，必要时也可以直接受理；认为行政复议申请不符合法定受理条件的，应当告知申请人。

《最高人民法院关于适用〈中华人民共和国行政诉讼法〉的解释》（法释〔2018〕1号）

第一条第二款　下列行为不属于人民法院行政诉讼的受案范围：

……

（四）驳回当事人对行政行为提起申诉的重复处理行为；

……

《最高人民法院关于进一步保护和规范当事人依法行使行政诉权的若干意见》（法发〔2017〕25号）

二、正确引导当事人依法行使诉权，严格规制恶意诉讼和无理缠诉等滥诉行为

10. 要引导当事人依法行使诉权，对于没有新的事实和理由，针对同一事项重复、反复提起诉讼，或者反复提起行政复议继而提起诉讼等违反"一事不再理"原则的起诉，人民法院依法不予立案，并向当事人说明不予立案

的理由。当事人针对行政机关未设定其权利义务的重复处理行为、说明性告知行为及过程性行为提起诉讼的，人民法院依法不予立案，并向当事人做好释明工作，避免给当事人造成不必要的诉累。

参考案例 1

最高人民法院公报案例　江苏省南通市港闸区人民法院（2015）港行初字第 00021 号　陆某诉某市发展和改革委员会政府信息公开案

【裁判要旨】知情权是公民的一项法定权利。公民必须在现行法律框架内申请获取政府信息，并符合法律规定的条件、程序和方式，符合立法宗旨，能够实现立法目的。如果公民提起政府信息公开申请违背《政府信息公开条例》的立法本意且不具有善意，就会构成知情权的滥用。当事人反复多次提起琐碎的、轻率的、相同的或者类似的诉讼请求，或者明知无正当理由而反复提起诉讼，人民法院应对其起诉严格依法审查，对于缺乏诉的利益、目的不当、有悖诚信的起诉行为，因违背了诉权行使的必要性，而丧失了权利行使的正当性，应认定构成滥用诉权行为。

参考案例 2

最高人民法院（2016）最高法行申 2976 号　杨某诉某省人民政府行政复议案

【裁判要旨】我国实行一级复议制度。对于明显违反，甚至是一再违反一级复议制度的申请，行政复议机关可以在口头释明之后不作任何处理；申请人对此不服提起行政诉讼的，人民法院可以不予立案，或者在立案之后裁定驳回起诉。

参考案例 3

重庆市第二中级人民法院（2015）渝二中法行终字第 00169 号　张某诉某镇人民政府信息公开案

【裁判要旨】张某申请政府信息公开和提起诉讼的目的并非依法获取和了解政府信息本身，而是通过不断的、大量的申请、复议和诉讼，表达不满情绪和向政府及相关部门施加压力，以达到其承包地附着物利益补偿的最大化，其主观故意明显。同时其实施了大量的诉讼行为，提起了大量无诉益的诉讼，原审法院认定其构成滥用诉权并无不当。

6. 公务员招录纠纷属于外部行政争议，可以申请行政复议

——李某诉某县人民政府取消录用资格决定行政复议案

【基本案情和行政救济策略】

李某于 2018 年 3 月 25 日参加了某县人民政府公开招聘政府系统事业单位工作人员考试，报考某服务中心管理岗位。6 月 12 日，县政府公示了考生的总成绩，李某在报考该岗位的考生中排名第一。随后，李某通过了体检和公示期，但尚未正式上岗。10 月 8 日，李某报考的服务中心向县政府出具了《关于取消李某录用资格的函》。10 月 9 日，县政府发布《县事业单位 2018 年公开招聘体检递补公告（3）》，取消李某的录用资格，确定周某递补参加体检。李某向县政府提出异议后，被告知李某的档案记载其在读大学期间有抑郁症病史，故不能被录用。2018 年 10 月 21 日，李某将自己没有抑郁症病史的证明材料及情况说明交给某服务中心负责人梁某和县政府公开招聘领导小组，但始终未得到答复。于是李某拟通过法律途径维护自身权益。

鉴于本案当事人解决就业问题的时间比较紧迫，且实践中公务员招录纠纷通过行政机关内部复核、申诉、控告的救济途径往往无济于事，采取行政复议的救济方式则相对高效。而且，申请行政复议能获得更多的事实证据，可以为后续行政诉讼做好更为充分的准备。尽管对公务员招录纠纷是否属于行政复议受案范围存在争议，但李某认为本案属于外部行政，具有可诉性，遂以县政府为被申请人，向市人民政府申请行政复议。

【行政救济情况及处理结果】

2018年11月5日,李某向市人民政府申请行政复议,请求撤销县政府取消李某录用资格的决定。李某认为,县政府取消其录用资格违反法律法规,违反公开、公平、公正以及诚信原则,严重侵犯其合法权益。

县政府辩称,李某有抑郁症病史,属于我国《公务员法》规定的不具有正常履行职责身体条件的情形。县政府作出取消李某录用资格的决定,认定事实清楚,适用依据正确、内容适当,并未违反任何法律法规的规定,更未违反公平、公开、公正及诚信原则,李某要求撤销该决定的理由不能成立。

复议机关经审查后认为,取消李某的事业单位工作人员录用资格对李某有较大影响,县政府在决定取消李某录用资格前未告知相关事实、理由和依据,也未听取李某的陈述申辩,不符合行政程序规定。对于有抑郁症病史是否属于不具有正常履行职责的身体条件,应结合考生实际健康状况和岗位报考条件来确定,本案中李某健康状况和精神状态良好,笔试、面试总成绩优异,符合岗位录用条件。县政府作出取消申请人录用资格的决定有失公允,应予纠正。据此,市政府作出复议决定,撤销县政府作出的取消李某录用资格的决定。

【争议问题和法律评析】

一、公务员招录行为属于外部行政行为

公务员招录行为是否属于外部行政行为,实践中存在一定争议。一般认为,行政机关直接针对公务员权利义务作出的人事处理行为,属于不可诉的内部行政行为,如公务员的考核、职务任免的内部人事处理就是典型的内部行政行为,作出对象局限于行政系统内部人员。根据《行政复议法》(2017年修正)第八条和《行政诉讼法》第十三条的规定,行政机关对行政机关工作人员的奖惩、任免等人事处理决定不属于行政复议和行政诉讼的受案范

围,排除了内部人事处理决定的外部救济途径。

但是,公务员招录行为具有其特殊性。一方面,公务员招录是行政机关内部组织人事管理的调整行为,具有内部行政管理的性质;另一方面,公务员招录是行政机关与公民之间的特定行政行为,其法律效果具有外部性,影响也不限于行政机关内部,故显然属于外部行政行为的范畴。从《行政诉讼法》第十三条、《行政复议法》(2017年修正)第八条和《最高人民法院关于适用〈中华人民共和国行政诉讼法〉的解释》第二条第三款的条文表述来看,并非行政机关的所有人事处理决定都应排除在受案范围外,且条文所列举的人事决定明显不具有外部行政行为的特征。而且根据上述条款的规定,奖惩、任免等内部人事处理决定适用对象限定为"行政机关工作人员",可见公务员招录行为因其主体外部性和效果外部性,应评价为可以复议或诉讼的外部行政行为。此外,公务员招录等具有外部特征的行政行为发生争议时,若将其视为内部行政行为处理,会模糊内部行政与外部行政的边界,可能导致行政相对人丧失应有的救济途径。

本案中,李某不是我国《公务员法》第二条规定的依法履行公职、纳入国家行政编制、由国家财政负担工资福利的工作人员,且尚未被录用,当然不受县政府内部行政行为的约束。复议机关市人民政府据此受案审查,保障了行政相对人李某的行政救济权利。在"推进中国法治进程十大行政复议案例"之一的李某诉某县人民政府公开招聘事业单位工作人员案中,复议机关同样将公开招聘事业单位工作人员的行政行为纳入行政复议的受案范围。[①]

二、公务员招录等人事处理可以行政复议或行政诉讼的标准

在司法裁判实践中,人事处理决定是否能够进入行政复议或行政诉讼的受案范围,应当考虑以下几个条件:

第一,行政相对人未获得行政机关内部工作人员身份。在正式签订协议

[①]《"推进中国法治进程十大行政复议案例"评析》,载微信公众号"中国法律评论"2019年10月27日。

上岗以前，行政相对人不具有政府工作人员身份，不属于行政处分等其他人事处理决定的对象，因此所涉人事处理决定纠纷属于复议或诉讼受案范围。例如，张某著诉某市人事局公务员招考行政录用决定纠纷案（见参考案例2）中，市人事局在张某著上岗前以体检结果不合格为由不予录用，张某著不服起诉后，法院受理了该案件并确认行政机关不予录用证据不足。本案中，李某实质上从未进入行政机关任职，不属于行政机关工作人员，县政府取消录用的决定侵害了其合法权益，属于行政复议受案范围。

第二，行政相对人受侵害的权益不来源于公务员身份。根据《最高人民法院关于适用〈中华人民共和国行政诉讼法〉的解释》第二条第三款的规定，《行政诉讼法》第十三条第（三）项规定的"奖惩、任免等决定"是指行政机关作出的涉及行政机关工作人员公务员权利义务的决定。也就是说，人民法院不受理诉讼的情形限定于行政机关作出的决定侵犯公务员权利义务。例如，在吴某银诉某区人民政府行政其他案（见参考案例1）中，最高人民法院认为，《最高人民法院关于适用〈中华人民共和国行政诉讼法〉的解释》第二条第三款的规定是指行政机关作出的涉及行政机关公务员权利义务的决定，原告吴某银申请给付的费用来源于其公务员的身份而非其公民身份，因此判决驳回其诉讼请求。参考这个案例，可复议或诉讼的人事处理决定所涉权利应当是我国公民依据宪法和法律规定享有的权利，如知情权、平等参与权、陈述申辩权、申诉控告权、赔偿请求权等，不是来源于公务员身份的权利义务。本案中李某尚不具有公务员的身份，复议机关予以受案审理，是因为县政府公开招聘工作人员属于行使行政职权，其取消李某录用资格的行为对李某作为公民在行政程序中依法享有的申请权、知情权、参与权等权利造成了实质上的侵害。

第三，公务员招录行为须对行政相对人权益造成实际影响。如取消考试资格、不予录用、取消录用等对当事人参与公务员招录程序具有终局性质的人事处理决定，属于行政复议范围。而公务员招录过程中未对行政相对人权利义务产生实际影响的行为不属于受案范围，如林某诉某省人民政府行政复议决定案（见参考案例3）中，林某多所诉的事项是查看面试现场的监控录像遭拒，法院认为该事项并非公务员录用的最终决定行为，对林某的权利义务不产生实际影响，因此该事项不属于行政复议及行政诉讼的受案范围。

【需要注意的问题】

公务员招录纠纷属于内部行政争议还是外部行政争议？过去司法实践中存在争议。现行《行政复议法》拓宽了行政复议的受案范围，同时也明确了不属于行政复议的事项，其中第十二条第（三）项规定"行政机关对行政机关工作人员的奖惩、任免等决定"不属于行政复议范围。在实践中，对于公务员的招录行为是否属于"任免"事项、是否属于外部行政行为、是否具有"可复议"或"可诉"性质，一直存在争议。好在有的地方复议机关和人民法院对此已有处理案例，因此对此类情况可以参照本文引用的法律规定和法律评析，依法申请行政复议或行政诉讼。

【参考法条和相关资料】

《中华人民共和国公务员法》（2018年12月29日修订）

第三条　公务员的义务、权利和管理，适用本法。

法律对公务员中领导成员的产生、任免、监督以及监察官、法官、检察官等的义务、权利和管理另有规定的，从其规定。

第九十五条　公务员对涉及本人的下列人事处理不服的，可以自知道该人事处理之日起三十日内向原处理机关申请复核；对复核结果不服的，可以自接到复核决定之日起十五日内，按照规定向同级公务员主管部门或者作出该人事处理的机关的上一级机关提出申诉；也可以不经复核，自知道该人事处理之日起三十日内直接提出申诉：

……

《中华人民共和国行政复议法》（2023年9月1日修订）

第十二条　下列事项不属于行政复议范围：

（一）国防、外交等国家行为；

（二）行政法规、规章或者行政机关制定、发布的具有普遍约束力的决定、命令等规范性文件；

（三）行政机关对行政机关工作人员的奖惩、任免等决定；

（四）行政机关对民事纠纷作出的调解。

第二十三条 有下列情形之一的，申请人应当先向行政复议机关申请行政复议，对行政复议决定不服的，可以再依法向人民法院提起行政诉讼：

（一）对当场作出的行政处罚决定不服；

（二）对行政机关作出的侵犯其已经依法取得的自然资源的所有权或者使用权的决定不服；

（三）认为行政机关存在本法第十一条规定的未履行法定职责情形；

（四）申请政府信息公开，行政机关不予公开；

（五）法律、行政法规规定应当先向行政复议机关申请行政复议的其他情形。

对前款规定的情形，行政机关在作出行政行为时应当告知公民、法人或者其他组织先向行政复议机关申请行政复议。

《中华人民共和国行政诉讼法》（2017年6月27日修正）

第十三条 人民法院不受理公民、法人或者其他组织对下列事项提起的诉讼：

……

（三）行政机关对行政机关工作人员的奖惩、任免等决定；

……

《最高人民法院关于适用〈中华人民共和国行政诉讼法〉的解释》（法释〔2018〕1号）

第二条第三款 行政诉讼法第十三条第三项规定的"对行政机关工作人员的奖惩、任免等决定"，是指行政机关作出的涉及行政机关工作人员公务员权利义务的决定。

参考案例 1

最高人民法院（2019）最高法行申 12225 号　吴某银诉某区人民政府行政其他案

【裁判要旨】国家工作人员的工资、退休费、基本医疗保险补助金、生活补贴、抚恤金、丧葬费等费用的给付系行政机关作出的涉及行政机关工作人员公务员权利义务的决定，依法不属于人民法院行政诉讼的受案范围。

参考案例 2

安徽省芜湖市新芜区人民法院（2003）新行初字第 11 号　张某著诉某市人事局公务员招考行政录用决定纠纷案

【裁判要旨】国家行政机关招录公务员，由人事部门制定一定的标准是必要的。但某市人事局作为招录国家公务员的主管行政机关，仅依据解放军第八六医院的体检结论，认定原告张某著体格检查不合格，作出不准予原告张某著进入考核程序的具体行政行为缺乏事实证据。

参考案例 3

辽宁省高级人民法院（2018）辽行终 1330 号　林某诉某省人民政府行政复议决定案

【裁判要旨】本案行政复议机关就招录行为作出的答复意见具有对该复议申请进行审查并作出相应处理的职权和义务。但答复行为本身并未改变原行政行为结果，对行政相对人的权利义务不产生实际影响的，与行政相对人不具有行政法上的利害关系，不属于行政复议和人民法院行政诉讼受案范围。

参考案例 4

江苏省宿迁市中级人民法院（2018）苏 13 行终 101 号　戴某诉某市人力资源和社会保障局取消录用资格纠纷案

【裁判要旨】遵循正当程序，保障相对人的知情权、参与权、陈述权、申辩权、救济权是行政机关行使行政职权的基本原则。政府人事行政管理机关依照规章等规范性文件组织实施事业单位公开招聘工作人员属于行使行政职权。

第三章 行政处罚

7. 行政处罚不得违反过罚相当原则
——方氏炒货店诉某区市监局和某市市监局行政处罚案

【基本案情和行政救济策略】

方氏炒货店系专门零售瓜子等炒货的个体工商户，由方某实际经营。2015年11月初，该区市场监督管理局根据举报对方氏炒货店进行检查，发现店铺内多处印有"某市最优秀的炒货特色店铺""某市最优炒货店"等内容的广告，商品包装上也印有"中国最好最优品质荔枝干""某市最好吃的果子"等宣传语。2016年3月22日，区市监局以方氏炒货店在其经营场所内外及包装袋上发布广告，并使用了含"最"字的绝对化宣传用语，违反《广告法》第九条第（三）项规定，根据《广告法》第五十七条第（一）项、《某市规范行政处罚自由裁量权的规定》第九条的规定，依法从轻处罚，作出《行政处罚决定书》：责令方氏炒货店停止发布使用绝对化用语的广告，并处罚款20万元。方氏炒货店对此不服，遂向该市市监局申请行政复议，该市市监局于2016年8月10日作出《行政复议决定书》，维持罚款20万元的处罚决定。

本案系一起因使用绝对化广告用语引发的大额罚款行政处罚案。案件发生的背景在于2015年修订的《广告法》明确禁止使用绝对化广告用语，并规定对此违法行为处以20万元以上100万元以下的高额罚款，但并未规定可予以减轻或不予处罚的例外情形，执法实践中也尚未形成具体的裁量基准。区市监局出于规避执法风险的考虑，机械地按照《广告法》规定的处罚幅度对方氏炒货店处以20万元罚款，对本案可适用减轻或不予处罚的情节未依法认定，导致该处罚决定明显缺乏合理性和正当性。因此，本案的争议焦点在于区市监局的处罚裁量是否适当的问题，考虑到该市市监局作为上级机关，对如何适用行政裁量权认定减轻或不予处罚的情节更具权威性，方氏炒货店最终选择先向该市市监局提起行政复议。但由于行政系统内部面临基层执法实践中存在的职业打假人恶意诉讼等现实问题，且在缺乏法定依据的情况下突破《广告法》规定的处罚幅度，可能有违行政处罚法定的原则和依法行政的要求，客观上导致复议机关决定维持原处罚决定。因此，方氏炒货店最终只能诉诸法院，期望通过法院的审理和改判实现个案正义，予以公平合理的处罚。

【行政救济情况及处理结果】

方氏炒货店向区人民法院提起诉讼，其诉讼请求为：一、撤销被告区市监局作出的处罚决定；二、撤销被告市市监局作出的复议决定。其主张的理由为：被诉处罚决定认定事实不清，其认定"最好""最优""最香"等用语违反《广告法》第九条第（三）项的规定，但没有明确这些用语是违反"国家级"还是"最高级"抑或"最佳"的哪一种用词规定；被诉处罚决定适用法律错误，原告使用的"最"字用语均是在介绍经营场所，不是介绍商品或服务，被告不能适用《广告法》进行定性处罚；原告的违法情节轻微，其只在自己店里发布广告，且广告持续时间较短，设置展示柜广告仅一个月时间，外墙广告仅3天。因此，被告区市监局作出的对原告处以20万元罚款的行政处罚畸重，应予撤销。

被告区市监局辩称：被诉处罚决定认定事实清楚、证据确凿，适用法律正确且程序合法。结合本案实际情况，依据《广告法》第五十七条规定对原告罚款 20 万元，已是在《广告法》规定幅度内作出的最轻的行政处罚，处罚合法，裁量得当。

一审法院经审理认为：罚款是行政处罚的种类之一，对广告违法行为处以罚款，除了应适用《广告法》的规定，还应遵循《行政处罚法》（2009 年修正）第四条第二款"过罚相当原则"和第五条"处罚与教育相结合原则"以及第二十七条第一款"从轻、减轻的情形"和第二款"不予处罚的情形"。虽然本案中区市监局适用了从轻处罚，将罚款数额裁量确定为《广告法》规定的最低限 20 万元，但综合认定《广告法》禁止使用绝对化用语的保护法益以及本案具体违法情形，方氏炒货店所涉违法行为情节较为轻微，社会危害性较小，原行政处罚决定在处罚数额的裁量上存在明显不当。因此，一审法院根据《行政诉讼法》第七十七条的规定作出变更判决，将罚款数额由 20 万元变更为 10 万元，并撤销该市市监局作出的行政复议决定。

方氏炒货店对一审判决不服，向市中级人民法院提起上诉，其上诉理由为：一、被诉行政处罚决定中"经查明"部分存在事实认定不清，对广告语进行了断章取义的描述，且未对违法广告发布的起始时间和上诉人的纠正情况进行认定；二、被诉行政处罚决定适用法律错误，仅适用《广告法》的规定进行处罚而没有适用《行政处罚法》的规定，适用法律错误的处罚决定应当被撤销而非变更；三、被诉处罚决定的处罚裁量明显不当，20 万元罚款明显高于区市监局 2015—2017 年同期同类案件的处罚力度，且远远超出普通人的承受范围。且本案违法广告发布的持续时间短，影响范围小，并不必然会产生欺骗、误导消费者的后果，方某也主动采取了纠正措施以减轻、消除违法行为的危害后果，区市监局未能准确认定这些情节，适用减轻处罚甚至不予处罚的规定，明显违反过罚相当原则，一审法院虽然适用该原则作出了变更，然而 10 万元的处罚仍然失当。故请求二审法院支持其一审的全部诉讼请求，撤销区市监局的处罚决定。

二审法院经审理认为，一审判决已经对前期的量罚进行审查考虑，综合全案事实，罚款金额 10 万元，并无明显不当。故判决驳回上诉，维持原判。

【争议问题和法律评析】

一、《广告法》和《行政处罚法》的法律适用问题

本案的争议焦点之一，在于《广告法》规定了处罚幅度但没有具体裁量标准的情况下，行政机关能否适用《行政处罚法》（2009年修正）第二十七条的减轻或不予处罚条款突破法定处罚幅度的问题，即如何适用《广告法》和《行政处罚法》的问题。笔者认为，《行政处罚法》对所有行政处罚的设定和实施作出了原则性规定，《广告法》作为某一具体管理领域的行政处罚规范，其在适用过程中应当受到《行政处罚法》相关条款的约束。区市监局坚持以《广告法》没有规定减轻或从轻处罚的具体情形为由，认定20万元已是法定幅度内最轻的行政处罚，是割裂法律体系、机械适用法律规范的一种表现，明显缺乏合理性和正当性。本案一审法院在裁判理由中说明"对广告违法行为处以罚款，除了应适用《广告法》的规定，还应遵循《行政处罚法》的规定"，也明确回应了两法的适用问题。由此可得，在适用某一具体管理领域的行政处罚条款，尤其是广告、食品安全领域等法定起罚点较高的处罚条款时，如果没有规定具体的裁量基准，行政机关可以灵活适用《行政处罚法》（2009年修正）第二十七条，在法定幅度内外进行合理量罚，以使每一个案件的处罚决定都满足实质正义的要求，避免执法的机械化和简单化，有效维护行政相对人的合法权益。

二、《行政处罚法》减轻和不予处罚条款的理解和适用

由于《行政处罚法》（2009年修正）第二十七条就减轻或不予处罚的情形仅作出了原则性规定，各项概念和规范的表述都较为笼统，存在宽泛的裁量空间，实践中可能会造成行政机关执法尺度的不统一。本案方氏炒货店的违法情形能否满足《行政处罚法》（2009年修正）第二十七条减轻或不予处罚条款的适用条件，是本案的又一难点。

第一，关于减轻处罚条款的适用问题。《行政处罚法》（2009年修正）第二十七条第一款规定了四种可从轻或减轻处罚的情形，包括"主动消除或者

减轻违法行为危害后果""受他人胁迫有违法行为""配合行政机关查处违法行为有立功表现"以及"其他依法从轻或者减轻行政处罚"。但一方面，上述列举的情形过于单一，往往难以满足基层执法复杂多变的实际需求；另一方面，上述四种情形本身的适用在司法实践中也存在一定争议。例如，第一种情形"主动消除或者减轻违法行为危害后果"中"主动"的认定，是否必须在他人要求或行政机关查处之前；第四种情形"其他依法从轻或者减轻行政处罚"是开放式的兜底条款，还是需要其他现行法律法规的明确规定才能适用，实践中并无定论。由于本案区市监局在《行政处罚决定书》中就已认定方氏炒货店主动中止违法行为，因此本案符合条文规定的第一种情形并无争议，可予以从轻或减轻处罚。但本案能否适用减轻处罚条款在最低限20万元以下量罚，还应当进一步结合查处违法行为所要保护的法益，以及违法行为的事实、性质、情节及危害后果进行认定。本案一审法院就从多方面论证方氏炒货店的"违法行为情节较为轻微，社会危害性较小"，从而适用减轻处罚，判决将罚款金额由20万元变更为10万元。

第二，关于不予处罚条款的适用问题。《行政处罚法》（2009年修正）第二十七条第二款不予处罚的适用前提，必须同时满足"违法行为轻微""及时纠正"和"没有造成危害后果"三个要件，缺一不可。但由于"轻微""及时""危害后果"是抽象的法律概念，司法实务中未能形成客观统一的判断标准，给该条款的适用带来困境。法院在认定"轻微"时，通常将违法次数、违法金额、场合、手段、主观过错等要素纳入考虑范围，但这些要素往往缺乏法定裁量基准，还须依靠法官的经验进行主观判断，随意性比较大。法院在认定"及时纠正"时，虽然相关法律规定均未明确"及时"的时间节点，但实践中一般以"危害后果发生之前"的纠正视为及时，在此之后的纠正行为只能作为量罚的参考要素。法院对"危害后果"的认定，仅指事实性危害后果，还是包括影响性危害后果，在实践中也存在分歧。具体到本案，方某在上诉状中坚持认为其违法行为尽管可能产生欺骗和误导消费者、贬损同业竞争者的影响性危害后果，但并未造成实际危害后果，应当不予处罚。但其主张并未得到法院的采纳，因此本案也未能适用不予处罚的条款。

三、违反过罚相当原则的判断标准

一审法院在适用《行政处罚法》（2009 年修正）第二十七条第二款减轻处罚的基础上，还援用了过罚相当原则进行补强。过罚相当原则作为《行政处罚法》的一项基本原则，直接体现在《行政处罚法》（2009 年修正）第四条第二款："设定和实施行政处罚必须以事实为依据，与违法行为的事实、性质、情节以及社会危害程度相当。"该原则对行政机关裁量权进行了合理限制，是比例原则在行政处罚领域的具体体现。近年来，过罚相当原则在各级法院的裁判文书中被作为一项判决理由得到广泛应用，与此同时，由于过罚相当原则只有原则性规定，审判实务中倾向于将比例原则中的适当性、必要性、均衡性这三项子原则作为是否违反过罚相当原则的分析工具和判断标准。

首先，适当性原则可以检验行政机关采取行政处罚措施是否符合立法目的，能否实现一定的行政目标，是否存在为不正当目的滥用裁量权的行为。其次，必要性原则可以检验行政机关是否在行政处罚种类及幅度中，选择了对相对人产生损害最小的方式。最后，均衡性原则可以检验行政行为对相对人造成的损害限度是否超过所要保护的合法利益。如本案一审法院认定原告案涉违法行为情节较为轻微，社会危害性较小，实际上是将 20 万元罚款与其造成的社会危害程度进行衡量，认定该处罚违反了均衡性原则，从而违背了过罚相当原则，构成明显不当。此外，最高法公报案例某食品公司诉某市工商局商标侵权行政处罚案（见参考案例 1）和陈某诉某市城市公共客运管理服务中心行政处罚案（见参考案例 2），法院在适用过罚相当原则进行说理的过程中，也明显体现出比例原则的要求。由此可见，在综合考察事实、性质、情节以及社会危害程度的基础上，可以直接套用比例原则理论进行层层分析，来判断某一行政处罚是否违反过罚相当原则。

【需要注意的问题】

2021 年 1 月 22 日，全国人大常务委员会第二十五次会议对实施近 25 年的《行政处罚法》作了全面修改，一是确立了行政处罚定义，二是补充了行政处罚种类，三是明确了行政处罚的归责原则，四是扩大地方性法规的处罚设定权，五是赋予乡镇街道执法权。这次修法将原先的64条增加到86条，新增了22个条文，修改了53条近70处。此次修改对于完善中国特色社会主义法治体系，推进国家治理体系治理能力现代化具有重要意义。

本案例涉及过罚相当原则，新旧法律在总则中规定的原则是相同的，但对具体处罚的情节，新法第三十二条修改了旧法第二十七条第一款的从轻减轻处罚四种情形，新增了"主动供述行政机关尚未掌握的违法行为"的情节。新法第三十三条还对旧法第二十七条第二款作了较大幅度的增加，新增了"初次违法且危害后果轻微并及时改正的，可以不予行政处罚。当事人有证据足以证明没有主观过错的，不予行政处罚。法律、行政法规另有规定的，从其规定。对当事人的违法行为依法不予行政处罚的，行政机关应当对当事人进行教育"的规定。这些"轻微不罚""初次不罚""无错不罚"制度，以及"处罚与教育结合"原则的落实，将有助于避免"趋利执法""选择执法""过度执法"等乱象，使行政处罚更加公平合理，类似本案的重罚情况也可能会日趋减少。

【参考法条和相关资料】

《中华人民共和国行政诉讼法》（2017年6月27日修正）

第七十七条第一款 行政处罚明显不当，或者其他行政行为涉及对款额的确定、认定确有错误的，人民法院可以判决变更。

《中华人民共和国行政处罚法》（2021年1月22日修订）

第四条 公民、法人或者其他组织违反行政管理秩序的行为，应当给予行政处罚的，依照本法由法律、法规、规章规定，并由行政机关依照本法规定的程序实施。

第五条第二款 设定和实施行政处罚必须以事实为依据，与违法行为的事实、性质、情节以及社会危害程度相当。

第三十二条 当事人有下列情形之一，应当从轻或者减轻行政处罚：

（一）主动消除或者减轻违法行为危害后果的；

（二）受他人胁迫或者诱骗实施违法行为的；

（三）主动供述行政机关尚未掌握的违法行为的；

（四）配合行政机关查处违法行为有立功表现的；

（五）法律、法规、规章规定其他应当从轻或者减轻行政处罚的。

第三十三条 违法行为轻微并及时改正，没有造成危害后果的，不予行政处罚。初次违法且危害后果轻微并及时改正的，可以不予行政处罚。

当事人有证据足以证明没有主观过错的，不予行政处罚。法律、行政法规另有规定的，从其规定。

对当事人的违法行为依法不予行政处罚的，行政机关应当对当事人进行教育。

《中华人民共和国广告法》（2021年4月29日修正）

第五十七条 有下列行为之一的，由市场监督管理部门责令停止发布广告，对广告主处二十万元以上一百万元以下的罚款，情节严重的，并可以吊销营业执照，由广告审查机关撤销广告审查批准文件、一年内不受理其广告审查申请；对广告经营者、广告发布者，由市场监督管理部门没收广告费用，处二十万元以上一百万元以下的罚款，情节严重的，并可以吊销营业执照：

（一）发布有本法第九条、第十条规定的禁止情形的广告的；

……

参考案例1

最高人民法院公报案例 江苏省高级人民法院（2011）苏知行终字第0004号 某食品公司诉某市工商局商标侵权行政处罚案

【裁判要旨】工商行政机关依法对行政相对人的商标侵权行为实施行政处罚时，应遵循过罚相当原则，综合考虑处罚相对人的主观过错程度、违法行为的情节、性质、后果及危害程度等因素行使自由裁量权。工商行政机关如果未考虑上述应当考虑的因素，违背过罚相当原则，导致行政处罚结果显失公正的，人民法院有权依法判决变更。

参考案例 2

最高人民法院公报案例 山东省济南市中级人民法院（2017）鲁 01 行终 103 号 陈某诉某市城市公共客运管理服务中心行政处罚案

【裁判要旨】社会发展中出现的新业态、新模式等，与调整传统行业和经营模式的法律相关规定不相吻合时，行政管理应创新监管方式，包容审慎，鼓励创新，防范风险。在因上述冲突引发的行政诉讼中，人民法院既要依据现行法律规定审查行政行为的合法性，也要为社会创新留出相应的发展空间，尽可能将不利影响控制在最小范围和限度内，以达到实现行政管理目标和保护新生事物之间的平衡。对于构成明显不当的行政行为，人民法院可以依据《行政诉讼法》第七十条第（六）项的规定，作出撤销判决。

参考案例 3

浙江省杭州市西湖区人民法院（2016）浙 0106 行初 240 号 方氏炒货店诉某区市监局、某市市监局行政处罚案

【裁判要旨】本院认为，罚款是行政处罚的种类之一，对广告违法行为处以罚款，除了应适用《广告法》的规定，还应遵循《行政处罚法》的规定。《行政处罚法》第四条第二款规定了过罚相当原则；第五条规定了处罚与教育相结合原则。《行政处罚法》第二十七条第一款规定了从轻、减轻的情形；第二款规定了不予处罚的情形。其中"从轻处罚"是指在最低限以上适用较低限的处罚，"减轻处罚"是指在最低限以下处罚。具体到本案，被告某区市监局适用了从轻处罚，将罚款数额裁量确定为《广告法》规定的最低限，即 20 万元。法院作为司法机关，对行政机关的裁量，一般予以认可，但是，根据《行政诉讼法》第七十七条第一款规定，行政处罚明显不当的，人民法院可以判决变更。本案 20 万元罚款是否明显不当，应结合《广告法》禁止使用绝对化用语所需要保护的法益，以及案件的具体违法情形予以综合认定。

8. 行政机关没收较大数额财产应当适用听证程序
——黄某、何某琼、何某诉某县工商行政管理局行政处罚案

【基本案情和行政救济策略】

我国《行政处罚法》规定，对较大数额的罚款，行政机关作出处罚决定前应当举行听证。而对没收较大数额的财产，是否需要事先听证，实践中认识不一。2012年4月，最高人民法院发布了第一批指导案例，其中第6号指导案例的裁判要旨确认：行政机关作出没收较大数额涉案财产的行政处罚决定时，未告知当事人有要求举行听证的权利或者未依法举行听证的，人民法院应当依法认定该行政处罚违反法定程序。

该案例的基本情况是：2005年6月，某县工商行政管理局（以下简称工商局）会同文体局、公安局进行"营业执照"专项检查时发现，黄某的一间门面房内有多名未成年人和成年人使用电脑上网玩游戏。因黄某未能在检查时出示《网络文化经营许可证》和《营业执照》，县工商局按照《互联网上网服务营业场所管理条例》第二十七条的规定，作出《扣留财物通知书》，扣押黄某的32台电脑主机。经查，黄某与县图书馆曾在两年前联办多媒体电子阅览室，并在黄某的门面房正式挂牌开业，但该电子阅览室因未申请备案，已在一年前被摘牌停办。

黄某对该扣押行为及扣押电脑主机数量有异议，遂诉至法院。县人民法院于2005年10月8日作出判决，维持县工商局扣留财物的决定。次日，县工商局向黄某送达《行政处罚事项告知书》，告知黄某的行为违反了《互联网

上网服务营业场所管理条例》第七条的规定，拟根据该条例第二十七条没收黄某违法经营的电脑主机32台，并告知其享有陈述、申辩的权利。三日后，县工商局正式作出《行政处罚决定书》，决定没收黄某被扣押的电脑主机32台。

本案是一起没收涉案财产的行政处罚案件，县工商局在作出行政处罚决定的过程中存在严重的程序违法行为，即没有告知当事人听证权利。对于行政机关违反法定程序的具体行政行为，虽然《行政复议法》和《行政诉讼法》都规定了可予以撤销或撤销重作，但鉴于《行政处罚法》对没收较大数额财产是否需要听证没有明文规定，需要从依法行政的"程序正当"原则进行论证，通过上级行政机关的内部监督可能难以奏效。而直接提起诉讼，通过法院的外部监督，特别是高级别审判机关的监督，应该更能作出权威结论，更能有效地解决本案争议。

【行政救济情况及处理结果】

黄某为此直接向县人民法院提起了行政诉讼，请求法院依法判令被告县工商局的行政处罚行为违法，依法撤销《行政处罚决定书》，并返还全部被扣押的电脑主机。其诉讼理由为：原告黄某的行为不属于违反《互联网上网服务营业场所管理条例》规定的情形，该行政处罚决定适用法律错误；被告县工商局作出处罚决定前未告知黄某可以要求听证的权利，属程序违法。

一审法院经审理认为，《行政处罚法》和国家工商行政管理总局（已撤消）颁布的《工商行政管理机关行政处罚案件听证规则》（已失效）都没有对"没收较大数额财产"这一处罚要求适用听证程序，被告作出该行政处罚决定程序合法，但实体处理主要证据不足，适用法律、法规错误。据此，一审法院判决撤销了县工商局作出的行政处罚决定，由县工商局重新作出该具体行政行为。县工商局认为一审法院认定事实不清，适用法律错误，遂向市中级人民法院提起上诉。

二审法院将本案的争议焦点集中在该行政处罚的程序问题上，认为《行政处罚法》（1996年）第四十二条规定应当适用行政听证程序的行政处罚类型中，除了明文列举的"责令停产停业、吊销许可证或者执照、较大数额罚款"之外，还有一个"等"字，属不完全列举。从立法本意来看，还应包括类似的其他对行政相对人权益产生较大影响的行政处罚。为了保证行政相对人充分行使陈述权和申辩权，保障行政处罚决定的合法性和合理性，对没收较大数额财产的行政处罚，也应当根据《行政处罚法》（1996年）第四十二条的规定适用听证程序。本案中，县工商局在作出处罚决定前只按照行政处罚一般程序告知黄某有陈述、申辩的权利，而没有告知听证权利，违反了法定程序，依法应予撤销。据此，二审法院对一审法院关于撤销县工商局行政处罚决定的判决予以维持。

【争议问题和法律评析】

一、行政处罚听证程序的适用范围不仅限于三类行政处罚事项

本案的争议焦点在于"没收较大数额财产"是否应当适用行政处罚听证程序。我国《行政处罚法》（1996年）第四十二条规定，行政机关就"责令停产停业、吊销许可证或者执照、较大数额罚款等行政处罚"，应当告知当事人享有听证权。对此处的"等"字通常有"等内"和"等外"两种理解，在条文列举范围之外的行政处罚类型应否适用听证程序，理论和实践并无定论，给该条的适用带来极大的不确定性。为了更好地理解和适用该条，有必要跳出法条的字面意思对其进行解释。

从条文的立法目的看，行政处罚听证程序的核心意义，在于行政机关作出对行政相对人权益产生较大影响的行政行为时，应当给予相对人充分表达意见的机会，以确保行政处罚的合法性与合理性。然而行政处罚机关为了图省事或逃避更多程序上的制约，往往将听证的适用范围限定在最小范围内。而只有扩大听证适用范围，才能充分发挥听证程序的制度优势，实现保护相对人合法权益的立法目的。我国现行的行政处罚种类繁多，其中不少行政处罚都事关行政相对人的重大权益，限缩听证程序的适用也无法满足依法行政的需求。

从条文的修订过程来看，1996年3月17日通过的《行政处罚法》第

四十二条的草案原文最初并没有"等"字，立法机关在审议草案时认识到完全列举的方式会导致听证适用范围相对较窄，不利于行政相对人权益的保护，最终运用立法技巧在该条文中加上"等"字，为日后扩大听证程序的适用范围留下了解释空间。

从条文相关的司法实践来看，部分行政部门和人民法院已经在实践中对行政听证程序的适用范围予以突破。如一些部门规章中明文将没收财产、责令停止整顿、撤销商标注册、降低资质等级等情形纳入行政听证程序适用范围。而各级人民法院在个案中也认可了没收违法所得、无偿收回土地使用权等处罚应当纳入听证范围，最高人民法院还在《关于没收财产是否应进行听证及没收经营药品行为等有关法律问题的答复》中明文确定对没收较大数额财产，当事人有要求举行听证的权利。可见从法律规范和司法判例来看，现代行政法治的实践确有扩大听证程序适用范围的现实需求。因此，《行政处罚法》（1996年）第四十二条的"等"字，应当理解为开放式的不完全列举，在实践中可以对行政处罚听证程序的适用范围作扩张性解释。

二、行政处罚类推适用听证程序的一般标准

在本案中，为了进一步论证"没收较大数额财产"应当属于行政处罚听证程序的适用范围，二审法院提炼出了适用听证程序的一般标准：与明文列举的三种处罚"类似的""对行政相对人权益产生较大影响"的行政处罚行为。这一标准具有较强的可操作性，对行政机关或者法院在审查判断某类行政处罚能否类推适用行政听证程序具有重要的指引作用。如张某刚诉某市城市管理行政执法局规划行政处罚案（见参考案例2）中，法院就是通过对该标准的论证，将"限期拆除违法建筑"的行政处罚类型类推适用听证程序。

1. 关于"类似性"的标准。某一类行政处罚若要适用听证程序，对相对人权益的影响方式应当与法定三类处罚较为类似。对相对人权益的影响方式，一般包括人身罚、财产罚、声誉罚。本案中"没收较大数额财产"与"较大数额罚款"都属于财产罚，对相对人的权益影响可以说完全相同，因此将"没收较大数额财产"纳入听证程序适用范围符合听证程序的立法目的。同理可知，与责令停产停业、吊销许可证或者执照类似的其他行政处罚，也可以据此标准适用听证程序。如与"责令停产停业"具有高度相似的效果的"责令停止违法勘查或违法开采""限制业务范围",与"吊销许可证或执照"具有类似性的"暂扣资格证、许可证""撤销商标注册""降低资质等级",都可以考虑纳入听证程序适用范围。

2. 关于"对相对人权益产生较大影响"的标准。部分行政处罚对相对人权益的影响明显大于法定三类处罚的,根据举轻以明重的基本法理,显然应当适用听证程序。如实践中普遍认为无偿收回土地使用权的严厉程度远高于罚款等方式。但由于该标准仍旧比较模糊,往往还需要同"类似性"标准结合进行综合考虑。如"没收较大数额财产"与"较大数额罚款",在均属于财产罚的前提下,才可以进行影响程度大小的比较。本案中,行政机关没收相对人价值10万余元的电脑,其影响明显超出大部分罚款幅度。如果不赋予相对人听证的权利,显然不符合行政听证程序保护相对人权益的立法本意。但值得注意的是,仍有部分行政处罚无论会给相对人造成多么严重的影响,都不能类推适用听证程序,如限制人身自由的行政处罚。对此类行政处罚如行政拘留一般须立即执行,因而在实践操作层面难以实现听证程序的适用。

通过对上述判断标准的进一步解释,确实能够在事实上起到扩大行政处罚听证程序适用范围的作用。但由于此类标准给法律适用和行政执法实践带来不确定性,在审判实践中仍受到严格的限制。因此,律师在代理时也应当理性对待听证程序适用范围的司法扩张,不能一味地类推适用行政听证程序主张程序违法。此外,不同的部委、地方政府或职能部门一般会制定实施细则对行政听证程序予以细化,律师在代理时应当做好相关检索工作,进一步明确听证程序适用范围标准后,再进行类推适用。

三、行政处罚听证程序是程序正当原则的具体体现

程序正当原则渊源于英国的自然公正原则,行政法上的正当程序原则指的是行政机关作出影响行政相对人权益的行政行为,必须符合最低限度的程序公正标准,包括事先告知相对人,向相对人说明行为的根据、理由及享有的权利,听取相对人的陈述、申辩,事后为相对人提供相应的救济途径等。即使法律法规没有具体的程序规定,行政机关也应当自觉地按照

正当程序执行。行政听证程序就是程序正当原则的具体化。《行政处罚法》第五章专设行政听证程序一节规定，包括事先告知听证权利，听证法定期限，通知听证时间地点，听证公开原则，听证主持人回避制度，告知违法事实、证据和行政处罚建议，当事人的申辩、质证权，听证笔录的制作等，每一项具体的规定都体现了程序正当的要求。"未告知听证权利""仅告知听证权利而未告知陈述、申辩权""未满法定三日听证期限即作出处罚决定"已经成为司法实践中普遍存在的撤销行政处罚的程序违法事由。尽管本案被告县工商局撤销重作后的行政处罚决定和原决定相比，很可能不会有较大改变，但二审法院对违反程序正当的行政处罚予以撤销仍体现了程序正当原则的要求。司法审判实践对程序正当原则予以重视，直接引入程序正当原则对具体行政行为的程序合法性进行审查，对于引导行政机关养成依程序法行政的习惯，改善我国"重实体轻程序"的现状有重大的现实意义。

【需要注意的问题】

关于听证的程序，2021年修订的新《行政处罚法》将旧法的第四十二条，分解为新法的第六十三条和第六十四条。第六十三条规定了应予听证的事项，在原规定的"责令停产停业、吊销许可证或者执照、较大数额罚款"三项情形之外，按财产罚、资格罚、行为罚的顺序进行分项列举，增加了"没收较大数额违法所得、没收较大价值非法财物""降低资质等级、吊销许可证件""责令停产停业、责令关闭、限制从业""其他较重的行政处罚""法律、法规、规章规定的其他情形"，大幅度充实了适用听证程序的范围。第六十四条规定了听证的具体程序，将当事人要求听证的期限从三日改为五日，将举行听证七日前通知"当事人"，改为通知"当事人及有关人员"等。新法在听证顺序方面的修改，对于充分保障当事人的合法权益，保障行政处罚的合法性和合理性具有重要作用。新法的施行，彻底解决了"没收财产"是不是行政处罚的争议，对于扩大行政相对人的财产保护和陈述申辩权利具有重要意义。

【参考法条和相关资料】

《中华人民共和国行政诉讼法》（2017 年 6 月 27 日修正）

第七十条 行政行为有下列情形之一的，人民法院判决撤销或者部分撤销，并可以判决被告重新作出行政行为：

……

（三）违反法定程序的；

……

《中华人民共和国行政处罚法》（2021 年 1 月 22 日修订）

第六十三条 行政机关拟作出下列行政处罚决定，应当告知当事人有要求听证的权利，当事人要求听证的，行政机关应当组织听证：

（一）较大数额罚款；

（二）没收较大数额违法所得、没收较大价值非法财物；

（三）降低资质等级、吊销许可证件；

（四）责令停产停业、责令关闭、限制从业；

（五）其他较重的行政处罚；

（六）法律、法规、规章规定的其他情形。

当事人不承担行政机关组织听证的费用。

第六十四条 听证应当依照以下程序组织：

（一）当事人要求听证的，应当在行政机关告知后五日内提出；

（二）行政机关应当在举行听证的七日前，通知当事人及有关人员听证的时间、地点；

（三）除涉及国家秘密、商业秘密或者个人隐私依法予以保密外，听证公开举行；

（四）听证由行政机关指定的非本案调查人员主持；当事人认为主持人与本案有直接利害关系的，有权申请回避；

（五）当事人可以亲自参加听证，也可以委托一至二人代理；

（六）当事人及其代理人无正当理由拒不出席听证或者未经许可中途退

出听证的，视为放弃听证权利，行政机关终止听证；

（七）举行听证时，调查人员提出当事人违法的事实、证据和行政处罚建议，当事人进行申辩和质证；

（八）听证应当制作笔录。笔录应当交当事人或者其代理人核对无误后签字或者盖章。当事人或者其代理人拒绝签字或者盖章的，由听证主持人在笔录中注明。

《最高人民法院关于没收财产是否应进行听证及没收经营药品行为等有关法律问题的答复》（〔2004〕行他字第1号）

一、人民法院经审理认定，行政机关作出没收较大数额财产的行政处罚决定前，未告知当事人有权要求举行听证或者未按规定举行听证的，应当根据《行政处罚法》的有关规定，确认该行政处罚决定违反法定程序。有关较大数额的标准问题，实行中央垂直领导的行政管理部门作出的没收处罚决定，应参照国务院部委的有关较大数额罚款标准的规定认定；其他行政管理部门作出没收处罚决定，应参照省、自治区、直辖市人民政府的相关规定认定。

参考案例1

最高人民法院指导案例6号　四川省成都市中级人民法院（2006）成行终字第228号　黄某、何某琼、何某诉某县工商行政管理局行政处罚案

【裁判要旨】行政机关作出没收较大数额涉案财产的行政处罚决定时，未告知当事人有要求举行听证的权利或者未依法举行听证的，人民法院应当依法认定该行政处罚违反法定程序。

参考案例2

山东省新泰市人民法院（2014）新行初字第72号　张某刚诉某市城市管理行政执法局规划行政处罚案

【裁判要旨】根据《行政处罚法》第四十二条规定，行政机关作出责令停产停业、吊销许可证或者执照、较大数额罚款等行政处罚决定之前，应当

告知当事人有要求举行听证的权利；当事人要求听证的，行政机关应当组织听证。参照最高人民法院指导案例 6 号黄某、何某琼、何某诉某县工商行政管理局行政处罚一案裁判观点，本条表述虽未明确列举限期拆除违法建筑行政处罚属于法定听证的类型，但本条中"等"系开放式不完全列举，包括与明文列举的责令停产停业、吊销许可证或者执照、较大数额罚款类似的其他对相对人权益产生较大影响的行政处罚行为。限期拆除违法建筑属于对相对人权益产生较大影响的行政处罚类型，应当根据《行政处罚法》第四十二条的规定适用听证程序，被告未告知原告有要求听证的权利，违反了法定程序，构成程序违法。

9. 行政处罚不得违反一事不再罚原则

——林某诉某区市监局行政处罚案

【基本案情和行政救济策略】

林某是某区从事鸡鸭等禽类销售的经营者。2015年11月，该区市场监督管理局（以下简称区市监局）对林某摊位销售的乌鸡进行抽检，经食品检测公司检验发现有兽药残留，结果为不合格。2016年1月，区市监局执法人员依法对林某的摊位进行再次检查，并送达上述不合格的检测报告。

2016年2月，区市监局认为林某销售的乌鸡不符合农产品质量安全标准，违反了《农产品质量安全法》第三十三条的规定，依据该法第五十条第三款，对林某作出编号为（2016）3号的行政处罚决定，责令林某停止销售不符合农产品质量安全标准的乌鸡，没收违法所得60元，并处2000元罚款。林某在收到处罚决定书当天就缴纳了罚没款共2060元。

2016年12月，区市监局认为原处罚适用法律错误，又对林某销售不合格的乌鸡一事重新调查，并于2017年2月作出了编号为（2016）3-1号的行政处罚决定，对林某没收违法所得60元，并处罚款5万元，并将依据的法律规定变更为《食品安全法》第一百二十四条第一款第（一）项。

林某和代理律师认为，区市监局就同一违法行为作出了两次行政处罚，侵害了其合法权益。对于本案的救济途径，虽然既可以向市市监局或区人民政府申请行政复议，也可以直接向法院提起行政诉讼，但考虑到区市监局就同一违法行为重复作出两次行政处罚的事实清楚，就该行政行为合法性问题直接诉诸法院，能更快、更有效地取得公正的处理结果，为此林某选择了直接向区人民法院提起行政诉讼的救济途径。

【行政救济情况及处理结果】

2017年3月，林某以区市监局为被告向区人民法院提起行政诉讼，要求撤销被告区市监局作出的编号为（2016）3-1号的《行政处罚决定书》。其诉讼的理由是：被告就原告的同一行为作出两次行政处罚决定，违反《行政处罚法》（2009年修正）第二十四条规定，被告作出第二次行政处罚决定时并未撤销其作出的第一份行政处罚决定书；被告作出的编号为（2016）3-1号的《行政处罚决定书》中有多处适用法律错误，应予撤销；被告朝令夕改，未尽审查义务，致原告信赖利益受损，被告应承担错误执法的责任。

被告区市监局辩称，其依法撤销原作出编号为（2016）3号的行政处罚决定，重新作出编号为（2016）3-1号的行政处罚决定，是主动纠正错误的行政行为，合法合理，没有违反"一事不再罚"原则，且重新作出编号为（2016）3-1号的行政处罚决定，适用法律正确，并无不当。

一审法院经审理认为，区市监局对林某销售有兽药残留的乌鸡的违法行为，作出的原处罚决定适用法律错误，区市监局重新立案调查后，依据不同的法律作出新的行政处罚决定，事实清楚，证据充分，程序合法，适用法律正确。据此，一审法院判决驳回林某的诉讼请求。林某对一审判决不服，向市中级人民法院提起上诉。

二审法院经审理认为，区市监局在一审时提供的一系列证据材料中，并未发现其于2017年2月作出第二次处罚决定前曾作出过撤销第一次处罚决定的正式决定，显然区市监局的第二次处罚决定已违反了《行政处罚法》（2009年修正）第二十四条规定的一事不再罚原则。据此，二审法院判决撤销一审判决并发回重审。

一审法院重审后认为，区市监局对林某作出第二次处罚前，未作出撤销第一次处罚的正式决定，违反一事不再罚的原则，其重新作出的编号为（2016）3-1号的行政处罚决定，违反法定程序，依法应予以撤销。据此，一审法院作出重审判决，撤销被告区市监局作出的编号为（2016）3-1号的《行政处罚决定书》。

之后，区市监局向林某作出编号为（2016）3-2号的行政处罚决定，林某再次起诉后，法院以违反法定程序而判决撤销。区市监局又作出编号为（2016）3-3号的行政处罚决定，法院又以其滥用职权且违反依法行政和信赖保护原则，再次判决予以撤销。

【争议问题和法律评析】

一、对一事不再罚原则的多种理解

一事不再罚原则是行政处罚的一个基本原则，广义上是指对行政相对人的违法行为，不得以同一事实和同一理由给予两次以上的行政处罚。从不同角度理解会存在多种不同的认识，一般应从以下三个层面来理解：一是行为人违反了一个行政法律规范，行政机关作出处罚后不能再适用同一依据进行第二次处罚，这是字面上的理解；二是行为人的一个行为违反了行政法律规范，该行政法律规范规定可以并行实施两种以上处罚的，行政机关可以予以并行处罚，如法律规定可以没收违法所得并处罚款；三是行为人的一个违法行为分别违反了不同的行政法律规范，行政机关作出行政处罚后，不得再依据不同的法律作出行政处罚。

执法实践中，对于违反两个以上行政法律规范的同一违法行为，同一个行政机关均有权作出处罚的，一般应遵循"择重处罚"的原则，如本案林某销售不合格乌鸡的行为同时触犯了《农产品质量安全法》和《食品安全法》，区市监局应当适用《食品安全法》进行较重的处罚。对于违反多个行政法律规范的同一违法行为，且分别应由不同的行政机关来处罚的，若其中一个行政机关先行处罚的，其他行政机关不应再处罚，即"先罚有效，后罚无效"。

从现行法律规定来看，一事不再罚原则虽然在《行政处罚法》（2009年修正）第二十四条有具体体现，但该条款仅限于一事不再"罚款"。1996年《行政处罚法》草案曾规定"对于当事人的同一违法行为，行政机关不得根据同一事实和法律进行两次以上的处罚",这更接近一事不再罚原则的本意,但是该草案没有通过,最终形成《行政处罚法》(2009年修正)第二十四条的内容,相比之下适用性差很多。立法者之所以没有认可草案的规定,主要是因为在当时法制尚未成熟,这一原则对于在行政机关实施处罚时自由裁量的空间过大,可能会导致行政机关与行政相对人之间利益与公正失衡。这也体现了一事不再罚原则在法律规定与学界亦有不同的含义。

虽然一事不再罚原则有多种不同的理解,但其基本法理在行政执法和司法裁判中仍有较为广泛的适用。因此,正确认识对一事不再罚原则多种不同的理解,对于当事人被行政处罚时如何维护自身权益提供了更多的思路。

二、一事不再罚原则中"一事"的界定

要正确理解一事不再罚原则,关键在于对"一事"即"同一个违法行为"的理解和认识。"同一个违法行为"是指当事人实施了一个违反行政法规范的行为或者是一个违反行政管理秩序的行为,当事人在客观上仅有一个独立完整的违法事实。但在实践中,对于部分违法行为是否属于"同一个"仍存在争议且难以界定,主要有以下三种情形。

一是牵连性违法行为,是指行政相对人基于一个目的实施违法行为,其手段或结果又构成其他违法行为。比如,生产和销售不合格产品是两种不同的违法行为,行政机关对单独生产或单独销售不合格产品的行为均可单独予以行政处罚,企业生产产品后必然进行销售,即生产与销售具有牵连性质,故对既生产又销售同批次不合格产品的,应当视为对"一个违法行为"予以一次行政处罚。

二是连续性违法行为,是指有时间间隔的多个违法行为。比如,无照驾驶汽车行为,这一行为自第一次开车时到被交管部门查处之日一直处于连续状态,车主每次驾车都实施了无照驾驶这一违法行为,但无论是主观故意还是所侵害的客体都是一样的,属于同一种类的违法行为,仍然应当被认定为"一个"违法行为。

三是持续性违法行为,是指行政相对人只实施了一个违法行为,但这种违法行为或者行为的后果一直处于持续状态,如果按照时间划分,属于多个事实。比如，对违规停车长达一个月的行为，其违法状态持续存在，但其完成及持续的效力只会被看作符合一个构成要件，其在法律上也只被视为单一行为。此外，根据《行政处罚法》（2009 年修正）第二十九条第二款的规定，持续性违法行为的追溯时限计算起点就是行为终了之日。

但需要指出的是，无论是连续状态的违法行为还是持续状态的违法行为，如果已经被行政机关处罚，但处罚之后仍然不纠正并继续违法的，行政机关就可以继续对其实施处罚，并不违反一事不再罚原则。

三、一事不再罚原则在行政处罚中的适用问题

《行政处罚法》（2009 年修正）第二十四条规定，对当事人的同一个违法行为，不得给予两次以上罚款的行政处罚。这一条明确规定一事不再罚原则只能适用于罚款这一处罚形式。从立法意图来理解，行政处罚的目的体现在纠正违法行为上，但以罚款这一处罚形式进行多次处罚并不能起到纠正违法行为的功效，所以对于一个违法行为给予多次罚款的情况，成为行政处罚法立法时首先应当予以纠正的行为。

而《行政处罚法》（2009 年修正）第二十四条的规定在具体适用时也有其局限性。一是《行政处罚法》的"一事不再罚"规定对处罚主体的表述欠缺唯一的确定性，对不同行政机关都有处罚权的违法行为，该由哪个行政机关进行处罚没有明确的规定。二是《行政处罚法》的"一事不再罚"规定对法规适用的冲突没有提供合适的冲突规范，同一个违法事实可能由多部法律法规规定不同的法律责任、处罚幅度，行政机关在执法时会面临一般法与一般法之间、特别法与特别法之间互无优位，难以选择适用的问题。

基于一事不再罚原则适用的局限性和多种不同的理解，其在实践中也会出现一些不甚合理的问题。一是由于不同行政机关罚款的处罚权不一样，在现实中会发生当事人受处罚的轻重取决于其首先受到哪个行政机关处罚的不公正现象。二是当同一违法行为触犯的多个法律规范规定的罚款轻重不同时，一般应适用罚款数额最高的规定进行处罚才是合理的，但由于这些法律法规可能分属不同行政机关执行，或是由于执法人员的错误认识，有可能产生"过罚不相当"的问题。比如，本案中区市监局应当适用罚款数额较高的

《食品安全法》对林某予以行政处罚，但其错误地适用了《农产品质量安全法》"重罪轻罚"，造成"过罚不相当"的问题，区市监局再对原畸轻的处罚决定进行纠错，又违反了一事不再罚的原则，使其陷入两难的境地。

因此，基于一事不再罚原则的多种理解和存在的上述问题，正确适用这一原则不仅要依据违法行为的个数来判断，还需结合法条竞合及行政机关的管辖权限进行全面的分析和考量。

【需要注意的问题】

本案是一起不服行政处罚通过诉讼解决争议的案件。以往对于行政处罚不服可以"选择救济"，既可以选择行政复议，也可以选择行政诉讼。随着2024年1月1日起新《行政复议法》的实施，本案的法律救济途径也有所变化。《行政复议法》第二十四条规定，县级以上地方各级人民政府管辖对本级人民政府工作部门、派出机关及下一级人民政府作出的行政行为不服的行政复议案件，行政复议案件除海关、金融、外汇管理、税务、国家安全机关等垂直领导的行政机关外，集中由县级以上的人民政府管辖。"相对集中管辖"是新《行政复议法》的一项重大修改，将原《行政复议法》规定的以本级人民政府（县级以上）和上级行政机关为管辖的"条块结合"管理模式，改成了县级以上地方人民政府集中管辖的"块块管辖"模式。根据这一改变，本案现在选择先行政复议的救济途径，就不能向该市市场监管局申请行政复议，而只能向该区人民政府申请行政复议。

【参考法条和相关资料】

《中华人民共和国行政处罚法》（2021年11月22日修订）

第二十九条 对当事人的同一个违法行为，不得给予两次以上罚款的行政处罚。同一个违法行为违反多个法律规范应当给予罚款处罚的，按照罚款数额高的规定处罚。

第三十六条 违法行为在二年内未被发现的，不再给予行政处罚；涉公民生命健康安全、金融安全且有危害后果的，上述期限延长至五年。法律另有规定的除外。

前款规定的期限，从违法行为发生之日起计算；违法行为有连续或者继续状态的，从行为终了之日起计算。

《中华人民共和国行政复议法》（2023年9月1日修订）

第二十四条 县级以上地方各级人民政府管辖下列行政复议案件：

（一）对本级人民政府工作部门作出的行政行为不服的；

（二）对下一级人民政府作出的行政行为不服的；

（三）对本级人民政府依法设立的派出机关作出的行政行为不服的；

（四）对本级人民政府或者其工作部门管理的法律、法规、规章授权的组织作出的行政行为不服的。

除前款规定外，省、自治区、直辖市人民政府同时管辖对本机关作出的行政行为不服的行政复议案件。

省、自治区人民政府依法设立的派出机关参照设区的市级人民政府的职责权限，管辖相关行政复议案件。

对县级以上地方各级人民政府工作部门依法设立的派出机构依照法律、法规、规章规定，以派出机构的名义作出的行政行为不服的行政复议案件，由本级人民政府管辖；其中，对直辖市、设区的市人民政府工作部门按照行政区划设立的派出机构作出的行政行为不服的，也可以由其所在地的人民政府管辖。

参考案例

福建省莆田市中级人民法院（2017）闽03行终223号 林某诉某区市监局行政处罚案

【裁判要旨】《行政处罚法》第二十四条规定，对当事人的同一个违法行为，不得给予两次以上罚款的行政处罚。本案被上诉人于2016年2月2日对上诉人林某作出莆涵食药监罚（2016）3号《行政处罚决定书》后，于2017年2月14日再次对上诉人作出莆涵食药监罚（2016）3-1号《行政处罚决定书》。但原审被上诉人提供的一系列证据材料中，并未发现被上诉人某区食品药品监督局于2017年2月14日作出第二次处罚决定前有作出撤销第一次处罚决定的正式决定，显然被上诉人某区食品药品监督局的第二次处罚决定已违反了一事不再罚的原则。

第四章　行政强制

10. 无证建筑未经合法程序认定不能视为违法建筑予以强拆

——某印花厂诉某镇政府违法强拆行政赔偿纠纷案

【基本案情和行政救济策略】

2017年5月，某镇政府根据《"低小散"企业腾退指导意见》，对包括当事人某印花厂在内的企业开展腾退工作。2017年12月，镇政府委托印花厂所在的村委会，以该村股份经济合作社的名义与印花厂签订了《"低小散"企业腾退协议》，初步确定补偿价为270万余元。但签约后，镇政府和村委会并没有按照腾退协议的约定预先支付奖励金。

2018年12月，镇政府在未履行法定程序的情况下，对印花厂的厂房建筑进行了强制拆除，并严重损毁了印花厂的生产设备及其他财物，对其造成了重大经济损失。三天后，镇政府在其官方微信公众号上发布信息称，对印花厂的厂房建筑进行了"违章拆除"，完成了该镇"违建清零"的既定目标。之后，镇政府就没有再与印花厂处理被拆建筑的补偿事宜。

事实上，被拆建筑的历史应追溯到20世纪六七十年代，是原生产大队所有的建筑，包括办公室、礼堂等，在改革开放后用于村办集体企业生产经营。1999年，印花厂通过转制拍卖的方式取得了该村办企业的全部资产及建筑。因原建筑年代久远破旧不堪，危及安全生产，印花厂于2000年对原有建筑进行翻建，并于同年3月取得了该地块的集体土地使用证。

对于镇政府的强拆行为，某印花厂如何进行法律救济是需要慎重考虑的。从本案的情况来分析，采取行政复议的救济途径有"三个有利于"：一是本案复议机关是县人民政府，有利于在政府内部快速解决本案纠纷，及时纠正镇政府的违法行为；二是通过行政复议有利于当事人固定事实证据，以便进一步提起行政诉讼；三是无论复议维持还是复议改变，在诉讼时都可以将县政府列为共同被告或单独被告，有利于扩大本案影响，提高县政府的重视程度。因此，当事人某印花厂选择了先向县政府申请行政复议的救济途径。

【行政救济情况及处理结果】

某印花厂的复议请求为：（1）依法确认镇政府强制拆除涉案建筑并毁坏财产的行为违法；（2）责令镇政府赔偿因强制拆除造成的经济损失1500万元（其中建筑损失420万元，设备及其他财物损失1080万元）。复议的主要理由：一是行政强制执行必须以行政决定作为依据，镇政府的强拆行为没有任何行政决定作为执法依据；二是涉案建筑是有土地使用证且未超过原建筑规划范围的合法建筑，镇政府没有强拆合法建筑的行政职权；三是强制拆除的行为必须遵循《行政强制法》规定的正当程序，镇政府强拆行为严重违反程序规定；四是政府违法强拆不仅造成涉案建筑的损失，还造成建筑内设备及其他财物的损失，应当予以全部赔偿。

镇政府答辩称，被拆建筑没有办理合法的审批手续，是违法建筑；镇政府是在协助印花厂进行拆除，协助拆除的行为不属于强拆。

复议机关经审查认为，镇政府未经法定程序拆除涉案建筑，违反了《行政强制法》的相关规定，属于程序违法。但复议机关又认为涉案建筑属于"违法建筑"应当依法拆除，而根据《国家赔偿法》第二条第一款的规定，违法建筑不属于法律保护的合法权益，故涉案建筑不予赔偿，仅对可回收建筑材料损失认定为46万元；同时认为印花厂无法对建筑内的财产损失进行举证，酌情将财物损失认定为 60 万元。县政府据此作出复议决定：一、确认镇政府拆除涉案建筑物的行为违法；二、责令镇政府在收到决定书之日起 30 日内支付印花厂损失共计人民币 106 万元。

某印花厂不服复议决定，以复议机关县政府为被告，镇政府为第三人，向当地市中级人民法院提起了行政诉讼。其诉讼请求为：（1）依法撤销被告县政府作出的赔偿 106 万元的决定；（2）判令被告县政府重新作出赔偿决定，责令第三人镇政府赔偿因违法强拆行为对原告造成的经济损失 1500 万元。

某印花厂诉讼的主要理由：一是无证建筑不等于违法建筑，涉案建筑是在原建筑基础上翻建的合法建筑，未超出原有的规划范围，复议决定忽略了涉案建筑形成的历史原因，违反了长期行政管理中形成的信赖利益；二是在复议决定中将涉案建筑认定为"违法建筑"，违反了法律规定的认定程序，且未正确适用法律；三是复议决定认为需要当事人对财物损失的证据承担不能举证的责任，不符合《行政诉讼法》的规定；四是复议决定作出的赔偿金额远远少于行政复议前的补偿金额，违反诉讼不得减损原告权益的法律规定。

被告县政府和第三人镇政府并未提出新的答辩意见，在法院开庭审理后也是倾向于与印花厂进行和解。本案在法院主持调解时，各方均作出让步并最终达成了和解协议，由第三人镇政府一次性补偿某印花厂 388 万元。

【争议问题和法律评析】

一、对无证建筑不能一概认定为违法建筑

"无证建筑"是指没有进行不动产登记的建筑。在城市或农村房屋征收拆迁的过程中，征收方和被征收方经常就该类建筑出现补偿或赔偿纠纷，征收方有时简单地把无证建筑归类为"违法建筑"，直接予以拆除并不予补偿。但是，无证建筑不等于违法建筑，而且即使是涉嫌违法的建筑也不是必须拆除的，应视情况作出罚款、限期改正等处理决定。

违法建筑一般是指未取得合法审批手续的建筑或超过期限的临时建筑，

其必须通过法定程序进行调查认定并予以相应的处理，未经过认定的建筑则应当视为合法建筑，予以补偿或赔偿。根据《国有土地上房屋征收与补偿条例》第二十四条的规定，人民政府作出房屋征收决定前，应当组织有关部门依法对征收范围内未经登记的建筑进行调查、认定和处理。对认定为合法建筑的，应当给予补偿；对认定为违法建筑的，不予补偿。即法律明确规定了未经登记的国有土地上的建筑应依法进行调查、认定，不能直接将其归类为违法建筑。

而对于农村土地上的房屋各地也有类似的规定，如本案当事人引用的《浙江省违法建筑处置规定》（2013年）第三条第二款规定，县、市人民政府可以根据城乡规划法律、法规，结合本行政区域城市、镇规划或者乡、村庄规划的实施情况，制定违法建筑的具体认定标准。因而各地基本都有相应的认定程序和认定标准，本案当事人所在的市政府制定了具体的认定标准和处置办法，但镇政府并未依照规定进行认定和处置，直接将涉案建筑视为"违法建筑"并予以拆除，是明显违法的。

即使按照法定程序和标准进行认定，部分无证建筑也不一定就属于违法建筑，还要考虑到其他相关因素。一是法律的溯及力，如本案的县政府和镇政府认定涉案建筑为"违法建筑"，其依据的是2008年生效的《城乡规划法》和2013年颁布施行的《浙江省违法建筑处置规定》，但涉案建筑是2000年翻建形成的，远远早于上述法律颁布施行的时间，违反了法不溯及既往的基本原则。二是应当考量历史建筑等综合因素，如本案被拆的建筑是在原村有建筑的基础上进行翻建的，当事人某印花厂未及时办理相关手续，也有当时政府没有很好落实法律法规的历史原因，不能完全归责于当事人。

从我国房屋登记的实际情况来看，在2015年《不动产登记暂行条例》正式施行前，农村房屋未依法取得房屋产权证书是一种客观且普遍的现实，不是农村个人或企业能够解决的，从某种意义上讲是当地政府未能很好地落实相关法律法规造成的，而对农村房屋的全面登记也是近几年才开始进行的。因而，对已建年份较长的无证房屋，行政机关应当在征收之前予以甄别并作出处理，不能简单地将此类房屋一概视为违法建筑；更不能在补偿问题未协商一致的情况下，将产权证书不全的房屋认定为违法建筑予以拆除。行政机关违法拆除此类房屋造成的损失，也不能以"违法建筑"不属于合法财产为由，不予行政赔偿或减少行政补偿。

因此，行政机关对无证建筑应当进行调查认定，在认定时要综合考虑行政因素、历史因素、实际建设和使用状况等，不能简单视为违法建筑予以拆除，且不予补偿或赔偿。

二、行政机关进行强制拆除的前提以及应当遵循的程序规定

根据《城乡规划法》第六十五条和第六十八条的规定，乡镇人民政府对违反乡村规划的违法建筑有权强制拆除，县级以上地方人民政府对城乡规划主管部门作出限期拆除决定后，当事人逾期不拆除的，有权责成有关部门强制拆除，即强制拆除的对象只有违法建筑。但是，合法建筑以及未经合法程序认定为违法建筑的，行政机关没有强制拆除的权力，如果擅自进行拆除就是滥用职权的行为。

合法建筑的拆除应当适用"非诉行政执行申请"，根据《国有土地上房屋征收与补偿条例》第二十八条以及《行政强制法》第五十三条的规定，当事人对征收或补偿决定有异议的，在法定期限内不申请行政复议或者不提起行政诉讼，在补偿决定规定的期限内又不搬迁的，由作出房屋征收决定的市、县级人民政府依法申请人民法院强制执行。

行政机关对违法建筑进行强制拆除，必须依照《行政强制法》规定的程序实施。《行政强制法》第三十四条至第三十七条规定，行政机关依法作出行政决定后，当事人在行政机关决定的期限内不履行义务的，具有行政强制执行权的行政机关可以依法实施强制执行；行政机关作出强制执行决定前，应当事先催告当事人履行义务；当事人收到催告书后有权进行陈述和申辩；行政机关应当充分听取当事人的意见，当事人提出的事实、理由或者证据成立的，行政机关应当采纳；经催告当事人逾期仍不履行行政决定，且无正当理由的，行政机关作出强制执行决定，予以强制执行。针对违法建筑的强制拆除，该法第四十四条还规定，应当由行政机关予以公告，限期当事人自行拆除；当事人在法定期限内不申请行政复议或者提起行政诉讼，又不拆除的，行政机关可以依法强制拆除。

本案中，镇政府在强拆前没有任何行政决定作为依据，也没有书面告知当事人自行拆除，且剥夺了当事人进行陈述和申辩的权利，其在未经任何通知的情况下直接强拆，违反了上述行政强制程序的规定，故其作出的强制拆除行为被复议机关确认违法。

三、强拆类案件可以提起行政救济的三个阶段

1. 在行政机关以当事人违反《城乡规划法》等理由作出责令停止建设、限期改正、限期拆除等决定，或是被认定为"违法建筑"后，当事人可以对上述决定或认定结果提起行政诉讼或申请行政复议。在这一阶段，当事人可以要求人民法院或复议机关对上述决定进行合法性审查，审查涉案建筑有没有经过法定程序进行认定，以及作出认定的依据是否符合法律规定；可以提出确认违法并撤销行政机关作出的责令停止建设、限期改正、限期拆除等决定的诉讼（复议）请求。被告通常是作出上述决定的市、县人民政府的城乡规划主管部门或乡、镇人民政府。

2. 行政机关在实施强制拆除前，依照《行政强制法》作出强制执行决定的，当事人可以对强制执行的决定提起行政诉讼或申请行政复议，要求撤销强制执行决定。这一阶段的起诉重点是审查行政机关的强制执行决定的依据及程序的合法性，如是否履行《行政强制法》所要求的责令整改、事先催告等程序，是否保障了当事人享有陈述权、申辩权，以及是否还在当事人申请行政复议和提起行政诉讼的法定期限内。

3. 行政机关在实施强制拆除后，当事人可以针对强制拆除行为，提起行政诉讼或申请行政复议，要求确认强制拆除行为违法，还可以一并提起行政赔偿。在这一阶段提起诉讼时，除审查前两个阶段中作出违法建筑的认定和行政强制决定的合法性外，还可以就强拆行为本身进行审查。即使违法建筑的认定和强制执行的决定是合法有效的，行政机关在实施强制拆除时也可能存在实施主体不适格，执行对象错误，擅自扩大执行范围，没有采取适当的动产登记、封存、保管等措施，造成被执行人或他人的合法财产损失，因而构成违法。若行政机关违反《行政强制法》第四十三条规定，在夜间或法定节假日实施，或者对居民生活采取停止供水、供电、供热、供燃气等方式，

也属于违法的强拆行为。另根据《行政诉讼法》第七十六条的规定,确认行政行为违法的,行政机关应当采取补救措施,给当事人造成损失的,应当承担赔偿责任。因此,当事人起诉要求确认强拆行为违法的同时,可以要求恢复原状等补救措施,若是建筑完全拆除且无法恢复的,可以就损失提出赔偿。

【需要注意的问题】

本案强拆房屋行为属于行政强制执行,原《行政复议法》第六条在受案范围中只列举了行政强制措施,而没有列举行政强制执行。实践中一般适用兜底条款,即"认为行政机关的其他具体行政行为侵犯其合法权益的"条款,将其纳入行政复议范围。现在,新《行政复议法》对受案范围作出了调整,在第十一条的受案范围中明确规定为"对行政机关作出的行政强制措施、行政强制执行决定不服",该条文虽然表述为"决定",但实践中也会将书面决定和事实上的决定及直接实施的行为均纳入行政复议受案范围。

【参考法条和相关资料】

《中华人民共和国城乡规划法》(2019年4月23日修正)

第六十五条 在乡、村庄规划区内未依法取得乡村建设规划许可证或者未按照乡村建设规划许可证的规定进行建设的,由乡、镇人民政府责令停止建设、限期改正;逾期不改正的,可以拆除。

第六十八条 城乡规划主管部门作出责令停止建设或者限期拆除的决定后,当事人不停止建设或者逾期不拆除的,建设工程所在地县级以上地方人民政府可以责成有关部门采取查封施工现场、强制拆除等措施。

《中华人民共和国行政强制法》(2012年1月1日起施行)

第八条 公民、法人或者其他组织对行政机关实施行政强制,享有陈述权、申辩权;有权依法申请行政复议或者提起行政诉讼;因行政机关违法实施行政强制受到损害的,有权依法要求赔偿。

公民、法人或者其他组织因人民法院在强制执行中有违法行为或者扩大强制执行范围受到损害的，有权依法要求赔偿。

第三十四条 行政机关依法作出行政决定后，当事人在行政机关决定的期限内不履行义务的，具有行政强制执行权的行政机关依照本章规定强制执行。

第三十五条 行政机关作出强制执行决定前，应当事先催告当事人履行义务……

第三十六条 当事人收到催告书后有权进行陈述和申辩。行政机关应当充分听取当事人的意见，对当事人提出的事实、理由和证据，应当进行记录、复核。当事人提出的事实、理由或者证据成立的，行政机关应当采纳。

第三十七条第一款 经催告，当事人逾期仍不履行行政决定，且无正当理由的，行政机关可以作出强制执行决定。

第四十三条 行政机关不得在夜间或者法定节假日实施行政强制执行。但是，情况紧急的除外。

行政机关不得对居民生活采取停止供水、供电、供热、供燃气等方式迫使当事人履行相关行政决定。

第四十四条 对违法的建筑物、构筑物、设施等需要强制拆除的，应当由行政机关予以公告，限期当事人自行拆除。当事人在法定期限内不申请行政复议或者提起行政诉讼，又不拆除的，行政机关可以依法强制拆除。

第五十三条 当事人在法定期限内不申请行政复议或者提起行政诉讼，又不履行行政决定的，没有行政强制执行权的行政机关可以自期限届满之日起三个月内，依照本章规定申请人民法院强制执行。

《国有土地上房屋征收与补偿条例》（2011年1月21日起施行）

第二条 为了公共利益的需要，征收国有土地上单位、个人的房屋，应当对被征收房屋所有权人（以下称被征收人）给予公平补偿。

第二十四条第二款 市、县级人民政府作出房屋征收决定前，应当组织有关部门依法对征收范围内未经登记的建筑进行调查、认定和处理。对认定为合法建筑和未超过批准期限的临时建筑的，应当给予补偿；对认定为违法建筑和超过批准期限的临时建筑的,不予补偿。

第二十八条第一款 被征收人在法定期限内不申请行政复议或者不提起行政诉讼,在补偿决定规定的期限内又不搬迁的,由作出房屋征收决定的市、县级人民政府依法申请人民法院强制执行。

《中华人民共和国行政复议法》(2023年9月1日修订)

第十一条 有下列情形之一的,公民、法人或者其他组织可以依照本法申请行政复议:

……

(二)对行政机关作出的行政强制措施、行政强制执行决定不服;

……

参考案例

最高人民法院(2018)最高法行申5424号 梁某龙诉某区人民政府强制拆除房屋及行政赔偿案

【裁判要旨】在房屋征收过程中,对因历史原因形成的没有建设审批手续和产权证照的房屋,行政机关应当在征收之前依法予以甄别,作出处理,不能简单将无证房屋一律认定为违法建筑,不予征收补偿;违法拆除因历史形成的无证房屋造成损失的,也不能简单以无证房屋即为违法建筑为由,不予行政赔偿。在行政机关没有充分证据证明被拆除的无证房屋属于违法建筑的情况下,应当将该房屋视为合法建筑,依法予以行政赔偿。行政赔偿的项目、数额不得少于被征收人通过合法征收补偿程序获得的行政补偿项目、数额。

11. 行政机关故意长期不处理扣留财物的行为构成滥用职权

——刘某诉某区交警大队道路交通管理行政强制案

【基本案情和行政救济策略】

2016年4月29日，最高人民法院对刘某提出的再审申请，作出（2016）最高法行再5号行政判决书，认为再审被申请人某区交警大队长期扣留涉案车辆不予处理，构成滥用职权，判决撤销某省高级人民法院（2010）行终字第75号行政判决和某市中级人民法院（2010）行初字第3号行政判决书，确认被申请人扣留再审申请人车辆的行为违法，判令被申请人在判决生效后三十日内将涉案车辆返还申请人刘某。

案件还得从2001年说起。当年7月，刘某购买了一辆东风运输汽车，挂靠在某汽车租赁有限公司名下。刘某依约付清车款后，车辆仍登记挂靠在该公司名下。2006年12月12日，刘某雇用的司机任某驾驶该车辆行驶至某区和平路西峪乡路口时，该区交警大队的执勤民警以该车未经年审为由将该车扣留并于当日存入停车场。2006年12月14日，刘某携带该车审验手续前往处理。区交警大队执勤民警在核实过程中发现无法查验该车的发动机号码和车架号码，遂以该车涉嫌套牌为由继续扣留，并口头告知刘某提供其他合法有效手续。刘某虽多次托人交涉并提供发动机号码和车架号码的相关证明材料，但区交警大队一直以其不能提供车辆合法来历证明为由继续扣留。

刘某不服区交警大队长期扣留车辆的行政强制措施，委托律师寻求法律救济。代理律师了解案件情况后，认为本案源于行政行为相对人对行政强制措施不服，根据《行政诉讼法》和《行政复议法》的相关规定，既可以依法申请行政复议，也可以直接向人民法院提起行政诉讼，综合分析各种因素，律师建议刘某直接提起行政诉讼。

【行政救济情况及处理结果】

刘某向市中级人民法院提起行政诉讼，请求撤销区交警大队的扣留行为并返还涉案车辆。

市中级人民法院经审理认为：因刘某一直没有提供相应的合法手续，故区交警大队扣留涉案车辆于法有据。由于扣留涉案车辆的行为属于事实行为，故区交警大队在行政执法过程中的程序瑕疵不能成为撤销扣留行为的法定事由。刘某虽然提供了由东风汽车技术服务站出具的更换发动机缸体的相关证明，但未经批准擅自更换发动机、改变发动机号码的行为均为我国相应法律、法规所禁止。刘某一直未提供该车的其他合法有效手续，故其要求撤销扣留行为、返还涉案车辆的诉讼请求不能成立。据此，市中级人民法院判决驳回刘某的诉讼请求。

刘某不服一审判决，向省高级人民法院提起上诉。省高级人民法院经审理认为，刘某一直没有提供相应的合法手续，依据2004年《道路交通安全违法行为处理程序规定》，区交警大队扣留该车于法有据。依据该规定第十五条的规定，区交警大队作为行政执法机关，对认为来历不明的车辆可以自行调查。但区交警大队一直没有调查，也未及时作出处理。据此，省高级人民法院作出二审行政判决：一、撤销市中级人民法院一审行政判决；二、区交警大队在判决生效后三十日内对扣留涉案车辆依法作出处理并答复刘某。

刘某仍不服省高级人民法院的终审判决，向最高人民法院提出再审申请，请求撤销省高级人民法院终审判决，判令区交警大队返还涉案车辆，并请求判令区交警大队赔偿涉案车辆损失、涉案车辆营运损失以及交通费、律师费、医疗费、精神损失费、误工费等。最高人民法院认为，在刘某提交合法年审手续后，区交警大队又发现涉案车辆涉嫌套牌时，可依法继续扣留，但其违反法定程序，且始终未出具任何形式的书面扣留决定。涉案车辆确系我国生产的东风运输汽车，车架号码最后 8 位字符组成的字符串具有唯一性，切割查验后显示的车架号码和行驶证所载车架号码的最后 8 位字符完全一致，可以认定被扣留车辆即为行驶证载明的车辆。区交警大队认定涉案车辆涉嫌套牌而持续扣留，构成主要证据不足。在刘某提交相关材料后，区交警大队既不返还，又不积极调查核实，反复要求刘某提供客观上已无法提供的其他合法来历证明，长期扣留涉案车辆不予处理，构成滥用职权。据此判决撤销一审、二审判决，确认区交警大队扣留涉案车辆违法，判令区交警大队在判决生效后三十日内将涉案车辆返还刘某。

【争议问题和法律评析】

一、行政滥用职权的表现形式

所谓行政滥用职权，是指行政机关及其工作人员在行使职权实施具体行政行为的过程中，故意违背法定目的，背离基本法理，造成后果显失公正，而应予以撤销的违法行政行为。通常情况下，滥用职权的行政行为虽然形式上在法定范围之内，但其内容不符合法律法规设定的目的、精神和原则。

滥用职权的行政行为表现形式主要包括以下几种：

一是违背法定宗旨。其是指行政主体因受不当动机和目的支配致使行政行为背离法定目的和利益。具体表现在，主观上，行政主体具有不正当的动机和目的；客观上，造成了背离法定目的和利益的结果。例如，市政府为了城市规划等公共利益有权依法强制征购土地，但行政主体如果为了达到取得土地增值的利益而强行征地，即违背了法定宗旨。

二是不一致的解释及反复无常。不一致的解释是指行政主体对法律概念的解释不符合该项立法的精神和价值目的，不符合社会公认的基本准则，具体体现为前后矛盾的解释、任意扩大或缩小的解释及与规范性文件对法律概念所作的政策性解释相违背。而反复无常则是指行政主体在客观环境和事实没有变化的情况下，经常变换自己的主张和目的，以达到非法的目的。

三是不正当的程序。不正当的程序主要发生在法律无明文规定、行政主体享有自由裁量的情况下。具体包括：（1）严重失当的步骤；（2）非常不得体的方式；（3）选择一种司法程序代替行政程序。

四是比例失衡。行政执法领域的比例原则要求行政主体实施行政行为应兼顾行政目标的实现和相对人权益的保护，如为实现行政目标可能对相对人权益造成某种不利影响时，应使这种不利影响限制在尽可能小的范围和限度内，保持二者处于适度的比例。一旦出现比例失衡，典型的表现形式为行政行为显失公平，就可能存在滥用职权的情形。

二、行政滥用职权的构成要件

构成行政滥用职权应当具备以下要件：一是行政机关拥有其权力范围内的法定职权。行政机关在法定权限范围内作出具体行政行为，才可能出现不合理地行使自由裁量权的问题。如果行政机关行使的权力不在其法定职权内，则构成超越职权而非滥用职权。二是以故意为要件。《行政诉讼法》（1989年）第五十四条所规定的主要证据不足、适用法律法规错误、违反法定程序、不履行或拖延履行法定职责的情形，不以故意为要件。如果行政机关及其工作人员故意以这些方式作为手段达到主观上的违法目的，则构成滥用职权。三是行政行为违背或偏离了法律法规的目的、原则，即不符合社会公共利益或虽然符合社会公共利益但不符合法律授权的特定目的。四是后果显失公正。滥用自由裁量权是对法律规范明示的违反，后果显失公正。

行政机关行使法律赋予的职权管理社会的过程，也是服务社会公众和保护公民权利的过程。因此，行政机关既要严格执法，维护社会管理秩序，也要兼顾相对人的实际情况，在足以实现行政目的的前提下，应尽可能地减少对相对人权益的损害，不额外加重相对人的负担。实施扣留等暂时性控制措施，应以制止违法行为、防止证据损毁、便于查清事实等为限，不能长期扣留而不处理，给当事人造成不必要的损失。本案中区交警大队依据法定职权扣留涉案车辆的行为虽具有正当性，但其违背法律法规的目的，偏离基本法理，既不积极调查核实车辆相关来历证明，又长期扣留涉案车辆，不予处理，给行政相对人刘某造成了巨大损失，其后果显然有失公正，构成滥用职权。

三、对行政滥用职权的规制

改革开放以来，中国经济飞速发展，经济的发展使得国家行政事务日益繁多和复杂，在法律不可能面面俱到地对政府行为的范围、幅度、程序等作出规定的情况下，行政主体对行政行为具有一定的自由裁量权。而行政自由裁量权的滥用，严重侵害了行政相对人的利益。为敦促行政主体在行使自由裁量权时能公平公正地对待所有行政相对人，实现同类事情同类处理，就必须对行政主体的自由裁量权加以限制，使之在足以实现行政目的的前提下，尽可能地减少对相对人权益的损害，不额外加重相对人的负担。这也是真正使行政主体在阳光透明的环境下更加公正合理行使职权的必然要求。所以在司法审查领域引入合理性审查尤为必要。

长久以来，法院一贯秉承行政诉讼以合法性审查为原则、合理性审查为例外。这种审判原则的形成背后有诸多的因素。其一，行政主体担负行政管理职能，司法机关承担依法审判的职能，两者相互独立、相互尊重，不能越俎代庖，相互代替。所以司法审查原则上只进行合法性审查。其二，要想充分发挥行政主体管理社会的职能，就必须给予其充分的自主权和独立权。其三，随着经济发展，政府越来越多的职权都可以进行自由裁量，这样行政主体行使权力就有很大的弹性。其四，社会关系复杂多变，这就需要运用行政自由裁量权来应对各种突发状况。

在司法领域引入合理性审查不是完全忽略或者抛弃合法性审查，而是将两者更好地结合起来发挥作用，相得益彰，从而使行政权的运用更加合法合理。无论是合法性审查还是合理性审查，两者皆有不可替代的作用。

在审判实践中，法院需要适用合法性原则来审查行政主体的职权范围，看它所行使的某项职权是否得到了法律的授权。而针对行政主体行使职权是否存在滥用，就需要运用比例原则来具体分析行政主体的行政行为是否合理、适度、符合理性。比例原则是合理行政原则中一项最重要的子原则，是指行政主体实施行政行为应兼顾行政目标的实现和保护相对人的权益，如果行政目标的实现可能对相对人的权益造成不利影响，则这种不利影响应被限制在尽可能小的范围和限度之内的适当比例。

【需要注意的问题】

《行政诉讼法》（1989年）第十一条虽然将扣押财产的行政强制措施列入行政诉讼受案范围，但当时并没有单行法律对行政强制措施对象、条件、期限和方式等作出统一规范，以致在实践中对此类行政强制措施的合法性产生争议，本案就是其中一例。2011年6月，十一届全国人大常委会第二十一次会议通过了《行政强制法》，于2012年1月1日起施行。该法明确了行政强制包括行政强制措施和行政强制执行两类，规范了行政强制的原则、设定、种类、实施程序、援引和法律责任，有效地解决了当时存在的行政执法"散""乱""软"问题，同时兼顾了行政履职和保护行政相对人合法权益之间的利益平衡，对全面推进依法行政具有重要意义。对本案而言，现行《行政强制法》对于分析判断长期不处理扣押财产的行为是否合法、执法人员是否滥用职权，以及对此类滥用职权行为如何规制，提供了有力的法律依据。本案的再审判决，对于今后此类案件的处理，具有很好的借鉴作用。

【参考法条和相关资料】

《中华人民共和国行政诉讼法》（2017年6月27日修正）

第十二条 人民法院受理公民、法人或者其他组织提起的下列诉讼：

……

（二）对限制人身自由或者对财产的查封、扣押、冻结等行政强制措施和行政强制执行不服的；

……

《中华人民共和国道路交通安全法》（2021年4月29日修正）

第九十六条 伪造、变造或者使用伪造、变造的机动车登记证书、号牌、行驶证、驾驶证的，由公安机关交通管理部门予以收缴，扣留该机动车，处十五日以下拘留，并处二千元以上五千元以下罚款；构成犯罪的，依法追究刑事责任。

伪造、变造或者使用伪造、变造的检验合格标志、保险标志的，由公安机关交通管理部门予以收缴，扣留该机动车，处十日以下拘留，并处一千元以上三千元以下罚款；构成犯罪的，依法追究刑事责任。

使用其他车辆的机动车登记证书、号牌、行驶证、检验合格标志、保险标志的，由公安机关交通管理部门予以收缴，扣留该机动车，处二千元以上五千元以下罚款。

当事人提供相应的合法证明或者补办相应手续的，应当及时退还机动车。

第一百一十二条 公安机关交通管理部门扣留机动车、非机动车，应当当场出具凭证，并告知当事人在规定期限内到公安机关交通管理部门接受处理。

公安机关交通管理部门对被扣留的车辆应当妥善保管，不得使用。

逾期不来接受处理，并且经公告三个月仍不来接受处理的，对扣留的车辆依法处理。

《道路交通安全违法行为处理程序规定》（2020年4月7日修正）

第二十四条 公安机关交通管理部门及其交通警察在执法过程中，依法可以采取下列行政强制措施：

（一）扣留车辆；

……

第二十五条 采取本规定第二十四条第（一）、（二）、（四）、（五）项行政强制措施，应当按照下列程序实施：

（一）口头告知违法行为人或者机动车所有人、管理人违法行为的基本事实、拟作出行政强制措施的种类、依据及其依法享有的权利；

（二）听取当事人的陈述和申辩，当事人提出的事实、理由或者证据成立的，应当采纳；

（三）制作行政强制措施凭证，并告知当事人在十五日内到指定地点接受处理；

（四）行政强制措施凭证应当由当事人签名、交通警察签名或者盖章，并加盖公安机关交通管理部门印章；当事人拒绝签名的，交通警察应当在行政强制措施凭证上注明；

（五）行政强制措施凭证应当当场交付当事人；当事人拒收的，由交通警察在行政强制措施凭证上注明，即为送达。

现场采取行政强制措施的，交通警察应当在二十四小时内向所属公安机关交通管理部门负责人报告，并补办批准手续。公安机关交通管理部门负责人认为不应当采取行政强制措施的，应当立即解除。

第二十七条 有下列情形之一的，依法扣留车辆：

……

（二）有伪造、变造或者使用伪造、变造的机动车登记证书、号牌、行驶证、检验合格标志、保险标志、驾驶证或者使用其他车辆的机动车登记证书、号牌、行驶证、检验合格标志、保险标志嫌疑的；

……

第三十条第一款、第二款 对扣留的车辆，当事人接受处理或者提供、补办的相关证明或者手续经核实后，公安机关交通管理部门应当依法及时退还。

公安机关交通管理部门核实的时间不得超过十日；需要延长的，经县级以上公安机关交通管理部门负责人批准，可以延长至十五日。核实时间自车辆驾驶人或者所有人、管理人提供被扣留车辆合法来历证明，补办相应手续，或者接受处理之日起计算。

《机动车登记规定》（2021年12月4日修订）

第十六条 已注册登记的机动车有下列情形之一的，机动车所有人应当向登记地车辆管理所申请变更登记：

……

（二）更换发动机的；

……

属于第一款第一项至第三项规定的变更事项的，机动车所有人应当在变更后十日内向车辆管理所申请变更登记。

第十七条 申请变更登记的，机动车所有人应当交验机动车，确认申请信息，并提交以下证明、凭证：

（一）机动车所有人的身份证明；

（二）机动车登记证书；

（三）机动车行驶证；

（四）属于更换发动机、车身或者车架的，还应当提交机动车安全技术检验合格证明；

……

车辆管理所应当自受理之日起一日内，查验机动车，审查提交的证明、凭证，在机动车登记证书上签注变更事项，收回行驶证，重新核发行驶证……

参考案例

最高人民法院（2016）最高法行再5号 刘某诉某市公安局交通警察支队晋源一大队行政强制案

【典型意义】深入推进依法行政，加快建设法治政府，要求必须坚持严格规范公正文明执法。行政机关既要严格执法以维护社会管理秩序，也要公正把握执法尺度，兼顾相对人合法权益的保护。为维护道路交通秩序，预防和减少交通事故，保护人身、财产安全，公安机关交通管理部门有权依法扣留违法车辆。存在裁量余地时，对违法车辆的扣留应以实现行政目的为限，尽可能选择对相对人合法权益损害最小的方式。违反法定程序，无正当理由长期扣留车辆，过度推诿卸责，严重突破实现行政目的的限度，且对相对人合法权益造成重大损害，显然已违背严格规范公正文明的执法要求。人民法院依法予以纠正，救济相对人的合法权益，监督行政机关依法行使职权，助推依法行政，促进法治政府如期建成。

12. 行政强制决定正当不等于强制行为必然合法

——某畜产品公司诉某县盐务管理局行政强制措施案

【基本案情和行政救济策略】

2014年6月，某畜产品有限公司（以下简称畜产品公司）向某盐化有限责任公司（以下简称盐化公司）订购了28吨肠衣盐，2014年7月6日盐化公司将28吨肠衣盐运至畜产品公司处完成交易。2014年7月14日，某县盐务管理局（以下简称县盐务局）以畜产品公司违反《重庆市盐业管理条例》第二十一条第二款肠衣盐"应当从当地取得食盐批发许可证的经营者处购进"的规定，查封了畜产品公司使用后剩下的21吨肠衣盐。2014年7月28日，县盐务局因畜产品公司擅自将被查封的肠衣盐用于生产，作出（2014）第04号《盐业行政执法扣押财物决定书》，将剩余的10.875吨肠衣盐扣押至县盐业分公司仓库。2014年8月1日，县盐务局作出（2014）第01号《盐业行政处罚事先告知书》，告知畜产品公司拟对其作出没收盐产品10.875吨并处罚款65000元的行政处罚。2014年8月21日，县盐务局又重复作出（2014）第01号《盐业行政处罚事先告知书》，告知畜产品公司拟对其从外地购盐的行为作出没收盐产品10.875吨、罚款65000元的行政处罚，拟对其擅自使用被查封的盐产品的行为作出罚款23000元的行政处罚。2014年8月21日，县盐务局告知畜产品公司有要求举行听证的权利，并于2014年9月3日举行听证。2014年9月18日，县盐务局以行政处罚事先告知书文号重复为由撤回前述两份《盐业行政处罚事先告知书》。2014年11月24日，县盐务局作出（2014）第 002 号《盐业违法行为责令改正通知书》，决定对畜产品公司免除处罚并责令其停止并改正违法行为。

畜产品公司对行政扣押强制措施不服，委托律师通过法律途径处理。代理律师认为，行政相对人对行政强制措施不服，根据《行政诉讼法》和《行政复议法》的相关规定，既可以依法申请行政复议，也可以直接向人民法院提起行政诉讼，根据本案的实际情况，律师建议畜产品公司可直接提起行政诉讼。

【行政救济情况及处理结果】

2014 年 12 月 29 日，畜产品公司以县盐务局为被告，向区人民法院提起行政诉讼。原告畜产品公司诉称，其于 2014 年 6 月 6 日向盐化公司购买了 28 吨肠衣盐并支付了货款，依法取得了该 28 吨肠衣盐的所有权。2014 年 7 月 28 日县盐务局以原告畜产品公司违反《重庆市盐业管理条例》相关规定作出（2014）第 04 号《盐业行政执法扣押财物决定书》，将原告畜产品公司所有的 10.875 吨肠衣盐扣押至县盐业分公司仓库，至今未解除扣押，也没有归还原告。被告县盐务局不具有行政主体资格，扣押行为超过法定期限，在扣押时没有向原告畜产品公司出具扣押清单，也没有告知原告相关救济途径，并且将该批肠衣盐的所有权人认定为盐化公司，属事实认定不清，程序违法，适用法律错误，现请求人民法院依法撤销被告作出的（2014）第 04 号《盐业行政执法扣押财物决定书》，并返还被扣押的 10.875 吨肠衣盐。

被告县盐务局辩称，被告具有行政执法主体资格，作出的（2014）第 04 号《盐业行政执法扣押财物决定书》事实清楚，证据确凿，程序合法，适用法律法规正确，应依法驳回原告的诉讼请求。

区人民法院审理认为：被告县盐务局系该县盐业行政主管部门，有权对该县范围内盐业经营活动进行行政管理，具有合法执法主体资格，但实施扣押畜产品公司盐产品的强制措施时，虽然当场告知了采取行政强制措施的理由和依据，制作并当场交付查封决定书，但未告知原告依法享有的权利、救济途径，亦未听取原告的陈述和申辩，查封、扣押决定书遗漏应当载明的申请救济的途径和期限事项，亦未制作并当场交付查封、扣押清单。法院还认为，查封、扣押期限届满的，行政机关应当及时作出解除查封、扣押的决定，被告未予依法解除，属程序违法且适用法律错误，遂判决撤销县盐务局作出的（2014）第04号《盐业行政执法扣押财物决定书》，并责令县盐务局将扣押的10.875吨肠衣盐予以返还。

【争议问题和法律评析】

一、正当的行政强制措施不等于必然合法有效

行政行为不仅是一种发现事实真相、实施实体法律的过程，还是一个程序价值的选择和实现过程。行政程序除具有辅助实体规范的工具性价值外，还具有独立价值与自身的检省标准。因此，合法的行政强制措施除需要满足行为合法外，程序也必须合法。实体合法考量的是行政机关所作出的行政行为，是否有法律依据，是否在其法定职权范围内作出，适用的法律、法规是否正确等。而程序合法则关注行政强制措施是否遵循法定的顺序、时限及步骤。程序合法是实体合法的保障，是依法行政的重要组成部分。如果一个行政行为在程序方面违法，即使其实体方面没有问题，该行政行为依然是违法的。鉴于此，《行政强制法》第三章明确规定了行政强制措施的实施程序，第四章明确规定了行政强制执行的程序。在本案中，法院在对涉案行政强制行为的合法性进行审查时，并不单纯局限于扣押涉案财物实施结果的合法性判断，还突出了对行政强制措施过程的合法性判断。县盐务局实施查封扣押强制措施的行为经审查具有正当性，但并不意味着其行为本身必然合法，还取决于行政机关实施查封扣押强制措施是否遵循了法定的顺序、时限、步骤。人民法院关于撤销该查封扣押决定书并责令行政机关返还扣押物品的最终判决，综合权衡行政权的效益优势与价值追求，实现了实体正义与程序正义的对接与融合。

二、行政机关必须按照法定的权限实施行政强制

行政机关必须按照法定的权限实施行政强制。根据《行政强制法》第十七

条的规定，行政强制措施由法律、法规规定的行政机关在法定职权范围内实施。行政强制措施权不得委托。根据《行政强制法》第七十条的规定，法律、行政法规授权的具有管理公共事务职能的组织在法定授权范围内，可以实施行政强制措施。因此，有权实施行政强制的只有法定的行政机关或法律、法规授权的组织，并不是所有的行政主体都可以实施行政强制，必须是对社会事务实施管理、承担行政管理职能、依照法律法规授权具有行政强制权的行政主体。同时，依法具有行政强制权的行政主体只能在法定职权范围内实施，不得超越本机关的职权范围，也不得实施其他行政主体的行政强制权。

本案中，被告县盐务局系本县盐业行政主管部门，有权对本县范围内盐业经营活动进行行政管理，具有合法执法主体资格。又如，在莫某英诉某市政府、某区政府、某区城管局强制拆除房屋及行政赔偿案（见参考案例1）中，最高人民法院认为，"本案被诉的强制拆除行为并非某区城管局所称的行政处罚或者行政强制措施，而属于行政处罚决定作出后的行政强制执行。根据《行政强制法》第十三条第一款和《城乡规划法》第六十八条的规定，某区城管局并无实施本案行政强制执行行为的职权"。

三、行政机关必须按照法定的条件实施行政强制

行政机关应当按照法定的条件实施行政强制。由于行政管理复杂多样，对所有行政管理领域中都适用的实施条件难以一一列举，《行政强制法》仅对实施行政强制的情况作出了概括性的指引，即制止违法行为、防止证据损毁、避免危害发生、控制危险扩大，具体实施条件留给单行法律规范作出规定。行政机关实施行政强制应当按照法定条件，不得随意实施。

如上文提到的莫某英诉某市政府、某区政府、某区城管局强制拆除房屋及行政赔偿案件中，最高人民法院认为，区城管局实施强制拆除的行为，并非为了迅速查处违法行为而作出的临时性处置，而是执行限期拆除的行政处罚决定而实施的行政强制执行行为。又如，本案中县盐务局认为畜产品公司向盐化公司订购肠衣盐违反了《重庆市盐业管理条例》的有关规定，为了防止违法物品流失，为进一步调查取证创造条件，对该批肠衣盐予以查封扣押，虽然县盐务局的查封扣押决定具有正当性，但也应当按照法定程序实施行政

强制措施，否则也会因程序违法而被撤销。

【需要注意的问题】

本案是一例行政机关因行政强制措施程序违法而败诉的案件。虽然行政执法主体和适用实体法依据并无错误，但因实施程序违法而被撤销。长期以来，行政执法机关"重实体、轻程序"的理念根深蒂固，在执法实践中往往忽视程序正义。现行《行政强制法》第三章对行政强制措施实施程序的规定，全面体现了正当程序原则的要求，如决定与实施的分离制度、告知制度、说明理由制度和公开制度等，其中第十八条详细规定了程序要求，第二十五条明确规定了期限要求。特别是"行政执法三项制度"施行以来对行政执法的程序提出了更高要求。因此，行政相对人在提起行政救济时，在针对行政主体、适用实体法的合法性同时，需要特别注意行政程序是否合法的问题。在实践中，通过程序合法或程序正当作为突破口，往往更容易实现救济效果，本案就是一个很好的案例。

【参考法条和相关资料】

《中华人民共和国行政诉讼法》（2017年6月27日修正）

第十二条第一款 人民法院受理公民、法人或者其他组织提起的下列诉讼：

……

（二）对限制人身自由或者对财产的查封、扣押、冻结等行政强制措施和行政强制执行不服的；

……

《中华人民共和国行政强制法》（2012年1月1日起施行）

第十七条第一款 行政强制措施由法律、法规规定的行政机关在法定职权范围内实施。行政强制措施权不得委托。

第十八条 行政机关实施行政强制措施应当遵守下列规定：

……

（五）当场告知当事人采取行政强制措施的理由、依据以及当事人依法享有的权利、救济途径；

（六）听取当事人的陈述和申辩；

……

第二十四条第一款、第二款 行政机关决定实施查封、扣押的，应当履行本法第十八条规定的程序，制作并当场交付查封、扣押决定书和清单。

查封、扣押决定书应当载明下列事项：

……

（二）查封、扣押的理由、依据和期限；

……

（四）申请行政复议或者提起行政诉讼的途径和期限；

……

第二十五条第一款、第二款 查封、扣押的期限不得超过三十日；情况复杂的，经行政机关负责人批准，可以延长，但是延长期限不得超过三十日。法律、行政法规另有规定的除外。

延长查封、扣押的决定应当及时书面告知当事人，并说明理由。

第二十七条 行政机关采取查封、扣押措施后，应当及时查清事实，在本法第二十五条规定的期限内作出处理决定。对违法事实清楚，依法应当没收的非法财物予以没收；法律、行政法规规定应当销毁的，依法销毁；应当解除查封、扣押的，作出解除查封、扣押的决定。

第二十八条第一款 有下列情形之一的，行政机关应当及时作出解除查封、扣押决定：

……

（四）查封、扣押期限已经届满；

……

参考案例1

最高人民法院（2018）最高法行申6741号　莫某英诉某市政府、某区政府、某区城管局强制拆除房屋及行政赔偿案

【裁判要旨】行政强制措施是指在行政处罚决定作出前，行政机关采取的强制手段，通常是为了迅速查处违法行为而作出的临时性处置；而行政强制执行是在行政处罚决定作出后，为执行该行政处罚所采取的强制手段，二者具有显著区别。某区城管局于2013年4月22日向莫某英送达《限期拆除决定书》，该决定属于行政处罚决定，而2013年8月22日作出的强制拆除行为，则属于为执行上述行政处罚决定而实施的行政强制执行行为。因此，本案被诉的强制拆除行为并非某区城管局所称的行政处罚或者行政强制措施，而属于行政处罚决定作出后的行政强制执行。根据《行政强制法》第十三条第一款和《城乡规划法》第六十八条的规定，某区城管局并无实施本案行政强制执行行为的职权。

参考案例2

重庆市梁平区人民法院（2015）梁法行初字第00003号　某畜产品有限公司诉某县盐务管理局行政强制措施案

【典型意义】行政行为不仅是一种发现事实真相、实施实体法律的过程，还是一个程序价值的选择和实现过程。行政程序除具有辅助实体规范的工具性价值外，其具有独立价值与自身的检省标准。因此，行政强制措施作为一种重要的行政行为，对其合法性审查不应单纯局限于查封、扣押、冻结等强制措施实施结果的合法性判断，其亦应当突出对行政强制措施过程的合法性判断，行政强制措施只有同时满足实体合法与程序合法的双重标准时才能得到人民法院的支持。

第五章 行政许可

13. 行政许可延续的申请条件不同于重新申请条件
——某小吃店诉某区市监局行政许可不予延续决定案

【基本案情和行政救济策略】

2013年11月14日,业主胡某作为个体工商户,以某小吃店的名义取得餐饮服务许可证,有效期为2013年11月14日至2016年11月13日。2016年10月20日,某小吃店向区市监局申请延续食品经营许可。区市监局于当日进行了许可证延续现场核查,核实确认某小吃店经营许可条件与原发证条件经比对,无本质变化。在审核期间,邻近某小吃店的居民提出申请,要求区市监局对是否延续该行政许可举行听证。听证过程中,邻近的居民称某小吃店开业以来噪声、排污、消防和用电安全问题突出,严重影响相邻居民生活,要求其进行整改。听证后,区市监局适用《行政许可法》第八条,认为许可事实发生重大变化,于2016年11月11日作出《食品经营许可证换证申请驳回决定》(以下简称《驳回决定》),驳回某小吃店的延续申请。

某小吃店认为,区市监局适用《行政许可法》第八条作出行政行为属于适用法律错误,且在举行听证会时未告知胡某拟处决定、相关证据和依据,行政程序不合法,因此某小吃店拟通过司法救济途径维护合法权益。本案涉及的食品经营许可专业性较强，向区市监局的上级部门申请行政复议较为合适，有较大的合理性审查空间，且经营者胡某以经营小吃店为生活来源，急于解决纠纷。为提高纠纷解决效率，丰富救济途径，可先行申请行政复议后再视情况决定是否提起诉讼。

【行政救济情况及处理结果】

2017年1月5日，某小吃店向区市监局的上级机关市食品药品监督管理局（以下简称市食药监局）提出行政复议申请，请求撤销区市监局作出的《驳回决定》并准予延续食品经营许可。市食药监局于同年3月31日作出行政复议决定，维持区市监局的《驳回决定》。

某小吃店不服市食药监局的行政复议决定，以区市监局和市食药监局为共同被告，向区人民法院提起行政诉讼。原告某小吃店认为其经营情况始终符合许可证的授予条件，且其食品经营属于无烟、无排放，营业至今未曾有噪声扰民、环境污染等情形。被告区市监局于2016年11月10日组织的听证过程中，被告和举报人始终没有提出任何证据证明某小吃店经营活动存在影响公共利益的情形，被告所作出的驳回行政许可延续决定无事实依据，无证据支持，严重侵害了原告的合法权益。被告市食药监局未依法审查被诉行政行为的合法性和合理性，所作维持的复议决定是错误的。故请求法院判决撤销区市监局作出的《驳回决定》，以及市食药监局的行政复议决定。

被告区市监局辩称，该决定认定事实清楚，程序合法，适用法律正确。原告在许可证有效期届满前向被告提交食品经营许可换证申请，被告受理后发现原告在经营中有邻里纠纷，存在卫生等方面的隐患，且影响了周边居民的生活休息，居民投诉已达70余次。被告应周边居民要求于2016年11月10日举行了听证，邻近居民提交了照片、报警记录、信访等材料，证明原告影响邻近居民的正常生活。被告据此认为事实已发生了重大变化，故作出被诉的《驳回决定》。

区人民法院审理后认为：本案系争许可事项是行政许可期限的延续，不是对行政许可的重新审核，也不涉及对行政许可内容的改变；相邻关系人的通风、排污等相邻权益不属于我国《食品安全法》和《食品经营许可管理办法》规定的食品药品监管部门许可审查的职责范围；我国《行政许可法》第八条所规定的"客观情况发生重大变化"是指行政许可所基于的要件情况发生重大变化，本案相邻关系因素不属于行政机关审查食品经营许可延续时有权认定的许可要件，被告区市监局适用《行政许可法》第八条作出被诉行政行为，属于认定事实不清，适用法律错误。据此，区人民法院判决撤销区市监局的《驳回决定》及市食药监局的行政复议决定，责令区市监局重新作出行政行为。

【争议问题和法律评析】

一、行政许可延续申请不应依照初次申请的要件重新审核

行政许可延续是行政许可制度的补充，其与初次行政许可是两个形式和内容完全相同、有效期前后不间断相继的行政行为。行政许可在其有效期届满后自然失效，也是行政许可法定原则和依法行政原则的体现。设置行政许可延续的意义在于避免行政许可届满失效后，被许可人因重新申请许可、行政机关重新审查而导致其正常经营活动的中断。这一制度设计对行政机关而言也具有简化行政程序、避免机械性重复审查带来的行政资源浪费的作用。

我国《行政许可法》规定了行政许可延续制度，该法第五十条规定，被许可人需要延续依法取得的行政许可的有效期的，应当向作出行政许可决定的行政机关提出申请；行政机关应当根据被许可人的申请，在该行政许可有效期届满前作出是否准予延续的决定；逾期未作决定的，视为准予延续。因此，已经取得某项行政许可的行政相对人，在法定期限内对该项行政许可申请延续享有优先权。而且，实践中申请许可延续与初次申请许可提交的申请材料、审查标准和审查程序均有不同。故行政许可延续申请不应依照初次申请的要件重新审核。例如，本案适用的《食品经营许可管理办法》第三十条对食品经营许可延续申请应提交的材料，相较于该法第十二条对初次许可申请的要求有所简化，区市监局不应按照初次申请食品经营许可的条件重复审

查，而应按照许可延续的规定进行较初次许可更为简化的审查。

二、申请行政许可延续应遵守法定期限

根据《行政许可法》第五十条之规定，准予延期的行政行为是一种依申请的行政许可，同样需要行政机关以法定条件对行政相对人的申请进行审查。法律对行政许可延续申请与初次行政许可申请有所不同，其差异之一是行政许可延续申请的期限受到限制。从学理上看，行政许可的延续具有较原行政许可程序和申请材料简化但相同的效力的特征，这在实质上使得具有行政许可延续申请权的被许可人，较初次行政许可申请人具有优势地位，因此必须依照行政许可延续设立的目的，对申请期限进行一定的限制，否则无法兼顾行政行为的公平性。

《行政许可法》第五十条将行政许可延续申请的一般期限设定在原行政许可有效期届满三十日前，法律、法规、规章另有规定的从其规定。在原行政许可有效期届满后申请延续的，原行政许可失效并应当注销，被许可人应当依照初次行政许可取得的程序重新申请，实践中并无争议。例如，某中学诉某市教育局教育行政决定案（见参考案例1）中，法院认为即便被告在原告逾期申请的情况下为其办理延续办学许可，也不能视为认可延续办学，原告未在法定期限内申请延续办学，导致办学许可证被注销的不利后果应由其承担。

而在原行政许可有效期届满前三十日内申请延续的，原行政许可是否当然失效，有观点认为，逾期申请延续但许可有效期仍未届满的，行政许可连贯性仍然存在，可作为程序瑕疵准予延续。但从司法实践来看，这一观点未得到法院判决支持。以某物流公司诉某海关行政许可案（见参考案例2）为例，该案原告取得的行政许可有效期至2017年12月26日，原告应在当年11月26日前申请延续，但原告以申请延续期限届满的最后一日为节假日为由，在11月27日通过信函方式提出延续申请，被海关驳回。法院认为行政机关以原告申请超过法定期限驳回延续申请并无不当，判决驳回诉讼请求。

三、行政许可延续应符合申请延续时的法律

行政许可延续是申请的内容与初次行政许可完全相同,但又独立于初次行政许可,并具有不同审查条件的新的行政行为。因此,申请行政许可延续时应当符合现有规定,而非该项许可初次申请时的规定。初次行政许可时行政机关的审查,侧重于审查申请人的基本情况是否符合法定的许可条件和标准,行政许可延续时的审查,则应侧重于审查行政许可存续期间设定、实施行政许可的条件和标准是否发生变化,这是由于申请人的基本状况已经得到审查,且行政机关的监督检查具有长期性,能够保证申请人的基本情况一直符合法定许可的条件和标准,没有重复审查的必要。但由于行政许可的有效期往往长达数年,申请延续时法律规定的许可条件和标准有可能发生变化,会影响申请行政许可延续的结果。基于信赖利益保护原则,还在有效期内的许可不会受到影响,但申请延续许可时有新条件、新标准的,行政机关应以此为审查依据,决定是否准予延续。例如,某工贸有限公司诉某市国土资源局某区分局资源行政管理案(见参考案例3)中,法院认为,根据昆政复〔2012〕21号批复的规定,水源林保护区范围内不得建设破坏资源或景观的生产设施项目,该规定是在原告公司采矿权许可存续期间生效施行的,应适用于原告公司采矿权延续申请的审查,法院据此维持了行政机关对案涉行政许可不予延续的决定。

本案某小吃店提出食品经营许可延续申请时,《食品经营许可办法》规定的许可条件和标准与其初次申请许可时相同,区市监局应当按照原条件和标准予以审查。况且,区市监局在某小吃店申请延续当日即行现场核查,确认经营许可条件与原发证条件无本质变化,符合现行《食品经营许可办法》的延续许可要求,应准予延续。

【需要注意的问题】

行政许可是行政机关根据行政相对人的申请,经依法审查后,准予申请人从事特定活动的行为。在2003年《行政许可法》颁布之前,我国在行政许可

方面存在的主要问题是行政许可事项过多、过滥，乱设许可、滥用许可权的情况屡见不鲜。2004年7月1日《行政许可法》施行后，行政许可方面的乱象得到了有效遏制，在规范行政许可行为，维护行政相对人合法权益方面发挥了十分重要的作用。其中第八条"信赖利益保护"的规定，开创了我国信赖利益保护原则的立法先河，不仅成为行政许可法的立法亮点，而且之后还延伸到我国行政法的各个领域，成为行政相对人利益的"保护神"。然而本案所涉的行政机关却将这一规定用反了，作出了与立法本意完全相反的行政行为。本案例给我们的启示是：《行政许可法》第八条不是限制和剥夺行政相对人权利的规定，而是要求行政机关诚实守信、保护行政相对人财产权利的"尚方宝剑"。

【参考法条和相关资料】

《中华人民共和国行政许可法》（2019年4月23日修正）

第五十条　被许可人需要延续依法取得的行政许可的有效期的，应当在该行政许可有效期届满三十日前向作出行政许可决定的行政机关提出申请。但是，法律、法规、规章另有规定的，依照其规定。

行政机关应当根据被许可人的申请，在该行政许可有效期届满前作出是否准予延续的决定；逾期未作决定的，视为准予延续。

《食品经营许可和备案管理办法》（2023年12月1日起施行）

第十二条　申请食品经营许可，应当符合与其主体业态、经营项目相适应的食品安全要求，具备下列条件：

（一）具有与经营的食品品种、数量相适应的食品原料处理和食品加工、销售、贮存等场所，保持该场所环境整洁，并与有毒、有害场所以及其他污染源保持规定的距离；

（二）具有与经营的食品品种、数量相适应的经营设备或者设施，有相应的消毒、更衣、盥洗、采光、照明、通风、防腐、防尘、防蝇、防鼠、防虫、洗涤以及处理废水、存放垃圾和废弃物的设备或者设施；

（三）有专职或者兼职的食品安全总监、食品安全员等食品安全管理人员和保证食品安全的规章制度；

（四）具有合理的设备布局和工艺流程，防止待加工食品与直接入口食品、原料与成品交叉污染，避免食品接触有毒物、不洁物；

（五）食品安全相关法律、法规规定的其他条件。

从事食品经营管理的，应当具备与其经营规模相适应的食品安全管理能力，建立健全食品安全管理制度，并按照规定配备食品安全管理人员，对其经营管理的食品安全负责。

第三十三条 食品经营者申请延续食品经营许可的，应当提交食品经营许可延续申请书，以及与延续食品经营许可事项有关的其他材料。食品经营者取得纸质食品经营许可证正本、副本的，应当同时提交。

第三十六条 原发证的市场监督管理部门决定准予延续的，应当向申请人颁发新的食品经营许可证，许可证编号不变，有效期自作出延续许可决定之日起计算。

不符合许可条件的，原发证的市场监督管理部门应当作出不予延续食品经营许可的书面决定，说明理由，并告知申请人依法享有申请行政复议或者提起行政诉讼的权利。

参考案例1

最高人民法院（2018）最高法行申51号　某中学诉某市教育局教育行政决定案

【裁判要旨】办学许可证有效期届满未申请延续，行政机关决定注销办学许可证的，符合法律规定。办学许可证被注销后，教育部门对于学校的后续管理行为不能视为认可延续办学。

参考案例2

安徽省高级人民法院（2018）皖行终976号　某物流公司诉某海关行政许可案

【裁判要旨】被许可人需要延续海关行政许可有效期的，应当在该行政许可有效期届满三十日前提出申请；以信函申请的，海关收到信函之日为申请之日。涉案《注册登记证书》的有效期至 2017 年 12 月 26 日，某物流公司需要延续该行政许可有效期的，应当在 2017 年 11 月 26 日前提出申请。然而，某物流公司于 2017 年 11 月 27 日通过信函方式提出延续申请，某海关于 2017 年 11 月 29 日收到该延续申请书，已经超过了法律规定的申请期限。某物流公司所述"期间届满的最后一日是节假日的，以节假日后的第一日为期间届满的日期。期间不包括在途时间，诉讼文书在期满前交邮的，不算过期"等规定属于诉讼法的范畴，适用于当事人进行诉讼的情形。本案系某物流公司申请延续海关行政许可，应当适用行政许可法及海关相关规章的规定。因此，某海关决定对联邦物流公司提出的延续申请不予受理并无不当。

参考案例 3

云南省高级人民法院（2018）云行终 129 号　某工贸有限公司诉某市国土资源局某区分局资源行政管理案

【裁判要旨】案涉的双河营里溪里砂场处于水源林保护区范围内，某工贸有限公司申请办理采矿权延续登记手续需提交相关材料并取得相关职能部门的同意。本案中，根据一审查明的事实，某工贸有限公司在申请时未提交相应材料，且因案涉砂场处于水源林保护区，根据《水污染防治法》的相关规定，相关职能部门亦不同意办理该砂场的采矿权延续登记。故某市国土资源局某区分局不予办理采矿权延续手续有相应的事实及法律依据。

参考案例 4

上海市黄浦区人民法院（2017）沪 0101 行初 240 号　某馄饨店诉某区市场监督管理局、某市食品药品监督管理局行政许可不予延展决定及行政复议决定案

【典型意义】行政机关所作的行政行为没有相应的法律依据，同时又侵犯了行政相对人的合法经营权，法院结合实际情况，考虑其他法益，最终判决确认行政机关行政决定违法，既体现了对经营权的平等保护，也实现了行政诉讼的立法本意。行政许可既是行政机关对市场经营主体的管理手段，也

是对市场经营主体经营活动的保障。本案中，法院经审理认为某馄饨店的相邻纠纷不是食品药品监管部门许可审查的职责范围，同时，行政许可的延续不是对行政许可的重新审核，也不涉及对行政许可内容的改变，故不应适用《行政许可法》第八条"客观情况发生重大变化"的规定。本案从行政许可的法定条件出发对被诉行政决定进行了审查，体现了行政许可程序对于塑造市场营商环境的积极价值，也对行政机关开展许可行为的法定要件提出了具体的要求，以推动行政机关不断完善保障市场主体经营权方面的职能。

扩展阅读

《论我国行政许可延续立法之完善》，作者王太高，载《法商研究》2009年第5期（节选）

按照"延续"一词的本意，行政许可延续是指在外观上完全相同的两个行政许可前后相继、不间断地持续存在。换句话说，行政许可延续是指在行政许可即将到期而失效的情况下，经被许可人申请并由行政机关审查同意，被许可人（申请人）重新获得了一个在形式和内容方面与即将失效的行政许可完全相同的新的行政许可。行政许可延续之所以必要，其原因在于，对存在有效期限制的行政许可而言，一旦有效期届满若不进行延续，被许可人的许可便会因失效而注销，相应的被许可人与之相关的活动便不再具有合法性而被强行中断。这样不仅于被许可人不利，而且从社会整体来看也不经济。行政许可延续之所以可能，其原因在于，被许可人在行政许可期限届满以后仍然存在符合获得该行政许可条件的可能性。因此，通过行政许可延续制度，能够保证被许可人在旧行政许可失效和新行政许可取得之间实现"无间隙"对接，避免行政许可中断给相对人带来人为麻烦或造成不必要的损害。

14. 环保行政许可审查应保障公众参与权

——卢某等 204 人诉某区环境保护局环保行政许可案

【基本案情和行政救济策略】

2012 年，某城市建设投资集团有限公司（以下简称城投公司）因风情大道改造项目建设需要，委托某工业环保设计研究院有限公司（以下简称环保设计院）对该项目进行环境影响评价。在环评报告书编制过程中，城投公司对该项目的环评内容进行了两次公示，环保设计院也通过发放个人调查表和团体调查表的方式进行了公众调查。2012 年 4 月 20 日，该区环保局与城投公司、环保设计院和受邀专家召开了该项目环境影响报告书技术评审会并形成评审意见。4 月 23 日，区环保局受理了城投集团就该项目环评报告书的审批申请，并对该项目进行了环保审批公示，公示期间为 2012 年 4 月 23 日至 5 月 7 日。但直到 6 月，该项目的环评报告书才正式形成。6 月 28 日，城投公司向区环保局报送该环评报告及相关申请材料，区环保局于当日作出《关于风情大道改造工程环境影响报告书审查意见的函》，同意该项目在城市规划许可的区域内实施。卢某等 204 人是风情大道改造项目附近小区的居民，卢某等人认为风情大道项目的建设将对两个小区造成不利影响，希望通过法律途径救济，维护自身合法权益。

卢某等人认为本案所涉建设项目关系到城市建设整体规划安排，无论是向本级区政府复议还是向上级机关市环保局复议，复议机关都可能因为行政管理利益的考量倾向于维持该行政许可；本案的关键问题是环保行政许可程序是否保障公众参与、是否程序合法的问题，运用行政诉讼这一独立于行政机关的救济手段更为有效。

【行政救济情况及处理结果】

2012年8月29日，卢某等人以区环保局为被告，以城投公司为第三人，向区人民法院提起行政诉讼。卢某等人认为，案涉建设项目位于著名风景区和国家4A级旅游区区块，附近著名景点众多，且项目投资额巨大，区环保局无权审批；区环保局未依照《行政许可法》《环境影响评价公众参与暂行办法》《浙江省建设项目环境保护管理办法》等规定的环保行政许可审批程序保障公众参与，其行为属于程序违法。据此，请求法院撤销区环保局作出的《关于风情大道改造工程环境影响报告书审查意见的函》。

被告区环保局辩称，涉案项目由区发展和改革局立项，不属于省级和设区的市级环保部门审批的范围，被告区环保局对案涉环评报告书具有作出被诉许可决定的法定职权；第三人城投公司在委托环评单位编制环评报告书的过程中，已依法开展了公众参与活动，征求了公众意见，被告于2012年4月23日受理第三人送审的环评报告书后，也就该项目进行了为期10个工作日的公示，符合法律规定的公众参与程序。

区人民法院审理后认为，被告区环保局称其于2012年4月23日受理第三人城投公司就案涉环评报告书提出的审批申请，但第三人委托环保设计院编制的、用于审批申请的案涉环评报告书（报批稿）形成于2012年6月。因此，即使被告确实于2012年4月23日受理了第三人的申请，因需要审批的环评报告书（报批稿）此时尚未编制完成，被告主张的受理行为亦不合法。被告在《承诺件受理通知书》中明确第三人向其申请环评审批时间为2012年6月28日，但被告于同日即作出被诉《审查意见函》，对案涉环评报告书予以批准，明显违反《浙江省建设项目环境保护管理办法》第二十二条关于环评审批行政机关在审批环节应进行公示和公众调查的相关规定，严重违反法定程序。据此，区人民法院判决撤销被告区环保局作出案涉《审查意见函》的行政行为。

【争议问题和法律评析】

一、行政许可审查应当遵循法定程序

本案被诉行政行为涉及行政机关对环境影响报告书的审查和批准，属于行政许可行为。行政许可是行政主体依申请实施的外部管理行为。《行政许可法》第二条规定："本法所称行政许可，是指行政机关根据公民、法人或者其他组织的申请，经依法审查，准予其从事特定活动的行为。"该规定明确了行政许可行为应当具有三个基本要件：申请人提出申请、行政机关依法进行审查、申请人获得批准从事特定活动。行政许可的设定是出于保护特定法益、合理配置资源、保证公共服务质量和公共安全等目的，如食品经营许可、采矿权许可、医师资格许可等。因此，行政机关"依法审查"是行政许可的关键环节，对保障社会公共利益有重要意义。

我国《行政许可法》第四章对行政许可的审查程序作出规定，包括受理时的形式审查（第三十二条）和对申请材料的形式或实质核查（第三十四条至第三十六条）等。实践中行政许可审查的程序是否合法，可以依据具体案件适用的法律，从审查方式、审查顺序、审查时效三方面来判断。审查方式违法，如行政机关未以书面形式作出行政许可而仅口头通知；审查顺序违法，如未在作出行政许可决定前进行公示公开；审查时效违法，如行政机关未在法定期限内办结行政许可。对照本案，区环保局在进行环评审批时没有保障工作参与权，既没有进行公示和公众调查，也没有预留第三人或利害关系人申请听证的时间，且在受理环评报告审批申请当日即作出审批决定，属于行政许可审查程序的顺序违法。

二、公众参与环节是环保行政许可的必要程序

环境保护行政许可程序事关特定区域甚至不特定区域的环境治理，对公众的权益影响较大。因此，遵守法定程序对环保行政许可进行全面审查尤为重要，公众参与则是环保行政许可程序中必须遵守的程序，更是《环境保护法》所确立的基本原则。公众参与程序旨在保障公众对涉及环境公共利益事

项的知情权、参与权、表达权和监督权。

目前我国环境保护行政许可案件适用的法律法规由主管部门分散立法，法律规定较为繁杂。对编制环境影响评价报告书过程中征求公众意见、保障公众参与的程序的规定体现在《环境影响评价法》第二十一条、《环境影响评价公众参与办法》第二条、《建设项目环境保护管理条例》第十五条等环保法律、法规、规章之中。对环境保护行政许可审查过程中的公众参与程序主要由《环境影响评价公众参与办法》进行规定，该办法第五条明确规定，建设单位应当依法听取环境影响评价范围内的公民、法人和其他组织的意见，鼓励建设单位听取环境影响评价范围之外的公民、法人和其他组织的意见。第二十二条、第二十三条明确了审批部门在受理审批申请后、作出审批决定前均应当向社会公众公开相关信息，其中就包括"公众参与说明"和"公众提出意见的方式和途径"的公开；第二十五条还进一步规定，生态环境主管部门发现建设项目未充分征求公众意见的，应当退回环评报告文件。但行政机关在环评报告书审批等环保行政许可审查程序中，仍存在忽视公众参与程序的情形。如本案中区环保局虽向社会公开涉案环评审批信息，但未按上述法律规定征求公众意见，没有履行公众参与这一环保许可的必要程序，属于严重的程序违法。

三、环境保护主管部门应当依法确保公众参与

行政机关应当依照法律规定确定必要的公众参与方式；法律没有明确规定的，行政机关应当依照实际情况进行裁量，确定合理的公众参与方式，保障公众环境保护知情权、参与权、表达权和监督权，确保环境保护法律目的达成。环评报告编制阶段通过问卷调查、咨询专家、座谈会、论证会、听证会等多种形式，为准确评估环境影响提供基础，而环保行政许可审批阶段的公众参与主要有举行听证会、征求公众意见和信息公开等方式，其目的是保证环评报告形成过程中公众参与的真实性，及时发现和纠正环评报告未经公众充分参与的问题。

环保行政许可审查中的信息公开是公众参与的前提。根据《环境影响评价公众参与办法》的规定，对可能造成不良环境影响并直接涉及公众环境权益的工业、农业、畜牧业、林业、能源、水利、交通、城市建设、旅游、自

然资源开发的有关专项规划的环境影响评价与依法应当编制环境影响报告书的建设项目的环境影响评价，环境保护主管部门应当公开待审批的环境影响报告书全文、公众参与说明以及公众提出意见的方式和途径。该办法第二十二条明确规定，环保部门在受理环境影响报告书后，应当及时公开有关信息（通过官方网站或其他便于知悉的方式），以征求公众意见，公告的期限不少于十日。此外，环保部门还须在官方网站公告审批结果。本案中，行政机关仅对申请环评这一事项作出公示，而对环境影响报告书的公开显然未达到相关规定的要求，不符合法定程序。

环保行政许可审查中征求公众意见，以被动接受公众提交意见为主。而公众一般通过信函、传真、电子邮件等方式向主管部门提交书面意见。征求公众意见的主要作用在于，主管部门可以据此对申请审批单位和受托的环评机构就采纳公众意见情况进行调查核实，确保公众意见真实充分得到反映。

环保行政许可审查中的听证程序是较为正式和严格的公众参与程序。根据我国《行政许可法》第四十六条和《环境保护行政许可听证暂行办法》第五条的规定，法律、法规、规章规定实施行政许可应当听证的事项，或者行政机关认为需要听证的其他涉及公共利益的重大行政许可事项，行政机关应当向社会公告，并举行听证。我国《行政许可法》第四十七条还规定，行政机关认为许可事项涉及申请人与他人之间重大利益关系的，应当告知申请人、利害关系人可以申请听证。对于"涉及公共利益的重大行政许可事项"以及"重大利益关系"，《行政许可法》没有作出具体规定。实践中往往由各地各部门结合管辖范围出台相应法规规章或规范性文件，对"重大行政许可事项"作出规定，如《浙江省实施行政许可听证办法》第三条第二款规定，行政机关应当将可以确定的重大行政许可事项目录报本级人民政府和上一级主管部门备案，并以适当的方式公布。"重大利益关系"则应从环境法律角度衡量，考虑是否对他人产生直接影响或存在利害关系，如建设开发活动邻近经济利益、身心健康等受到建设开发活动影响，或相邻权受侵害等。建设单位在报批环境影响报告书前，未依法征求公众、专家和有关单位的意见，或者虽然依法征求了意见，但存在重大意见分歧的，环保部门在审查环评文件之前，也可以组织听证。此外，《行政许可法》第四十八条规定，行政机关应当根据听证笔录，作出行政许可决定。该法第四十五条还规定，行政机关作出行政许可决定依法需要听证的，所需时间不计算在规定的期限内；行政机关应当将所需时间书面告知申请人。《行政许可法》通过较为完善的听证制度，对公众的环境权益予以强有力的保障。

环保行政许可主管部门还应当对环评文件编制过程中的公众参与进行审查，确保公众参与真实有效。实践中，部分申请单位为了尽快开展项目建设，与环评机构弄虚作假，手段包括编造受访人员信息、向公众隐瞒环境污染信息、抽查群众不具有代表性等。2013年山东省日照市环保局在审查某生物制品企业环评文件的过程中，发现存在被调查群众联系方式不真实、被调查群众不在该项目范围内、伪造调查结果等问题，该项目公众参与存在严重造假，侵害了公众的知情权、参与权、表达权和监督权。因此，主管部门必须确保环保行政许可审查阶段的公众参与真实有效。

【需要注意的问题】

关于政府重大决策如何保障公众参与权的问题，除了《行政许可法》和其他单行法规都有明文规定外，2014年10月发布的《中共中央关于全面推进依法治国若干重大问题的决定》和2019年9月1日起施行的国务院《重大行政决策程序暂行条例》均规定了"公众参与、专家论证、风险评估、合法性审查、集体讨论决定"这五个必备步骤。本案例所涉的政府重大建设项目，因影响众多周边群众的利益，行政机关应依法公布，听取公众意见并举行听证会是必经程序，而行政机关因种种原因而不依法定程序作出重大决策，损害了公众利益。最后该行政行为被判决撤销重作，是行政相对人通过程序正义实现实体正义的重要途径。

【参考法条和相关资料】

《中华人民共和国行政许可法》（2019年4月23日修正）

第二条 本法所称行政许可，是指行政机关根据公民、法人或者其他组织的申请，经依法审查，准予其从事特定活动的行为。

第四条 设定和实施行政许可，应当依照法定的权限、范围、条件和程序。

第三十六条 行政机关对行政许可申请进行审查时，发现行政许可事项直接关系他人重大利益的，应当告知该利害关系人。申请人、利害关系人有权进行陈述和申辩。行政机关应当听取申请人、利害关系人的意见。

第四十六条 法律、法规、规章规定实施行政许可应当听证的事项，或者行政机关认为需要听证的其他涉及公共利益的重大行政许可事项，行政机关应当向社会公告，并举行听证。

第四十七条 行政许可直接涉及申请人与他人之间重大利益关系的，行政机关在作出行政许可决定前，应当告知申请人、利害关系人享有要求听证的权利；申请人、利害关系人在被告知听证权利之日起五日内提出听证申请的，行政机关应当在二十日内组织听证。

申请人、利害关系人不承担行政机关组织听证的费用。

《环境影响评价公众参与办法》（2019年1月1日起施行）

第二十二条 生态环境主管部门受理建设项目环境影响报告书后，应当通过其网站或者其他方式向社会公开下列信息：

（一）环境影响报告书全文；

（二）公众参与说明；

（三）公众提出意见的方式和途径。

公开期限不得少于10个工作日。

第二十三条 生态环境主管部门对环境影响报告书作出审批决定前，应当通过其网站或者其他方式向社会公开下列信息：

（一）建设项目名称、建设地点；

（二）建设单位名称；

（三）环境影响报告书编制单位名称；

（四）建设项目概况、主要环境影响和环境保护对策与措施；

（五）建设单位开展的公众参与情况；

（六）公众提出意见的方式和途径。

公开期限不得少于5个工作日。

生态环境主管部门依照第一款规定公开信息时，应当通过其网站或者其他方式同步告知建设单位和利害关系人享有要求听证的权利。

生态环境主管部门召开听证会的，依照环境保护行政许可听证的有关规定执行。

第二十五条 生态环境主管部门应当对公众参与说明内容和格式是否符合要求、公众参与程序是否符合本办法的规定进行审查。

经综合考虑收到的公众意见、相关举报及处理情况、公众参与审查结论等，生态环境主管部门发现建设项目未充分征求公众意见的，应当责成建设单位重新征求公众意见，退回环境影响报告书。

《环境保护行政许可听证暂行办法》（2004年7月1日起施行）

第五条 实施环境保护行政许可，有下列情形之一的，适用本办法：

（一）按照法律、法规、规章的规定，实施环境保护行政许可应当组织听证的；

（二）实施涉及公共利益的重大环境保护行政许可，环境保护行政主管部门认为需要听证的；

（三）环境保护行政许可直接涉及申请人与他人之间重大利益关系，申请人、利害关系人依法要求听证的。

参考案例

浙江省杭州市萧山区人民法院（2013）杭萧行初字第6号　卢某等诉某区环境保护局行政许可案

【典型意义】环保机关受理环境影响报告书审批申请的基本前提是该报告书已正式形成，且环保机关受理后应依法履行公开该报告书并征求公众意见的程序后，才可予以审批。人民法院要严格审查行政行为是否履行了法定程序和正当程序，是否充分尊重了当事人的知情权、表达权，如果认为行政行为存在程序违法或明显不当的，有权确认违法或予以撤销。近年来，有的地方政府和行政机关，为了加快城市化建设进程，不惜违反行政程序超常规审批某些建设项目，有的甚至以牺牲人民群众的环境权益为代价，造成不良的社会影响。只有严格依法依规，按程序办事，才能真正有利于促进城市环境改善和社会和谐安宁。本案中，区环保局存在明显的程序违法情形，其所主张的受理城投公司提出的环评报告书审批申请的时间，尚未形成正式报批稿；其在环评报告编制过程中所公示的《环保审批公示》，不能替代办法所要求环保机关在申请人正式报送环评报告及相关申请材料后对环境影响报告书进行公示和公众调查的程序和义务。法院基于其程序的严重违法，判决撤销被诉行政行为，对于彰显程序公正和促进行政机关依法行政，具有很好的示范效应。

第六章 行政确认

15. 职工见义勇为受伤或死亡应当视同工伤
——某物业公司诉某区人社局行政确认案

【基本案情和行政救济策略】

2018年6月20日,最高人民法院发布了第18批指导性案例,某物业公司诉某区人社局行政确认案名列其中。该案判决认为:职工见义勇为,为制止违法犯罪行为而受到伤害的,属于《工伤保险条例》第十五条第一款第(二)项规定的为维护公共利益受到伤害的情形,应当视同工伤。

罗某系某物业管理有限公司(以下简称物业公司)的员工,从事保安工作。2011年12月24日,罗某在物业公司服务的居民小区上班时,附近有人对一过往行人实施抢劫,罗某在听到呼喊声后立即拦住抢劫者的去路,要求其交出抢劫的物品,在与抢劫者搏斗的过程中,罗某不慎从22级高的台阶上跌落至巷道拐角的平台上,伤情经医院诊断为:(1)右侧股骨转子间粉碎性骨折;(2)右侧股骨颈骨折;(3)左胸部软组织损伤。

罗某于2012年6月12日向某区人力资源和社会保障局(以下简称区人社局)提出工伤认定申请。区人社局当日受理后,于2012年6月13日向罗某发出《工伤认定中止通知书》,要求罗某补充提交见义勇为的认定材料,罗某按照要求提交了相关材料。区人社局核实后，根据《工伤保险条例》第十四条第（七）项之规定，于2012年8月9日作出（2012）676号《工伤认定决定书》，认定罗某所受之伤属于因工受伤。物业公司不服，向所在区人民法院提起行政诉讼。在诉讼过程中，区人社局作出《撤销工伤认定决定书》，并于2013年6月25日根据《工伤保险条例》第十五条第一款第（二）项之规定，作出（2013）524号《工伤认定决定书》，认定罗某受伤属于视同因工受伤。

物业公司对区人社局第二次作出的工伤决定仍然不服，决定先向上级行政机关市人社局申请行政复议，如不服市人社局作出的行政复议决定，再向所在区人民法院提起行政诉讼，以穷尽行政救济途径，撤销工伤认定。而市社保局和罗某则希望通过行政复议和行政诉讼，确认原工伤认定。

【行政救济情况及处理结果】

2013年7月15日，物业公司向重庆市人力资源和社会保障局（以下简称市人社局）申请行政复议，市人社局于2013年8月21日作出（2013）129号《行政复议决定书》，对工伤认定结果予以维持。

物业公司不服市人社局作出的行政复议决定，向区人民法院提起行政诉讼。物业公司诉称，被告区人社局的认定决定适用法律错误，第三人罗某所受伤依法不应认定为工伤，请求判决撤销（2013）524号《工伤认定决定书》并责令被告区人社局重新作出认定。

被告区人社局辩称，第三人罗某在街上不顾个人安危拦住抢劫者的去路，要求其交出抢劫的物品，并在与抢劫者搏斗过程中受伤，虽不是在工作时间、工作场所、因工作原因受到的伤害，但第三人罗某的见义勇为行为应得到社会的褒扬，且区社会管理综合治理委员会对第三人罗某见义勇为行为进行了嘉奖表彰。根据《工伤保险条例》第十五条第一款第（二）项之规定，作出（2013）524号《工伤认定决定书》，认定第三人所受之伤属于视同因工受伤。

第三人罗某同意被告区人社局的答辩意见，并提供了《重庆市鼓励公民见义勇为条例》（2010年修正）第十九条、第二十一条的规定。

物业公司认为见义勇为与《工伤保险条例》第十五条第一款第（二）项的规定有明显区别，第三人罗某见义勇为维护的只是个人利益，不属于抢险救灾，也不是维护公共利益，同时对第三人提供的法律依据提出异议，认为《重庆市鼓励公民见义勇为条例》只是地方性法规，不应适用。

区人民法院经审理认为：虽然第三人罗某不是在工作地点、因工作原因受到伤害，但其受伤符合《工伤保险条例》第十五条第一款第（二）项规定的视同工伤的情形。并且该市《鼓励公民见义勇为条例》第十九条、第二十一条明确规定见义勇为受伤视同工伤性质，享受工伤待遇，最大限度保障劳动者的合法权益，符合《工伤保险条例》的立法精神，应予适用。因此，被告区人社局认定罗某受伤视同因工受伤适用法律正确，判决驳回物业公司要求撤销被告作出的《工伤认定决定书》的诉讼请求。

【争议问题和法律评析】

一、见义勇为受伤或死亡依据《工伤保险条例》应当视同工伤

本案对关于罗某在物业公司上班期间因见义勇为受伤，是否认定为工伤存在两种不同的意见。一种意见认为，罗某在上班期间，因见义勇为受到伤害的，是为了维护特定某个人的利益，难以纳入"国家利益与公共利益"范围，不应当认定为工伤。另一种意见则认为，罗某的行为是为了制止违法犯罪行为而受到伤害，应当纳入工伤赔偿范围。

根据《工伤保险条例》第十五条第一款第（二）项的规定，职工在抢险救灾等维护国家利益、公共利益活动中受到伤害的，视同工伤。该规定并未要求职工必须在工作的时间、工作的地点，更未要求必须在职责范围内，只要职工系为了维护国家利益或者公共利益而受到伤害的，即应当视同工伤。且该规定虽然只列举了抢险救灾这一外在表现形式，但用了"等"字，因此，可以理解为只要为了维护国家利益或者公共利益而受到伤害的，均应适用该条款。

见义勇为，是指非负有法定职责或义务，保护国家、集体利益或者他人的人身、财产安全，同违法犯罪行为作斗争或者抢险、救灾、救人等事迹突出的行为。本案中，罗某见义勇为，跟违法犯罪行为作斗争而受到的伤害，与抢险救灾一样具有正能量价值导向，应当属于维护公共利益的行为性质，故属于《工伤保险条例》第十五条第一款第（二）项规定的视同工伤的情形。本案中，区人民法院显然更倾向于第二种意见，认为罗某不顾个人安危与违法犯罪行为作斗争，既保护了个人财产及生命的安全，也维护了社会的治安管理秩序和法律的尊严，应当予以大力提倡和鼓励。虽然罗某不是在工作地点、因工作原因受到伤害，但其受伤符合《工伤保险条例》第十五条第一款第（二）项规定的视同工伤的情形。

二、见义勇为受伤或死亡依据地方性法规应当视同工伤

在对待见义勇为嘉奖的问题上，全国人大及其常委会并未制定全国性的法律法规来奖励和保护见义勇为的行为。目前，仅有民政部、教育部、公安部、财政部、人力资源和社会保障部、住房和城乡建设部、原卫生部七部门于2012年下发的《关于加强见义勇为人员权益保护的意见》，对见义勇为人员的合法权益作出了指示性的意见。该意见指出，"对见义勇为致残人员，凡符合享受工伤保险待遇条件的，依据《工伤保险条例》落实相应待遇；不符合享受工伤保险待遇条件的，按照《伤残抚恤管理办法》及有关规定，由民政部门评定伤残等级并落实相应待遇"。

在上述政策性文件的指引下，各地政府也倾向于将见义勇为纳入工伤保险的范畴，并纷纷出台关于见义勇为的地方性法规。如浙江省、山东省、陕西省、河北省、海南省、北京市、广州市、重庆市、深圳市等地区均出台政策直接规定"见义勇为符合工伤认定条件的，享受地方工伤保险待遇"。本案发生地重庆市人大常委会制定的《重庆市鼓励公民见义勇为条例》（2010年修正）第十九条、第二十一条也进一步明确规定，见义勇为，视同工伤（亡）认定其伤（亡）性质，并享受工伤待遇。

地方性法规作为法律渊源之一，被最高人民法院在正式文件中多次提及可以在裁判文书中直接引用。但人民法院在引用规范性文件之前须先审查该

文件是否合法、有效并合理、适当,且在裁判理由中进行相应评述。本案中,区人民法院经审查认为,《重庆市鼓励公民见义勇为条例》(2010年修正)第十九条、第二十一条明确规定见义勇为受伤视同工伤性质,享受工伤待遇,能最大限度地保障劳动者的合法权益,符合《工伤保险条例》的立法精神,因此判决予以适用。

三、见义勇为受伤或死亡依据法理应当视同工伤(亡)

首先,从弘扬社会主义核心价值观角度分析,见义勇为者的行为不仅保护了他人的个人财产和生命安全,也维护了社会治安秩序。法律应最大限度地保障劳动者的合法权益,最大限度地弘扬社会正气。对于因见义勇为而受到伤害的,应当尽可能保障其最为关心的获得救助权,不仅要在政策层面上给予奖励,还要在法律层面上认定为工伤,维护公平正义为核心的法律价值观。

其次,见义勇为、奋不顾身保护他人生命财产安全的行为本质为一种行政协助行为,具备公益性质。积极救助处于生命或财产危险之中的社会公众本是人民警察的法定职责,因此见义勇为者的救助行为其实属于协助人民警察履行维护社会公共安全的职责的行为,故具备维护社会公共利益的要素,从而具备公益性质。

最后,从利益平衡角度分析,见义勇为受伤纳入工伤的范畴有利于调整社会各种相互冲突的利益。扩大工伤认定的范围,从表面看有利于保障劳动者的权益,虽然实际加重了未给劳动者缴纳工伤保险的用人单位的负担,但对于依法缴纳了工伤保险费的用人单位来说则不存在影响。因此,此种工伤范围的扩大有利于督促用人单位依法为劳动者缴纳工伤保险,从而在某种程度上调整劳动者和用人单位之间的矛盾冲突。另外,见义勇为者遭受了某种人身伤害及财产损失,对于这种无私奉献、自我牺牲的行为,不应当由其个人负担。因此,将见义勇为行为纳入工伤范畴,给予见义勇为者救济和保障,也有利于平衡个人利益、社会利益和国家利益。

【需要注意的问题】

本案见义勇为事件发生在 2011 年 12 月，当事人因工伤认定发生争议申请行政复议。当时施行的《行政复议法》受案范围并没有明文规定对工伤认定不服可以申请行政复议，实践中行政机关是根据受案范围的兜底条款，以此作为"其他情形"受理的，而全国也有不少复议机关因没有明确的法律依据而不予受理，当事人只能通过法院诉讼解决，费时费力。2023 年修订的新《行政复议法》第十一条规定了十五项受案情形，其中，第（七）项将"对行政机关作出的不予受理工伤认定申请的决定或者工伤认定结论不服"列入受案范围。为当事人通过行政复议"主渠道"解决行政争议、便捷高效地解决工伤认定争议提供了法律依据。因此，2024 年 1 月 1 日起新《行政复议法》施行后，当事人在对此类行政争议选择救济途径时，可以首选行政复议途径。

【参考法条和相关资料】

《中华人民共和国行政复议法》（2023 年 9 月 1 日修订）

第十一条 有下列情形之一的，公民、法人或者其他组织可以依照本法申请行政复议：

……

（七）对行政机关作出的不予受理工伤认定申请的决定或者工伤认定结论不服；

……

《工伤保险条例》（2010 年 12 月 20 日修订）

第十五条 职工有下列情形之一的，视同工伤：

（一）在工作时间和工作岗位，突发疾病死亡或者在 48 小时之内经抢救无效死亡的；

（二）在抢险救灾等维护国家利益、公共利益活动中受到伤害的；

（三）职工原在军队服役，因战、因公负伤致残，已取得革命伤残军人证，到用人单位后旧伤复发的。

职工有前款第（一）项、第（二）项情形的，按照本条例的有关规定享受工伤保险待遇；职工有前款第（三）项情形的，按照本条例的有关规定享受除一次性伤残补助金以外的工伤保险待遇。

第五十五条 有下列情形之一的，有关单位或者个人可以依法申请行政复议，也可以依法向人民法院提起行政诉讼：

……

（二）申请工伤认定的职工或者其近亲属、该职工所在单位对工伤认定结论不服的；

……

《最高人民法院关于裁判文书引用法律、法规等规范性法律文件的规定》（法释〔2009〕14号）

第五条 行政裁判文书应当引用法律、法律解释、行政法规或者司法解释。对于应当适用的地方性法规、自治条例和单行条例、国务院或者国务院授权的部门公布的行政法规解释或者行政规章，可以直接引用。

《最高人民法院关于审理行政案件适用法律规范问题的座谈会纪要》（法〔2004〕96号）

……人民法院经审查认为被诉具体行政行为依据的具体应用解释和其他规范性文件合法、有效并合理、适当的，在认定被诉具体行政行为合法性时应承认其效力；人民法院可以在裁判理由中对具体应用解释和其他规范性文件是否合法、有效、合理或适当进行评述。

《国务院办公厅转发民政部等部门关于加强见义勇为人员权益保护意见的通知》（国办发〔2012〕39号）

对见义勇为致残人员，凡符合享受工伤保险待遇条件的，依据《工伤保险条例》落实相应待遇；不符合享受工伤保险待遇条件的，按照《伤残抚恤管理办法》及有关规定，由民政部门评定伤残等级并落实相应待遇。

参考案例

最高人民法院指导案例 94 号　重庆市涪陵区人民法院（2011）涪法行初字第 23 号　某物业管理有限公司与某区人社局行政确认案

【裁判要旨】职工见义勇为，为制止违法犯罪行为而受到伤害的，属于《工伤保险条例》第十五条第一款第（二）项规定的为维护公共利益受到伤害的情形，应当视同工伤。

16. 撤销重作案件不得以同一事实和理由作出基本相同的行政行为

——杨某、村民小组与县人民政府林地资源行政管理纠纷案

【基本案情和行政救济策略】

本案当事人杨某与其所在村的村民小组，对面积为 11.3 亩的山林权属存在争议，该山林位于某县的三村交界处，原属镇公社林场的一部分。1981 年，该镇公社管理委员会给杨某颁发自留山使用证，包含上述争议山林。1985 年，县政府以此为基础给杨某核发自留山证，范围与自留山使用证一致。2008 年，县政府依法给杨某换发林权证。

该村的村民小组对杨某持有的林权证有异议，遂向法院提起诉讼，后被判决撤销该林权证。之后，杨某向县政府提起该林地、林木的确权申请，县政府经调查认为该村生产队在 1979 年分组时山林产权已分割到户，杨某 1985 年取得的自留山证就是确权的依据。为此，县政府作出处理决定：将争议林地的所有权处理给村民小组，林地使用权、林木所有权和使用权处理给杨某。

村民小组不服县政府的上述处理决定，向法院提起了行政诉讼。法院于 2013 年 8 月作出生效判决，撤销县政府的处理决定，并责令县政府于二个月内重新作出具体行政行为。县政府根据法院的生效判决，于 2015 年 10 月重新作出与原决定相同的处理决定。

村民小组仍不服县政府重新作出的处理决定，认为县政府以同一事实和

理由作出基本相同的处理决定是错误的,故决定继续寻求行政救济。村民小组对县政府的行政行为不服,既可以向市政府申请行政复议,也可以直接向当地中级人民法院提起行政诉讼,考虑到本案系法院撤销后重作的行政决定,且以县政府为被告的行政诉讼由中级人民法院管辖,故直接提起行政诉讼对案件处理更为有利,为此村民小组直接向当地中级人民法院提起了本案诉讼。

【行政救济情况及处理结果】

村民小组以县政府为被告、杨某为第三人,向当地中级人民法院提起行政诉讼,请求撤销县政府重新作出的处理决定。

当地中级人民法院一审认为,县政府没有新的证据足以推翻原法院生效裁判所认定的事实,仍以涉案林地、林木原已分山到户,杨某自留山涵盖争议山的同一事实,作出与原行政行为相同的行政行为,违反法律规定,系处理不当。一审法院据此判决:一、撤销县政府重新作出的处理决定;二、责令县政府于六十日内重新作出行政行为。县政府、杨某不服判决,向省高级人民法院提起上诉,要求撤销一审判决。

县政府上诉称,县政府并不是以同一事实和理由作出与原行政行为相同的行政行为;在没有充分证据证明争议林地、林木权属的情况下,其依职权确定权属符合相关规定。杨某上诉称,杨某持有的自留山证山林范围清晰明确,且同邻户一样均分到了林地、林木;村民小组提出的争议缺少事实和文字依据,其行为侵犯了杨某合法拥有的林地、林木财产。

村民小组答辩称:2013年8月的生效裁判中的涉案"争议区"与本案"争议区"完全一致,本案的事实应受到该裁判的约束;本案"争议区"内的林木、林地的所有权、使用权是村民小组集体所有,没有分到个人管理和使用。

省高级人民法院二审认为,2013年8月的生效裁判认定争议林地、林木属原公社林场,没有分割到户,系集体所有;县政府在未有新证据能够推翻上述事实的情形下,依然作出与原行政行为相同的行政行为不符合法律规定。故二审法院判决驳回上诉,维持原判。杨某仍不服,向最高人民法院提出再审申请。

最高人民法院认为，县政府在重新作出处理决定的过程中，依法重新进行了调查和现场勘查，结合调查、现场勘查取得的新证据，综合分析判断、采信证据，县政府根据新的事实和理由作出的处理决定，并非"以同一事实和理由作出与原行政行为基本相同的行政行为"；一审、二审判决认为新处理决定属于"以同一事实和理由作出与原行政行为基本相同的行政行为"的情形，系适用法律错误。同时认为，一审、二审法院仅根据杨某1981年和1985年自留山证中的错误记载，否定争议山林已经分割到组、分配给杨某的历史事实，违反行政诉讼证据分析判断和事实认定的基本规则，属于认定事实错误。最高人民法院据此作出再审判决，撤销一审、二审判决，驳回村民小组请求撤销县政府处理决定的诉讼请求。

【争议问题和法律评析】

一、重新作出的行政行为与原行政行为基本相同的界定

根据《行政诉讼法》第七十一条的规定，人民法院判决被告重新作出行政行为的，被告不得以同一的事实和理由作出与原行政行为基本相同的行政行为。如何正确适用这一规定，关键在于准确界定"同一的事实和理由"及"基本相同的行政行为"。

所谓"同一的事实和理由"，是指行政机关重新作出的行政行为所依据的主要证据、事实和理由，与被撤销的行政行为依据的基本相同，并与法院的原生效判决认定的事实和理由相抵触的情形。具体来看，如果没有新的事实证据，即使事实的表述有所变动，仍应当认定为"同一事实"。如果法院以适用错误的法律或规范性文件为由撤销行政行为，行政机关在重作时又以相同的法律或规范性文件为依据，应认定为"同一理由"。"基本相同"则是指行政行为法律效果上的相似性，而非行政决定表述上的差异，如行政机关作出罚款200元的处罚决定被法院判决撤销后，其重新作出罚款150元的处罚决定，应认定为"基本相同的行政行为"。

而根据《最高人民法院关于适用〈中华人民共和国行政诉讼法〉的解释》第九十条第一款的规定，被告重新作出的行政行为与原行政行为的结果相同，但主要事实或者主要理由有改变的，不属于《行政诉讼法》第七十一条规定的情形。司法裁判中一般也认为，如果生效判决仅仅是以事实不清、主要证据不足为由撤销原行政行为，行政机关重新作出行政行为时，依据新的证据，补充认定相关事实，完善决定理由，重新作出与原行政行为处理结果相同的行政行为，不属于以"同一的事实和理由"作出与原行政行为基本相同行政行为的情形。比如本案中，最高人民法院认为县政府在重新作出处理决定的过程中，依法重新进行调查和取证，依据新的证据，综合分析判断，作出与原决定相同的处理决定，并不是"以同一的事实和理由作出与原行政行为基本相同的行政行为"，这也对法官如何正确区分界定此类问题作出了指导性示范。

二、重新作出的行政行为不得与原行政行为基本相同的例外情形

对于违反法定程序的行政行为，根据《行政诉讼法》第七十条的规定应当判决撤销并可以判决被告重新作出行政行为。再根据《最高人民法院关于适用〈中华人民共和国行政诉讼法〉的解释》第九十条第二款的规定，人民法院以违反法定程序为由，判决撤销被诉行政行为的，行政机关重新作出行政行为不受《行政诉讼法》第七十一条规定的限制。即因违反法定程序被撤销后重新作出的行政行为，是"不得以同一的事实和理由作出与原行政行为基本相同的行政行为"这一规定的例外情形。

法院审理行政案件时，可以以行政行为违反法定程序为由直接判决撤销，但由于在判决撤销时并未对实体合法性予以审查，所以法院在判决撤销时一并判决行政机关重新作出行政行为是必要的。但程序违法并不一定影响既存的事实和理由，因此允许行政机关以相同的事实和理由作出基本相同的结果也是符合法理和逻辑的。比如，谢某然诉某电影学院取消学位申请资格案（见参考案例2）中，北京市高级人民法院再审裁定认为，原判决是以未告知谢某然陈述申辩权利违反法定程序为由撤销原行政行为，现电影学院通知其陈述和申辩后，经学位评定委员会再次讨论，作出与原决定相同的取消

谢某然学位申请资格的决定，并不违反《行政诉讼法》第七十一条规定。

但是，并非所有程序违法都不对事实结果产生影响，在某些情况下程序的纠正对于实体结果会产生实质的影响。如行政许可依法需要听证的，其许可决定应根据听证笔录作出，故是否经过听证并制作笔录这一程序对于行政行为的结果有重大的影响。因此，对于程序违法事由下的重作，除应当受到前述客观事实与法律的限制外，行政机关还应当在纠正程序瑕疵的同时，对案件事实、证据以及相关理由再一次进行审慎审查。

三、对重新作出的行政行为不服的救济和处理

出于司法权对行政权的尊重，以及行政活动的专业性考虑，法院在作出行政判决时原则上只对被诉行政行为的效力予以评判，而不直接对行政争议作出判断（除行政处罚明显不当与款额争议的例外情况）。行政活动复杂多样，法院不可能具备处理行政事务的专业性。因此，法院判决撤销原行政行为时，应当针对不同案情考虑重作内容的具体化，不可笼统地断定是否应包含具体的内容，而法院审查重新作出的行政行为时更不能先入为主地设定重新作出的结果。比如，本案中法院并未取代行政机关对林地资源进行确权，而是多次判决行政机关重新作出处理决定。

法院对行政机关重复作出相同的行政行为有两种处理方式。根据《最高人民法院关于适用〈中华人民共和国行政诉讼法〉的解释》第九十条第三款的规定，行政机关以同一事实和理由重新作出与原行政行为基本相同的行政行为，人民法院应当根据《行政诉讼法》第七十条、第七十一条的规定判决撤销或者部分撤销，如本案中法院判决撤销的情形。而对于行政机关明显无视判决，多次以同样的事实理由作出完全一样的行政行为，法院可以视为拒绝履行判决，根据《行政诉讼法》第九十六条的规定予以处理。

【需要注意的问题】

本案涉及自然资源的颁发使用权证书行为和确权的问题，此前对此是否属于《行政复议法》规定的复议前置案件存在争议。2023年修订的新《行

政复议法》第二十三条第一款第（二）项规定，对行政机关作出的侵犯其已经依法取得的自然资源的所有权或者使用权的决定不服，应先向行政复议机关申请行政复议，对于行政复议决定不服的，可以再依法向人民法院提起行政诉讼。这一规定对原《行政复议法》第三十条第一款自然资源的种类作了精简，基本内容没有变化。对于行政机关侵犯行政相对人的自然资源所有权或者使用权的情况，应当包括不服确权决定的案件。在此之前，最高人民法院曾对这一问题作出了《最高人民法院关于适用〈行政复议法〉第三十条第一款有关问题的批复》（法释〔2003〕5号），认为行政机关确认土地、矿藏、水流、森林、山岭、草原、荒地、滩涂、海域等自然资源的所有权或者使用权的具体行政行为，侵犯其已经依法取得的自然资源所有权或者使用权的，经行政复议后，才可以向人民法院提起行政诉讼，但法律另有规定的除外。在《最高人民法院行政审判庭关于行政机关颁发自然资源所有权或者使用权证的行为是否属于确认行政行为问题的答复》（〔2005〕行他字第4号）中又明确，上述批复中的"确认"，是指当事人对自然资源的权属发生争议后，行政机关对争议的自然资源的所有权或者使用权所作的确权决定。有关土地等自然资源所有权或者使用权的初始登记，属于行政许可性质，不应包括在行政确认范畴之内。据此，行政机关颁发自然资源所有权或者使用权证书的行为不属于复议前置的情形。最高人民法院上述的两个文件，有助于实践中判别"行政侵权"和"行政许可"以及是否适用"复议前置"，需要行政相对人和代理律师充分注意。

【参考法条和相关资料】

《中华人民共和国行政诉讼法》（2017年6月27日修正）

第七十条 行政行为有下列情形之一的，人民法院判决撤销或者部分撤销，并可以判决被告重新作出行政行为：

......

（三）违反法定程序的；

......

第七十一条 人民法院判决被告重新作出行政行为的，被告不得以同一的事实和理由作出与原行政行为基本相同的行政行为。

第九十六条 行政机关拒绝履行判决、裁定、调解书的，第一审人民法院可以采取下列措施：

（一）对应当归还的罚款或者应当给付的款额，通知银行从该行政机关的账户内划拨；

（二）在规定期限内不履行的，从期满之日起，对该行政机关负责人按日处五十元至一百元的罚款；

（三）将行政机关拒绝履行的情况予以公告；

（四）向监察机关或者该行政机关的上一级行政机关提出司法建议。接受司法建议的机关，根据有关规定进行处理，并将处理情况告知人民法院；

（五）拒不履行判决、裁定、调解书，社会影响恶劣的，可以对该行政机关直接负责的主管人员和其他直接责任人员予以拘留；情节严重，构成犯罪的，依法追究刑事责任。

《最高人民法院关于适用〈中华人民共和国行政诉讼法〉的解释》（法释〔2018〕1号）

第九十条 人民法院判决被告重新作出行政行为，被告重新作出的行政行为与原行政行为的结果相同，但主要事实或者主要理由有改变的，不属于行政诉讼法第七十一条规定的情形。

人民法院以违反法定程序为由，判决撤销被诉行政行为的，行政机关重新作出行政行为不受行政诉讼法第七十一条规定的限制。

行政机关以同一事实和理由重新作出与原行政行为基本相同的行政行为，人民法院应当根据行政诉讼法第七十条、第七十一条的规定判决撤销或者部分撤销，并根据行政诉讼法第九十六条的规定处理。

《中华人民共和国行政复议法》（2023年9月1日修订）

第二十三条 有下列情形之一的，申请人应当先向行政复议机关申请行政复议，对行政复议决定不服的，可以再依法向人民法院提起行政诉讼：

……

（二）对行政机关作出的侵犯其已经依法取得的自然资源的所有权或者使用权的决定不服；

……

《最高人民法院关于适用〈行政复议法〉第三十条第一款有关问题的批复》（法释〔2003〕5号）

根据《行政复议法》第三十条第一款的规定，公民、法人或者其他组织认为行政机关确认土地、矿藏、水流、森林、山岭、草原、荒地、滩涂、海域等自然资源的所有权或者使用权的具体行政行为，侵犯其已经依法取得的自然资源所有权或者使用权的，经行政复议后，才可以向人民法院提起行政诉讼，但法律另有规定的除外；对涉及自然资源所有权或者使用权的行政处罚、行政强制措施等其他具体行政行为提起行政诉讼的，不适用《行政复议法》第三十条第一款的规定。

《最高人民法院行政审判庭关于行政机关颁发自然资源所有权或者使用权证的行为是否属于确认行政行为问题的答复》（〔2005〕行他字第4号）

最高人民法院法释〔2003〕5号批复中的"确认"，是指当事人对自然资源的权属发生争议后，行政机关对争议的自然资源的所有权或者使用权所作的确权决定。有关土地等自然资源所有权或者使用权的初始登记，属于行政许可性质，不应包括在行政确认范畴之内。据此，行政机关颁发自然资源所有权或者使用权证书的行为不属于复议前置的情形。

参考案例1

最高人民法院（2019）最高法行再115号　杨某、某村民小组与某自治县人民政府林业行政管理纠纷案

【裁判要旨】如果生效判决仅仅是以事实不清、主要证据不足为由撤销原行政行为，行政机关重新作出行政行为时，依据新的证据，补充认定相关事实，完善决定理由，重新作出与原行政行为处理结果相同的行政行为，不属于以"同一事实和理由"作出与原行政行为基本相同行政行为的情形。本案新作出的处理决定并非"以同一事实和理由"作出与原行政行为基本相同的行政行为,该决定不违反《行政诉讼法》第七十一条的规定。

参考案例 2

北京市高级人民法院(2019)京行申 299 号　谢某然诉某电影学院取消学位申请资格案

【裁判要旨】《最高人民法院关于适用〈中华人民共和国行政诉讼法〉的解释》第九十条第二款规定,人民法院以违反法定程序为由,判决撤销被诉行政行为的,行政机关重新作出行政行为不受《行政诉讼法》第七十一条规定的限制。原一审行政判决予以撤销后,某电影学院告知了谢某然陈述和申辩的权利,并重新经过学位评定委员会讨论,明确了其所依据的具体规定,作出本案取消谢某然硕士学位申请资格的决定,不属于违反《行政诉讼法》第七十一条规定的行为。

17. 宅基地登记发证后家庭成员的异议纠纷不属于土地权属争议

——李某甲诉某市人民政府、市自然资源和规划局城建行政行为案

【基本案情和行政救济策略】

为加快城乡危旧房治理改造进程，全面解决无房户、危房户住房问题，积极推进生态宜居城市建设，2017年7月，某市人大常委会审议通过了《关于推进农房集聚区建设的指导意见（试行）》，推进农房集聚工作。2018年6月，李某甲以其自建农房申请参加集聚，并于2018年6月28日获镇人民政府批准。2018年7月11日，李某甲也取得了市城乡危旧房治理改造工作领导小组办公室（以下简称市危改办）、镇政府联合发放的农房集聚安置凭证。

然而就在李某甲等着分房之际，突然接到相关工作人员的电话，称其房子有问题，不能给其办手续。李某甲经多方询问之后才得知：2018年9月21日，其弟李某乙、姐李某丙向镇政府、镇国土资源所提交《申请报告》，认为李某甲2007年取得的（2007）第32-43号集体土地使用证中所登记土地，他们也享有共同使用权，因此对该集体土地使用证将土地使用权登记于李某甲一人名下提出异议，申请撤销该证。2018年11月7日，李某乙、李某丙又向该市自然资源和规划局提交《更正报告》，请求对案涉集体土地使用证予以更正，更正为共同所有。市自然资源和规划局核查认为：李某甲在办理土地使用证时提供的《社员建造房屋用地申请表》中记载，李某甲所申请登记土地系以李某甲为户主，以其母曾某、其姐李某丙、其弟李某乙为家庭成

员，于 1973 年 10 月 14 日审批取得。在登记案卷中，未找到有曾某、李某丙、李某乙同意将上述土地使用权归李某甲一人享有的相关材料，因此原土地证使用证登记有误，该房产应当归李某甲、曾某、李某丙、李某乙四人所有。2018 年 11 月 9 日，市危改办与市自然资源和规划局联合在当地报纸上发布公告，告知李某甲在 2018 年 11 月 19 日前协商确定权益人，逾期未能确定的则不再列入第一期集聚对象和选择新居名单。

　　李某甲很是惊讶：1973 年申请建房时，只有他姐姐是农村社员，享有农村宅基地申请权，他母亲和弟弟是城镇户口，没有农村宅基地申请权。2007年办理土地登记时，姐姐放弃了权利且房子由他一人出资建造，其他家庭成员早已确认，且姐姐和弟弟多年前已在城市安家，怎么突然又要主张权利了呢？李某甲对市政府和市自然资源和规划局对其暂缓安置的处理不服，也对姐、弟要求分房的要求感到不解。无奈之下李某甲只能找律师咨询如何维护自身的合法权利。

　　那么，李某甲的行政救济路径该如何选择？先申请行政复议还是直接诉讼？在本案中，李某甲曾多次向有关行政部门陈述理由均得不到支持。如申请行政复议，其结果估计也难以理想，可能还会拖延时间。如直接向法院提起行政诉讼，因市危改办不具有独立法人资格，应由其设立机关市政府作为诉讼主体，根据《行政诉讼法》级别管辖的规定，对县级以上人民政府提起诉讼的案件，应由中级人民法院管辖。如不服一审判决，还可以向高级人民法院上诉，直至向最高人民法院申请再审，可以争取更为超脱的诉讼环境。为此，李某甲决定直接向市中级人民法院起诉。

【行政救济情况及处理结果】

　　2019 年 1 月 8 日，李某甲向该市中级人民法院提起行政诉讼，要求撤销两被告市政府和市自然资源和规划局联合作出的《关于全市农房集聚对象和优先安置对象公示反映问题更正公告》中涉及暂停李某甲农房集聚安置的处理决定，尽快办理其农房集聚安置。其诉请理由为：两被告的处理决定毫无事实和法律依据。被告市自然资源和规划局与被告市政府设立的市危改办联合作出并刊登于 2018 年 11 月 9 日某市日报的《关于全市农房集聚对象和优先安置对象公示反映问题更正公告》中涉及暂停原告农房集聚安置的决定，侵犯了原告的合法权益。原告依法持有《集体土地使用证》，业已取得《市农房集聚区安置凭证》，是案涉农房集聚唯一合法权益人。且 2007 年原告依法申请并办理了《集体土地使用证》，在公示期间无一人提出异议，说明土地使用权归属原告一人确为事实。现两被告以家庭内部矛盾为由否认原告的农房集聚权益，作出暂停原告农房安置的决定是完全错误的。

两被告市政府和市自然资源和规划局答辩称：被诉公告行为并无不当，原告诉请于法无据。2018 年 6 月，原告以（2007）第 32-43 号集体土地使用证项下 102.94 平方米土地使用权申请参加农房集聚获得批准。但案外人李某乙（系原告弟弟）、李某丙（系原告姐姐）提交了《申请报告》，认为对于案涉集体土地使用证中所登记土地，李某乙、李某丙享有共同使用权，申请撤销该证。之后李某乙、李某丙又提交了《更正报告》，请求将案涉集体土地使用证更正为共同共有。因此，在该土地使用权存在争议且权属争议未能解决的情况下，相关集聚工作应予以暂缓办理。为此，请求市中级人民法院依法驳回原告的诉讼请求。

一审法院审理后认为：由于原告李某甲未提交曾某、李某丙、李某乙同意将案涉土地使用权登记归原告一人所有的相关材料，故市政府将案涉土地使用权登记于原告一人名下属于依据不足。在土地使用权存在争议且争议未能解决的情况下，市危改办与市自然资源和规划局于 2018 年 11 月 9 日发布公告，告知原告在 2018 年 11 月 19 日前协商确定权益人，逾期未能确定的则不再列入第一期集聚对象名单的行为并无不当。原告的诉讼请求于法无据，故判决驳回原告李某甲的诉讼请求。

李某甲对市中级人民法院的一审判决不服，上诉至省高级人民法院，要求撤销一审判决，依法改判撤销被上诉人暂缓李某甲农房集聚安置的处理决定，或将本案发回一审法院重新审理。主要上诉理由为：本案并不存在土地权属争议，本案属分家析产纠纷，依法应通过民事诉讼途径解决；一审认定事实不清，混淆了涉案房屋的建房申请与土地使用权证申请的区别，将上诉人按表格要求列明的家庭成员等同于土地权利人，一审没有查明案外人曾某、李某乙因当时具有城镇户口而无法享有农村宅基地使用权这一事实；上诉人在申请办理土地使用权证时已按规定提交了整套所有申请材料，当然也包括一审所认为的"案外人同意的材料"。因此，一审判决认定事实错误，案件定性错误，适用法律错误，诉讼程序违法，依法应予以撤销。

市政府和市自然资源和规划局在二审答辩中认为：上诉人申请参加农房集聚并获取的农房集聚安置凭证，其安置依据是原持有的《集体土地使用证》。现利害关系人李某乙、李某丙多次就案涉《集体土地使用证》提出异议，并申请更正，在案涉《集体土地使用证》颁证权属依据不足且利害关系人提出异议的情况下，市危改办的公告行为并无不当。故请求法院驳回上诉，维持原判。

2019年9月26日，省高级人民法院作出二审终审判决：一、撤销市中级人民法院作出的一审行政判决；二、确认市政府、市自然资源和规划局联合作出的《关于全市农房集聚对象和优先安置对象公示反映问题更正公告》中涉及暂停李某甲农房集聚安置的处理决定违法。

【争议问题和法律评析】

一、土地权属登记及纠纷处理的相关规定及法律适用

土地权属是指土地权利的归属，土地权属争议是指土地所有权或使用权归属争议。对于土地权属纠纷的处理，《土地管理法》第十四条规定："土地所有权和使用权争议，由当事人协商解决；协商不成的，由人民政府处理。单位之间的争议，由县级以上人民政府处理；个人之间、个人与单位之间的争议，由乡级人民政府或者县级以上人民政府处理。当事人对有关人民政府的处理决定不服的，可以自接到处理决定通知之日起三十日内，向人民法院起诉。在土地所有权和使用权争议解决前，任何一方不得改变土地利用现状。"原国土资源部发布的《土地权属争议调查处理办法》第九条规定，当事人发生土地权属争议，经协商不能解决的，可以依法向县级以上人民政府或者乡级人民政府提出处理申请，也可向有关的国土资源行政主管部门提出调查处理申请。第十四条规定，土地侵权案件、行政区域边界争议案件、土

地违法案件、农村土地承包经营权争议案件等不作为争议案件受理。原国土资源部在《国土资源部办公厅关于土地登记发证后提出的争议能否按权属争议处理问题的复函》（国土资厅函〔2007〕60号）中也明确规定："土地权属争议是指土地登记前，土地权利利害关系人因土地所有权和使用权的归属而发生的争议。土地登记发证后已经明确了土地的所有权和使用权，土地登记发证后提出的争议不属于土地权属争议。"

本案争议发生在集体土地使用权证颁发后11年，而上述规定中列举的应由人民政府处理的权属纠纷与本案家庭成员在取得宅基地使用权后发生的分家析产纠纷明显不同，家庭成员的内部财产争议依法不属于人民政府及土管部门的处理范围。

二、土地权属争议与家庭内部分家析产纠纷的区别及纠纷处理途径

《浙江省土地权属争议行政处理程序规定》第十五条规定："下列情形不属于土地权属争议申请受理范围：……（三）因房产买卖、赠与、分家析产等引起的房产争议……"本案案外人李某乙、李某丙向市自然资源和规划局提出集体土地使用权证更正请求，是为了获得上诉人农房集聚安置的房产份额，属于典型的家庭内部分家析产纠纷，不属于土地权属争议范畴。

家庭内部分家析产纠纷是对共有的家庭财产进行分割，并确定各个家庭成员的财产份额的行为。家庭共有关系的存在是家庭共有财产的存在前提，在家庭关系解体后，即产生了家庭共有财产的分割问题，由此产生的纠纷称为家庭内部分家析产纠纷。家庭内部分家析产纠纷的当事人必须是家庭成员，而其中的财产应当是家庭成员在共同生活关系存续期间共同创造、共同所得的财产，其来源主要是家庭成员在共同生活期间的共同劳动收入，家庭成员交给家庭的财产及家庭成员共同积累、购置和受赠的财产。

家庭内部分家析产纠纷是最传统的民事纠纷之一，当事人一般可以通过协商或向法院提起民事诉讼的方式解决。但该内部纠纷并不涉及行政确权问题，所以不必经过相应人民政府的行政确权认定，当事人对这类纠纷，理应直接向人民法院提起民事诉讼，请求分割共有财产。

三、行政机关不能越权处理土地登记发证后的家庭内部分家析产纠纷

本案原告李某甲于 2007 年就已完成农房宅基地登记并取得集体土地使用权证，早已明确了涉案土地的使用权，案外人在时隔 11 年后提出的异议不属于土地权属争议。案外人主张李某甲农房集聚安置房产份额的权益，应以分家析产纠纷的案由向法院提起民事诉讼，行政机关不能超越职权范围处理本案的分家析产纠纷，更不能直接作出暂缓李某甲农房集聚安置的行政决定。

在本案处理过程中，一审法院要求李某甲提供其在办理土地使用权证时提交案外人同意的材料，并承担举证不能的不利后果。这违反了行政诉讼被告举证原则，也违反了信赖利益保护原则。从被告受理并颁发土地使用权证，再到作出暂缓原告的农房集聚安置的决定，在这 11 年期间被告也从未提出原告还有审批材料未提交。李某甲土地使用权证的取得合法有效且权利清晰，由此形成的信赖利益应当予以保护。同时，因本案并非对案涉集体土地使用证的登记行为进行审理，故一审判决认定"由于原告未提交曾某、李某丙、李某乙同意将上述土地使用权登记归原告一人享有的相关材料，故市政府将该土地使用权登记归原告一人享有权属依据不足"，明显超出案件审理范围，且举证责任分配不当。

而且，在本案中两被告印发的《关于推进农房集聚区建设的指导意见（试行）》等规范性文件中，也并无对农房集聚安置对象持有的集体土地使用证提出异议的情况应予暂停农房集聚安置的相应规定，故两被告作出的暂停李某甲农房集聚安置的处理决定，因缺乏相应的法律、法规、规章及规范性文件依据而不能成立。为此，二审判决认定该行政行为违法完全正确。

【需要注意的问题】

本案是一起不动产权属登记发证后家庭成员发生异议纠纷，因行政机关采取了不合法的处理方法，而导致原告提起行政诉讼的案例。原告的诉讼请求最终得到二审法院的支持，除了原告抓住了行政程序不合法的问题外，还

得益于原告选择了适当的救济途径和救济程序。在本案中，李某甲对市自然资源和规划局、市危改办联合发布的《关于全市农房集聚对象和优先安置对象公示反映问题更正公告》不服，在向行政机关多次陈述理由得不到支持的情况下，以市危改办是市政府的临时内设机构不具有独立法人资格为由，将县级市政府作为被告诉至地级市中级人民法院，提高了一审的级别管辖。原告在一审败诉的情况下，二审上诉至省高级人民法院，取得了更好的审理环境，最终获得胜诉。可见，选择适当的救济途径和依法选择高级别的诉讼管辖，对于实现当事人的诉讼请求和维护当事人的合法权益，具有重要作用。

【参考法条和相关资料】

《国土资源部办公厅关于土地登记发证后提出的争议能否按权属争议处理问题的复函》（国土资厅函〔2007〕60号）

土地权属争议是指土地登记前，土地权利利害关系人因土地所有权和使用权的归属而发生的争议。土地登记发证后已经明确了土地的所有权和使用权，土地登记发证后提出的争议不属于土地权属争议。土地所有权、使用权依法登记后第三人对其结果提出异议的，利害关系人可根据《土地登记规则》的规定向原登记机关申请更正登记，也可向原登记机关的上级主管机关提出行政复议或直接向法院提起行政诉讼。《土地权属争议调查处理办法》（国土资源部令第17号）第二十条中的"人民政府颁发的确定土地权属的凭证"，是指初始土地登记完成前，争议土地原有的人民政府颁发的确定土地权属的凭证。

《浙江省土地权属争议行政处理程序规定》（2007年10月1日起施行）

第十五条 下列情形不属于土地权属争议申请受理范围：

（一）属行政区域边界争议的；

（二）属农村土地承包经营权争议的；

（三）因房产买卖、赠与、分家析产等引起的房产争议；

（四）法律、法规规定不属于土地权属争议的。

参考案例 1

浙江省金华市中级人民法院（2018）浙 07 行初 363 号　李某甲诉某市人民政府、某市自然资源和规划局城建行政行为案

【裁判要旨】由于原告未提交集体土地使用权证中家庭成员同意将上述土地使用权登记归原告一人享有的相关材料，故某市人民政府将该土地使用权登记归原告一人享有权属依据不足。该土地使用权存在争议且权属争议未能解决的情况下，某市城乡危旧房治理改造工作领导小组办公室与某市国土局于 2018 年 11 月 9 日发布公告，告知原告在 2018 年 11 月 19 日前协商确定权益人，逾期未能确定的则不再列入第一期集聚对象名单的行为并无不当。

参考案例 2

浙江省高级人民法院（2019）浙行终 1180 号　李某甲诉某市人民政府、某市自然资源和规划局城建行政行为案

【裁判要旨】本案集体土地使用权登记发证已经完成，不涉及案涉集体土地权属争议，本案也不对案涉的集体土地使用证的登记行为进行审理，故一审认定"某市人民政府将该土地使用权登记归原告一人享有权属依据不足"，明显超出本案审理范围，存在不当；在案涉的集体土地使用证法律上仍然合法有效的情况下，行政机关作出被诉的案涉公告中涉及暂停李某宏农房集聚安置的处理决定，缺乏事实依据；同时，因本案并不涉及案涉集体土地权属争议，某市规划局未按规定启动"更正登记"或"异议登记"程序处理，且两被上诉人印发的《关于推进农房集聚区建设的指导意见（试行）》等规范性文件中，也并无对农房集聚安置对象持有的集体土地使用证提出异议的情况应予暂停农房集聚安置的相应规定，故两被上诉人作出被诉的案涉公告中涉及暂停李某宏农房集聚安置的处理决定，缺乏相应的法律、法规、规章及规范性文件依据，不能成立。

第七章　行政征收

18. 行政征收批复等内部行为外化后具有可诉性
——魏某、陈某诉某县人民政府收回土地使用权行政批复案

【基本案情和行政救济策略】

2010年8月31日,某县国土局向该县政府报送了一份《关于收回国有土地使用权的请示》,请求收回该县某地块的土地使用权。之后,县政府作出批复,同意县国土局收回该地块的土地使用权。县国土局收到批复后,未依法制作收回决定,也未送达和通知该地块国有土地使用权人,而是直接将该事项交由县土地储备中心付诸实施。由于魏某、陈某的房屋位于被收回使用权的地块之内,因对县政府收回土地使用权的批复不服,遂向市政府提起了行政复议。之后,市政府作出《行政复议决定书》,维持了县政府的批复。

由于本案的批复行为是否属于法院立案受理范围在实践中存在争议,直接提起行政诉讼可能会被法院裁定不予受理,此外行政复议可以全面适用合法性审查原则,审查内容和范围比较广,特别是对于明显违法和不合理的行政行为,先申请行政复议的纠错效率更高。因此当事人可以先向市政府提出行政复议,如果权利未得到维护,再向法院提起行政诉讼。为此,魏某和陈某在向市政府申请行政复议被驳回之后,向市中级人民法院提起了行政诉

讼，请求法院撤销县政府的上述批复。

【行政救济情况及处理结果】

魏某和陈某向市中级人民法院起诉称：原告在案涉地块拥有合法的房屋和国有土地使用权。被告县政府作出的《关于同意收回某路与某路地块国有土地使用权的批复》，同意收回原告房产所属地块国有土地使用权。该批复的程序及实体均违法，严重侵害了原告的合法权益，请求确认该批复违法并予以撤销。

一审法院审查后认为，根据《最高人民法院关于执行〈中华人民共和国行政诉讼法〉若干问题的解释》第一条第二款第（六）项的规定，对公民、法人或者其他组织权利义务不产生实际影响的行为，不属于人民法院行政诉讼的受案范围。被告作出的该批复属于内部行政行为，对原告权利义务不产生实际影响，原告对该批复起诉，不属于人民法院行政诉讼的受案范围，因此裁定驳回魏某和陈某的起诉。

魏某和陈某不服一审判决，向省高级人民法院提起上诉。省高级人民法院审理后认为，根据《土地储备管理办法》，县国土局在人民政府作出批准收回的批复后，应当向原土地使用权人送达对外发生法律效力的通知。虽然批复属于内部行政行为，对相对人的权利尚未产生实际影响，但在本案中，县国土局没有制作并送达对外发生效力的法律文书，即直接交由土地储备中心实施，对原土地使用权人的权利产生了实际影响，因此该内部行为已经外化为对外发生法律效力的具体行政行为。据此，省高级人民法院作出二审行政裁定，裁定撤销原审法院行政裁定，指令原一审法院继续审理本案。

【争议问题和法律评析】

一、批复等内部行为可转化为外部具体行政行为

关于本案县政府作出的批复属于内部行为还是外部行为的问题，行政法

理论从学理上将行政行为区分为内部行为和外部行为，主要是为区分某个行为是否具有可诉性，从而在行政效率和维护行政相对人合法权益之间作出利益平衡。比如，最常见的政府人事关系问题，一般认为属于内部行政行为。这是因为行政机关内部的奖惩任免，主要涉及行政机关自己制定的相关制度规定，属于"家务事"。由此产生的纠纷，如果交由司法机关进行裁决，其后果既影响行政机关在内部的权威性，也影响大量人事关系处理的效率性和确定性。因此，不管是我国还是其他大部分国家，都没有将类似的行政机关内部人事关系纳入行政诉讼受案范围。此外，行政机关与行政机关之间、行政机关内部部门之间的诸如文函往来、命令指令等相关行为，一般而言也不属于行政诉讼受案范围。那么，本案县政府与县国土局之间的批复，是否属于内部行为？根据《党政机关公文处理工作条例》第二章的规定，行政批复属于公文的一种，是指上级机关用以答复下级机关请示事项的文书。行政批复是否具有可诉性，首先应当判断该批复属于内部行政行为还是外部行政行为。我们认为，该批复行为发生在县政府和县国土局之间，并无其他主体参与，从形式上看确实是一个内部行为。但是，该批复直接外化使用却对外部行政相对人，即在该收回国有土地使用权地块上拥有房产的魏某和陈某，产生了实际影响。由于该批复侵犯了公民、法人或者其他组织的合法权益，发生了行政法上的内部行为外部化。由于内部行为外部化，侵害了相对人的合法权益，那么有侵害必有救济，就需要赋予行政相对人救济的权利和途径。

二、内部行为具有可诉性的实务标准

关于实务中内部行为在符合哪些条件时具有可诉性的问题，学理上认为，一是内部行政行为一般具有主体的内部性，如基于内部管理关系、人事隶属关系、上下级领导关系而作出的行为；二是内容的内部性，如内部组织人事关系、职称考核任免、上下级之间的请示批复、相关机关之间的监督、事务协办等；三是法律效果的内部性。内部行政行为产生的法律或行政意义上的影响，只限于行政机关内部，不对外部的行政相对人产生影响。从实务角度而言，我们认为内部行为外化的条件一般有以下几点：

第一，内部行为需具有实质性内容并通过一定形式展现和表达。例如，会议纪要、批复、决定等内部行为，都是有具体内容和表达的行为。这是内部行为外化的基本要求。而诸如相关行政机关领导的口头意见、讨论中的言论等，均不属于内部行为，当然不具有可诉性。

第二，内部行为需要发生具体的行政效力。例如，赖某诉某市人民政府不予复议行政纠纷案（见参考案例1）中，法院认为，某市教育委员会的报告从形式上看属于行政机关内部公文，但在抄送赖某本人后，即已具有具体行政行为的性质。由于该报告需待上级主管部门审批，其内容尚未最终确定，对赖某安的权利义务并未产生实际影响，故该行为属于不成熟的行政行为，不具有可诉性。该案中，由于内部行为尚未发生实际效力，故不具有可诉性。

第三，内部行为通过正常合法途径被相对人知悉。例如，某建筑工程有限责任公司诉某市安全生产监督管理局生产责任事故批复案（见参考案例3）中，某县监察局将批复作为谈话内容告知原告，并送达了复印件，属于已将批复内容外化，虽未送达，但相对人通过行政机关的执行行为知悉。当然，对于窃取、打探或者其他非法途径获取的内部行为信息，显然不符合起诉的条件。

第四，过程性行为的问题。一般认为，行政机关在作出具体行政行为过程中产生的论证、讨论研究、上报、咨询等过程性行为，不具有可诉性。但如果该行为并未被其他最终的行政行为所吸收，而单独具有实质意义上的终局性，并对行政相对人的权益产生了实质性影响，那么就具有可诉性。

总之，内部行为是否具有可诉性，不仅要从形式外观上进行判断，还要从实质法律效力效果上进行甄别。律师在处理该类案件时，要先从救济途径为当事人作出统筹安排，同时要从法律、法理和相关判例中寻找诉讼依据。

【需要注意的问题】

本案涉及上级行政机关的内部批复是否具有可诉性的问题。一般认为，上级批复属于内部行政行为，不具备可诉性，下级行政机关根据批复对外作出的法律文书才具有可诉性，行政相对人只能将对外署名的行政机关列为被告。《最高人民法院关于执行〈中华人民共和国行政诉讼法〉若干问题的解释》（法释〔2000〕8号，已失效）和《最高人民法院关于适用〈中华人民共和国行政诉讼法〉的解释》（法释〔2018〕1号）都有相同的规定。但这不是绝对的，如果将内部批复外化使用，则可以将作出内部批复的行政机关列为被告，本案就是一例。本案行政相对人先将批复机关县政府作为被申请人，向市政府申请行政复议，在复议申请被驳回后，通过一审、二审行政诉讼，省高院作出二审裁定，指令原一审法院继续审理本案。行政相对人采用的这一救济方法，在新《行政复议法》实施后的今天，仍不失为有效的处理途径。

【参考法条和相关资料】

《中华人民共和国行政诉讼法》（2017年6月27日修正）

第十二条　人民法院受理公民、法人或者其他组织提起的下列诉讼：

……

（五）对征收、征用决定及其补偿决定不服的；

……

（十二）认为行政机关侵犯其他人身权、财产权等合法权益的。

除前款规定外，人民法院受理法律、法规规定可以提起诉讼的其他行政案件。

第十三条　人民法院不受理公民、法人或者其他组织对下列事项提起的诉讼：

（一）国防、外交等国家行为；

（二）行政法规、规章或者行政机关制定、发布的具有普遍约束力的决定、命令；

（三）行政机关对行政机关工作人员的奖惩、任免等决定；

（四）法律规定由行政机关最终裁决的行政行为。

《最高人民法院关于适用〈中华人民共和国行政诉讼法〉的解释》(法释〔2018〕1号)

第一条 公民、法人或者其他组织对行政机关及其工作人员的行政行为不服,依法提起诉讼的,属于人民法院行政诉讼的受案范围。

下列行为不属于人民法院行政诉讼的受案范围:

……

(五)行政机关作出的不产生外部法律效力的行为;

(六)行政机关为作出行政行为而实施的准备、论证、研究、层报、咨询等过程性行为;

……

(八)上级行政机关基于内部层级监督关系对下级行政机关作出的听取报告、执法检查、督促履责等行为;

……

(十)对公民、法人或者其他组织权利义务不产生实际影响的行为。

参考案例1

最高人民法院(1998)行终字第10号　赖某诉某市人民政府不予复议行政纠纷案

【裁判要旨】某市教育委员会重教函〔1999〕21号报告从形式上看属于行政机关内部公文,但在抄送赖某安本人后,即已具有具体行政行为的性质;由于该报告需待上级主管部门审批,其内容尚未最终确定,对赖某安的权利义务并未产生实际影响,故该行为属不成熟的行政行为,不具有可诉性,某市人民政府裁定不予受理赖某安的提议申请,其结论是正确的。

参考案例2

最高人民法院指导案例22号　安徽省高级人民法院(2012)皖行终字第14号　魏某、陈某诉某县人民政府收回土地使用权批复案

【裁判要旨】地方人民政府对其所属行政管理部门的请示作出的批复,一般属于内部行政行为,不可对此提起诉讼。但行政管理部门直接将该批复

付诸实施并对行政相对人的权利义务产生了实际影响，行政相对人对该批复不服提起诉讼的，人民法院应当依法受理。

参考案例 3

延安市中级人民法院（2008）延中行初字第 6 号　某建筑工程有限责任公司诉某市安全生产监督管理局生产责任事故批复案

【裁判要旨】被诉延安市安监发〔2008〕16 号《关于子长县"10·21"建筑工地塔式起重机倒塌事故调查报告的批复》虽未由上诉人某市安监局正式向某公司送达，但作为事故调查成员单位之一的某县监察局将批复作为谈话内容告知被上诉人某公司，并送达复印件，已将批复的内容外化，而该批复中将某公司列为责任单位，并要求给予处罚，为被上诉人设定了一定的义务，该批复与被上诉人有利害关系，且某省安全生产监督管理局复议决定亦告知某公司可以提起行政诉讼，所以一审法院受理被上诉人某公司的起诉正确，上诉人某市安监局称该批复属内部批复，不对被上诉人某公司产生法律效力，本案不属于人民法院受案范围的上诉理由不能成立。

第八章 行政履职

19. 会议纪要议定事项可以转化为政府法定职责
——某公司诉某区人民政府履行法定职责案

【基本案情和行政救济策略】

2020年1月21日，某市政府作出〔2019〕93号行政复议决定书，责令下级某区人民政府履行法定职责，对申请人的补偿申请作出处理并予以书面答复。至此，历时8年的补偿事项自此有了推进。

某公司是一家从事房地产开发建设的企业。2011年8月30日，某区人民政府召开专题会议，要求某公司将房地产建设项目中的9110平方米土地用于市政公园建设。区政府《关于锦溪景观提升改造工程建设专题协调会议纪要》（〔2011〕43号）第四条明确记载："华石岩以东共9110平方米为商住用地，系某公司通过市场招拍挂的方式取得，为实现锦溪提升改造的整体性，要求该地块与锦溪原有规划设计中的公园合并统一设计，由某公司负责建设，并向社会公众开放，政府给予适当的补助。政府同意在某公司二期建设项目中给予补偿不少于该部分土地容积率所对应的规划建筑面积（即9110平方米×2.2=20042平方米）。"之后，某公司腾出了该9110平方米土地，并垫资建设了该公园和运动中心。

2014年10月28日，区政府又召开专题会议，确定对某公司二期项目的三块土地34408平方米予以收储。关于此前9110平方米土地的补偿问题，在区政府《关于某公司开发项目处置工作有关问题的专题协调会纪要》（〔2014〕53号）第二条第六点中还明确记载："关于华山岩以东地块及地上公共配套设施（公园和运动中心）相关事宜。对于该地块及其地上公共配套设施（公园和运动中心）等事宜，另行专题研究明确。"但之后区政府一直未予处理并补偿。

由于土地补偿和垫资建设款项长时间未能兑现，在多次催促无果的情况下，某公司准备通过诉讼途径解决。代理律师在了解案件情况后，认为本案通过行政复议途径处理比法院诉讼更为合适，因为本案土地补偿问题虽有区政府〔2011〕43号会议纪要确定的补偿方案，但该补偿方案已由区政府〔2014〕53号会议纪要予以变更，且无具体的补偿方案，通过上级政府的复议和监督，有助于促使下级政府确定具体补偿方案并实施，有利于本案纠纷的化解。某公司认为代理律师的建议方案较为合适，故选择了行政复议的救济途径。代理律师据此开始了行政复议前的准备工作。

2018年11月27日，某公司向区政府邮寄了《关于支付锦溪景观工程用地补偿和建设费用的申请》，请求区政府根据会议纪要予以处理，对已占用的9110平方米土地进行货币补偿或置换相应的建设用地；同时还要求按会议纪要另行支付某公司已垫付的公园和运动中心的工程款等款项。但区政府收到后未予处理。

【行政救济情况及处理结果】

2019年3月18日，某公司向区政府的上级行政机关某市人民政府提交了《行政复议申请书》，认为政府会议纪要议定事项是政府依法向行政相对人作出的行政允诺，政府会议纪要确定的行政义务经外化后已转化为政府的法定职责，政府应依法履行其法定职责，兑现行政允诺。复议申请书还认为，区政府在收到某公司的履职申请后，超过六十日未予处理，属于不履行法定职责的行为，请求复议机关依法责令区政府履行会议纪要确定的补偿职责，对已占用的9110平方米土地进行货币补偿或置换相应的建设用地。

对此，区政府提交行政答辩状认为：一、申请人某公司提交的申请属于信访性质，不属于行政复议受案范围；二、会议纪要不属于对外行政行为，不具有可诉性。要求驳回某公司的复议申请。

在市政府行政复议局举行的复议听证会上，某公司的代理律师针对区政府的答辩，根据《信访条例》第二条中"信访"的定义、会议纪要确定的事项可以转化为可诉法定职责的依据、《行政复议法》（2017年修正）第六条第（九）项复议案件的受案范围、区政府有无履行法定职责等争议问题进行了反驳。因本案调解未成，市政府于2020年1月21日作出了〔2019〕93号行政复议决定书。

行政复议决定书认为：一、申请人某公司于2018年12月1日提交给被申请人区政府的《关于支付锦溪景观工程用地补偿和建设费用的申请》属于具体、明确的履职请求，对被申请人提出的属于信访事项的主张不予支持。二、会议纪要是行政机关常用的公文格式，〔2011〕43号会议纪要议定的土地补偿事项是行政机关对申请人作出的行政承诺，可以转化为被申请人的法定职责。〔2014〕53号会议纪要议定案涉地块事宜另行专题研究明确，并未否定前述会议纪要的内容，故被申请人负有进行处理的法定职责。三、被申请人收到履职申请后虽进行了内部流转，但未对案涉补偿事项进行实质处理，亦未向申请人作出书面答复，属于未履行法定职责。为此，复议机关作出复议决定：责令被申请人依法对申请人于2018年12月1日提出的《关于支付锦溪景观工程用地补偿和建设费用的申请》中"一期建设项目公园用地的补偿事项"的申请进行处理并予以书面答复。

【争议问题和法律评析】

一、会议纪要议定事项经外化可以转化为行政机关的法定职责

会议纪要是行政机关的常用公文，是行政机关在行政管理过程中形成的格式文书，用于记载有关会议情况和议定事项，是行政行为的重要载体。根

据原《国家行政机关公文处理办法》和现行《党政机关公文处理工作条例》，政府会议纪要议定事项具有法定效力，非经法定程序不得否定。相对于决定、公告、通知等外部公文而言，会议纪要一般具有内部性，因为与会人员主要是内部人员，会议事项一般比较原则且不直接对外。但在实践中，政府为解决某一重要具体问题，往往会召集各相关职能部门研究和落实解决办法，有时还会通知涉及问题的行政相对人参加会议、听取意见、协商处理方案，会后也会将会议纪要送达参会的行政相对人。此类会议纪要属于外化的行政行为。行政机关在会议纪要内议定的事项和确定的应履行内容，一经送达、告知当事人或直接予以执行等方式外化，转化为行政机关的法定职责，构成法理上的行政允诺。行政机关不履行会议纪要内容，行政相对人有权通过外部行政救济途径要求履行。本案会议纪要是区政府为协调某公司将建设用地腾退给政府用于公园建设而召开的专题会议形成的文书，会议纪要中还列明了某公司的参会人员，事后还送达某公司。因此，该会议纪要不是内部行政行为，其议定事项已转化为行政机关的法定职责，行政机关应依法履行，否则将构成行政不作为。

二、履职申请不同于信访事项，依法可以申请行政复议或行政诉讼

在行政管理实践中，一些行政机关往往会将行政相对人的履职申请错误归类为信访事项，因而不按法定程序处理。而从法律制度和法律规定来看，信访和履职申请有明显的区别。《信访工作条例》第十七条规定："公民、法人或者其他组织可以采用信息网络、书信、电话、传真、走访等形式，向各级机关、单位反映情况，提出建议、意见或者投诉请求，有关机关、单位应当依规依法处理。采用前款规定的形式，反映情况，提出建议、意见或者投诉请求的公民、法人或者其他组织，称信访人。"可见，信访制度的主要功能定位在反映情况，提出建议、意见或者投诉请求，以及加强政府与人民群众的联系方面，而并非直接解决信访人自身的切身利益，因此不属于法定解决行政相对人和行政机关之间行政争议的救济途径。根据中共中央办公厅、国务院办公厅印发的《关于依法处理涉法涉诉信访问题的意见》（中办发〔2013〕26号）中明确规定的"诉讼与信访分离"制度，对照《行政复议法》《行

政诉讼法》关于受案范围的规定，足见信访事项和履职申请的区别，信访事项不具有可诉性，而履职申请具有可诉性。在本案中，某公司向区政府提交的《关于支付锦溪景观工程用地补偿和建设费用的申请》，是要求区政府根据其会议纪要支付用地补偿和建设费用的履职申请，区政府收到后长达三个多月未予答复和处理，某公司根据《行政复议法》（2017年修正）第六条第（九）项的规定申请行政复议，要求区政府履行法定职责于法有据。

三、行政机关应依法全面履行会议纪要确定的法定职责

依法履行法定职责是法治政府建设的基本要求。《中共中央关于全面推进依法治国若干重大问题的决定》指出："行政机关要坚持法定职责必须为、法无授权不可为，勇于负责、敢于担当，坚决纠正不作为、乱作为，坚决克服懒政、怠政，坚决惩处失职、渎职……"中共中央、国务院印发的《法治政府建设实施纲要（2021—2025年）》提出"加快构建职责明确、依法行政的政府治理体系，全面建设职能科学、权责法定、执法严明、公开公正、智能高效、廉洁诚信、人民满意的法治政府。""诚信"也是社会主义核心价值观的重要内容。只有政府带头做到诚实守信，带头履行对自身不利的行政允诺和会议纪要，对全社会诚信建设起表率作用，才能有效引领全社会诚信意识的提高。在本案中，区政府要求企业腾退土地却拖延8年未予补偿已属失信；当企业通过法律途径要求解决时，却在上级机关处理时无理辩三分。在上级机关复议决定下达后，能否改弦更张，重新取信于民，这是行政相对人和社会公众所期望的。本案所反映的情况，前些年在全国并不罕见，在最高人民法院的一些判例中也能找到相似案例。因此，加强法治政府建设，增强行政首长、行政执法人员的法治思维和依法行政理念，任重而道远。行政相对人依法行使行政复议等行政救济权利，上级行政机关通过行政复议监督下级行政机关依法行政，不失为一条行之有效的途径。

【需要注意的问题】

本案涉及会议纪要内容能否转化为政府法定职责、行政相对人能否通过

行政复议或行政诉讼要求政府履行的问题。按通常理解，会议纪要是内部公文，属于内部行政行为，不具有可复议或可诉性。但是，如果会议纪要记载了行政机关应履行的义务，并且送达给行政相对人，那么该内部行政行为已转化为外部行政行为。在本案中，政府将已出让给房产公司的土地使用权收回用于公共设施建设，在会议纪要中明确了具体补偿方案，构成法理上的行政允诺。行政相对人在政府不信守承诺的情况下，可以通过外部救济途径要求履行。需要注意的是，根据新《行政复议法》第二十三条的规定，现在对此类案行政争议的处理途径，改变了以往的"选择救济"方式，实行"复议前置"，即应当先申请行政复议，对复议决定不服再向法院起诉。以利于通过行政机关的内部纠错机制解决争议，实质性化解行政纠纷。

【参考法条和相关资料】

《中华人民共和国行政复议法》（2023 年 9 月 1 日修订）

第十一条 有下列情形之一的，公民、法人或者其他组织可以依照本法申请行政复议：

……

（十一）申请行政机关履行保护人身权利、财产权利、受教育权利等合法权益的法定职责，行政机关拒绝履行、未依法履行或者不予答复；

……

第二十三条 有下列情形之一的，申请人应当先向行政复议机关申请行政复议，对行政复议决定不服的，可以再依法向人民法院提起行政诉讼：

（一）对当场作出的行政处罚决定不服；

（二）对行政机关作出的侵犯其已经依法取得的自然资源的所有权或者使用权的决定不服；

（三）认为行政机关存在本法第十一条规定的未履行法定职责情形；

（四）申请政府信息公开，行政机关不予公开；

（五）法律、行政法规规定应当先向行政复议机关申请行政复议的其他情形。

对前款规定的情形，行政机关在作出行政行为时应当告知公民、法人或者其他组织先向行政复议机关申请行政复议。

第二十四条第一款 县级以上地方各级人民政府管辖下列行政复议案件：

（一）对本级人民政府工作部门作出的行政行为不服的；

（二）对下一级人民政府作出的行政行为不服的；

……

第六十六条 被申请人不履行法定职责的，行政复议机关决定被申请人在一定期限内履行。

第八十条 行政复议机关不依照本法规定履行行政复议职责，对负有责任的领导人员和直接责任人员依法给予警告、记过、记大过的处分；经有权监督的机关督促仍不改正或者造成严重后果的，依法给予降级、撤职、开除的处分。

《党政机关公文处理工作条例》（中办发〔2012〕14号）

第三条 党政机关公文是党政机关实施领导、履行职能、处理公务的具有特定效力和规范体式的文书，是传达贯彻党和国家方针政策，公布法规和规章，指导、布置和商洽工作，请示和答复问题，报告、通报和交流情况等的重要工具。

第八条 公文种类主要有：

……

（十五）纪要。适用于记载会议主要情况和议定事项。

《信访工作条例》（2022年5月1日起施行）

第十七条 公民、法人或者其他组织可以采用信息网络、书信、电话、传真、走访等形式，向各级机关、单位反映情况，提出建议、意见或者投诉请求，有关机关、单位应当依规依法处理。

采用前款规定的形式，反映情况，提出建议、意见或者投诉请求的公民、法人或者其他组织，称信访人。

第三十五条 信访人对信访处理意见不服的，可以自收到书面答复之日起30日内请求原办理机关、单位的上一级机关、单位复查。收到复查请求的机关、单位应当自收到复查请求之日起 30 日内提出复查意见，并予以书面答复。

第三十六条 信访人对复查意见不服的，可以自收到书面答复之日起 30 日内向复查机关、单位的上一级机关、单位请求复核。收到复核请求的机关、单位应当自收到复核请求之日起 30 日内提出复核意见。

复核机关、单位可以按照本条例第三十一条第六项的规定举行听证，经过听证的复核意见可以依法向社会公示。听证所需时间不计算在前款规定的期限内。

信访人对复核意见不服，仍然以同一事实和理由提出投诉请求的，各级党委和政府信访部门和其他机关、单位不再受理。

参考案例 1

最高人民法院（2018）最高法行再 205 号　某房地产开发有限公司诉某区人民政府不履行法定职责案

【裁判要旨】会议纪要是行政机关常用的公文格式。原《国家行政机关公文处理办法》第二条规定，行政机关的公文，是行政机关在行政管理过程中形成的具有法定效力和规范体式的文书，是依法行政和进行公务活动的重要工具。第九条第（十三）项规定，会议纪要适用于记载、传达会议情况和议定事项。《党政机关公文处理工作条例》第八条第（十五）项规定，纪要适用于记载会议主要情况和议定事项。可见，会议纪要已经议定的事项，具有法定效力，非依法定程序不得否定其效力，无论是行政机关还是相对人均应遵照执行。会议纪要议定的行政机关职责，亦因此而转化为该行政机关的法定职责。

参考案例 2

最高人民法院（2019）最高法行申 370 号　某纺织有限公司诉某市人民政府会议纪要案

【裁判要旨】会议纪要作为行政机关用于记载和传达有关会议情况和议定事项的内部公文，属于内部行政行为，通常不对外发生法律效力，也不对行政相对人的权利和义务产生直接影响。会议纪要对外发生法律效力应满足两个条件：一是会议纪要的内容直接涉及公民、法人或其他组织的具体权利义务；二是会议纪要通过一定方式外化。外化方式包括行政机关将会议纪要作为行政决定送达或告知当事人，或行政机关将会议纪要直接予以执行，当事人在执行过程中知晓会议纪要内容等，否则会议纪要不发生外化效果。会议纪要外化的途径应当限于正当途径，如果通过私人告知等非正常途径知晓会议纪要内容的，不属于以法定途径的正式发布，会议纪要没有对外产生法律效力，不具有强制执行力，不属于行政诉讼受案范围。会议纪要如果转化为其他对外发生法律效力的行政行为，当事人可对其他发生法律效力的行政行为起诉，会议纪要对当事人不直接产生权利义务影响。

参考案例3

某市政府行政复议决定书　某置业公司诉某区人民政府履行法定职责案

【复议决定要旨】关于政府会议纪要议定的事项是否属于法定职责的问题，《行政复议法》第六条规定："有下列情形之一的，公民、法人或者其他组织可以依照本法申请行政复议：……（九）申请行政机关履行保护人身权利、财产权利、受教育权利的法定职责，行政机关没有依法履行的……"申请人可以根据上述规定申请行政机关履行法定职责，并在行政机关未依法履行时提出行政复议申请。此处的"法定职责"的渊源甚广，既包括法律、法规、规章规定的行政机关职责，也包括行政机关本不具有的但基于行政机关的先行行为、行政承诺、行政协议而形成的职责。会议纪要是行政机关常用的公文格式，会议纪要议定的行政承诺可转化为行政机关的法定职责。

20. 公安机关不得以存在民事纠纷为由不履行法定职责
——郭某诉某县公安局不履行法定职责案

【基本案情和行政救济策略】

河南某村村民刘某骑电动车送其岳母回家，在通往邻村的路上与骑摩托车的王某相撞，造成双方不同程度受伤，当时双方均未向交警部门报案。此后，刘某领王某到乡卫生院进行治疗，并为王某支付了医疗费用。后王某因与刘某未能就赔偿问题达成一致意见，遂找刘某的岳父郭某索要赔偿，遭到郭某拒绝。

几天后，王某带人闯入郭某的家中，强行将郭某家中停放的拖拉机开走。郭某见状，立即拨打110报警。当地乡派出所民警随即赶到现场，但民警简单询问在场人员后便离开了现场。

之后，乡派出所正式对上述案件展开调查，同时对双方进行了调解，但迟迟没有对案件作出进一步的处理。几个月后，乡派出所民警才口头告知郭某，王某抢走拖拉机是因为其与王某之间存在民事纠纷，故抢拖拉机之事不属于公安机关管辖，建议郭某向法院提起民事诉讼来解决纠纷。

郭某及代理律师认为，该乡派出所将王某抢走拖拉机的行为简单地定性为民事纠纷而不予立案处理，属于不履行法定职责的行政不作为行为，严重侵害了行政相对人的合法权益。根据《行政复议法》（2017年修正）第六条第（九）项和《行政诉讼法》第十二条第一款第（六）项的规定，申请行政机关履行保护人身权、财产权等合法权益的法定职责，行政机关拒绝履行或者不予答复的,可以申请行政复议或提起行政诉讼。对于本案公安机关不履行法定职责的行政不作为行为,相关事实清楚,选择直接向法院提起行政诉讼能更快得到处理结果,为此,郭某选择了诉讼途径。

【行政救济情况及处理结果】

鉴于乡派出所系县公安局的派出机构,根据《行政诉讼法》的规定,郭某以县公安局为被告,向基层法院提起了行政诉讼。郭某诉称,县公安局未依法对王某抢走拖拉机的行为进行处理,属于不履行法定职责的行为,请求法院查清事实,责令县公安局履行法定职责,对王某等人依法查处并责令其返还拖拉机。

县公安局答辩称,在接到郭某报警后,乡派出所迅速出警赶到案件事发现场,展开了案件的调查和询问工作,得知郭某家拖拉机被开走是由于王某和刘某发生交通事故,因刘某拒绝向王某赔偿费用而引起的,不属于治安案件或刑事案件;其之后开展了调查取证工作,且和村干部多次到当事人家中协调、说服教育,但因双方均不让步致使调解未能成功;故郭某的拖拉机被扣是因交通事故引起的民事纠纷,扣车之事不能定为抢劫、抢夺等犯罪行为,也不能构成《治安管理处罚法》规定的哄抢、抢夺行为,故不属于公安机关立案管辖的范围。

一审法院经审理认为,王某带人闯入郭某家中强行将拖拉机开走的行为,侵犯了郭某的住宅安宁权和财产权,具有明显的社会危害性;王某等人经县公安局教育后拒不纠正其不法行为,应当受到治安管理处罚;县公安局借口郭某与王某之间存在民事纠纷而对抢车行为不作处理,违反了公安机关应当履行的法定职责。一审法院据此作出判决,责令县公安局在判决生效后十日内对郭某投诉车辆被抢一事作出处理。县公安局不服该判决,向中级人民法院提起上诉。

二审法院经审理认为,县公安局具有维护本行政区域内治安管理工作的法定职权,本案王某在交通事故赔偿责任存在纠纷的情况下,不积极寻求正当的救济途径,却公然率领多人到郭某家中将拖拉机开走,明显属于侵害郭某财产的行为，其行为已超过了合法的私力救济的必要限度，具有社会危害性；县公安局在接到郭某报警后，虽积极出警并对事件进行调查，但对王某的违法行为未作出处理，未能履行其法定职责。二审法院据此判决驳回上诉，维持原判。

【争议问题和法律评析】

一、保护公民人身、财产安全是公安机关的法定职责

公安机关根据其法定职责一般不参与民事纠纷的解决，也不是民事纠纷的裁判者。但是，公安机关的职责与民事纠纷并不是毫无关联，部分民事纠纷往往涉及公安机关的履职问题。

《人民警察法》第二条第一款以及第六条第（一）项和第（二）项规定，人民警察具有预防、制止和侦查违法犯罪活动，维护社会治安秩序，制止危害治安秩序的行为的职责。第二十一条第一款规定，人民警察遇到公民人身、财产安全受到侵犯或者处于其他危难情形，应当立即救助；对公民提出解决纠纷的要求，应当给予帮助；对公民的报警案件，应当及时查处。《治安管理处罚法》第二条规定，扰乱公共秩序，妨害公共安全，侵犯人身权利、财产权利，妨害社会管理，具有社会危害性，依照《刑法》的规定构成犯罪的，依法追究刑事责任；尚不够刑事处罚的，由公安机关依照该法给予治安管理处罚。根据上述规定，保护公民的人身和财产不受非法侵犯，预防、制止违法犯罪活动，及时查处治安违法行为，维护社会治安秩序，是公安机关的法定职责。

实践中，当事人在其合法使用的财产处于不安全的状态下拨打110报警求助时，公安机关具有依法采取有效措施，当场制止不法侵害行为，从而切实保护公民财产安全的法定职责。比如本案中，公安机关的现场出警行为未能有效保护公民的财产安全，未能实现预防和制止违法行为发生的出警目的，故不能视为已依法履行职责。

二、存在民事纠纷并不是民事主体滥用私力救济的理由

私力救济是指民事主体在自己或其他民事主体受到权利侵害时,依靠自己而非公权力的力量实施制止侵害行为的救济途径。需要注意的是,我国法律对于能够阻却私力救济行为本身之侵权责任的情形有明确规定,如正当防卫、紧急避险等。因此,私力救济行为的实施,必须严格依照法律的规定,不能超过合法的私力救济的必要限度,否则极有可能因违反民事、行政或刑事法律规范的规定而承担相应责任。

公民以私力强占方式来实现自我救济的行为,为我国法律所禁止,也是公安机关应当坚决制止和惩戒的。公安机关处理此类纠纷案件时,有义务从维护日常生活和社会秩序的角度进行及时和必要的干预,抑制不正当的私力救济。本案中,虽然王某与刘某存在侵权责任纠纷,但双方并未就赔偿方案达成一致意见,其责任的分配亦未经有关机关法定程序进行界定,故刘某在多大程度上应对王某承担赔偿责任均无定数,如果王某认为交通事故的损失没有得到足够的赔偿,应当通过对刘某提起民事诉讼等正当途径寻求救济。王某强行到郭某家中将其拖拉机开走的行为,超出合法的私力救济的必要限度,具有社会危害性,不符合我国现行法律规范中任何一种合法的私力救济形式。因此,王某的"救济行为"具有明显的违法性,应根据其具体情节依法承担相应行政或刑事责任。

三、公安机关不得以存在民事纠纷为由不履行法定职责

公安机关具有保护公民的人身安全、人身自由和合法财产以及维护社会治安秩序的法定职责。存在民事纷争,并不能成为当事人可以滥用私力救济并实施非法侵犯他人财产行为的正当理由。公安机关依法制止、查处非法侵犯财产的行为,并不属于违法介入民事争议的处理。如果公安机关不切实依法履行职责,民事纠纷中的相关利益人往往会受到非法的伤害。因此,只要存在危及公共安全和破坏社会秩序的可能性,公安机关就有义务履行职责,不得以民事纠纷为由拒绝履行职责。

当事人由于不具备相关的法律专业知识,向公安机关报案时往往对其报

案所涉事项没有清晰的认识，更无法就其法律性质作出准确的界定。因此，公安机关受理案件后，应当在对案件进行充分调查、取证的基础上，综合相关法律规定和案件具体情节，对案件性质作出严谨的判断。不可因案件的起因、经过和结果的某一环节涉及民事纠纷，就将全部涉案行为定性为民事行为，或将涉案人员的全部责任定性为民事责任，从而排除公安机关应履行的法定职责。

本案中，郭某既不是交通事故的当事人，也不是负有连带责任的担保人，且从未承诺对王某与刘某之间发生的交通事故负责。王某和刘某在交通事故中互有损伤，亦未报警处理，故双方之间存在不确定的损害赔偿关系，王某擅自开走拖拉机的行为即使不构成犯罪，也至少违反《治安管理处罚法》。公安机关不能以郭某可向法院起诉以保护其民事权益为由，拒绝行使其保护公民合法财产、维护社会治安秩序的法定职责。因为公民权利之行使在于公民自身选择，而公安机关的职责在于法定，法定职责不行使就是行政不作为。

【需要注意的问题】

本案涉及民行交叉案件如何分别依法处理的问题。公安机关能否因为当事人之间存在民事纠纷而不处理治安违法行为？本案当事人因摩托车交通事故赔偿问题不能协商，受伤方将肇事方家中的拖拉机强行开走，公安机关以民事纠纷为由对这一抢车行为不予处理。两级法院均认为：公安机关具有维护当地社会治安的法定职责，抢车行为属于违反治安管理的行为，公安机关应当依法处理。类似本案的情况，在全国各地并不鲜见，对此当事人既可以用投诉、信访的方法要求行政机关依法处理，也可以根据新《行政复议法》的规定先通过行政复议途径督促履职，对复议决定不服的，仍可再向法院起诉。

【参考法条和相关资料】

《中华人民共和国人民警察法》(2012年10月26日修正)

第二条第一款 人民警察的任务是维护国家安全，维护社会治安秩序，保护公民的人身安全、人身自由和合法财产，保护公共财产，预防、制止和惩治违法犯罪活动。

第六条 公安机关的人民警察按照职责分工，依法履行下列职责：

（一）预防、制止和侦查违法犯罪活动；

（二）维护社会治安秩序，制止危害社会治安秩序的行为；

……

第二十一条第一款 人民警察遇到公民人身、财产安全受到侵犯或者处于其他危难情形，应当立即救助；对公民提出解决纠纷的要求，应当给予帮助；对公民的报警案件，应当及时查处。

《中华人民共和国治安管理处罚法》(2012年10月26日修正)

第二条 扰乱公共秩序，妨害公共安全，侵犯人身权利、财产权利，妨害社会管理，具有社会危害性，依照《中华人民共和国刑法》的规定构成犯罪的，依法追究刑事责任；尚不够刑事处罚的，由公安机关依照本法给予治安管理处罚。

第九条 对于因民间纠纷引起的打架斗殴或者损毁他人财物等违反治安管理行为，情节较轻的，公安机关可以调解处理。经公安机关调解，当事人达成协议的，不予处罚。经调解未达成协议或者达成协议后不履行的，公安机关应当依照本法的规定对违反治安管理行为人给予处罚，并告知当事人可以就民事争议依法向人民法院提起民事诉讼。

第七十八条 公安机关受理报案、控告、举报、投案后，认为属于违反治安管理行为的，应当立即进行调查；认为不属于违反治安管理行为的，应当告知报案人、控告人、举报人、投案人，并说明理由。

> **参考案例**

河南省新乡市中级人民法院（2009）新行终字第171号 郭某诉某市公安局行政不作为案

【裁判要旨】当事人因民事纠纷采取不当私力救济，侵犯他人合法权益，公安机关不能以纠纷应由法院处理为由拒绝履行维护社会治安秩序，保障公共安全，保护公民、法人和其他组织合法权益的法定职责。

21. 行政执法不能违反禁止不当联结原则设定附加条件

——唐某诉某市公安局车管所不履行法定职责案

【基本案情和行政救济策略】

2016年12月30日，唐某向某市公安局车管所的业务办理窗口递交了机动车行驶证、机动车牌证申请表、机动车交通事故责任强制保险单、机动车安全技术查验表以及机动车安全技术检验报告、排气检测报告等材料，申请领取机动车检验合格标志。但是，车管所的工作人员以该车辆有违章行为未处理，不符合《机动车登记规定》第四十九条的规定为由，拒绝受理唐某的申请，并口头告知唐某申请前必须将该车的交通违法行为处理完毕。之后，唐某又发函给市车管所，要求其核发检验合格标志，仍被市车管所以相同理由予以拒绝。

本案中，唐某因车辆违章未处理完毕，无法领取机动车检验合格标志，属于全国各地机动车管理机关惯常的处理方式，其依据是公安部制定的《机动车登记规定》。因此，对本案提起行政复议，无疑是让复议机关用上级行政机关制定的规定来审查行政行为的合理性、合法性，很难得到复议机关的支持。因此直接向法院提起行政诉讼，要求法院从合法性方面进行审查更为妥当。为此，唐某向区人民法院提起行政诉讼，请求判令市车管所立即向其发放机动车检验合格标志，并赔偿因其不履行法定职责给唐某造成的误工及交通损失费。

【行政救济情况及处理结果】

唐某向区人民法院起诉称：因市车管所以其车辆有违章未处理为由，拒绝为其核发机动车检验合格标志，其行为属于不履行法定职责，且给原告造成了相应的经济损失，为此，请求法院判令市车管所立即向唐某发放机动车检验合格标志，并判令市车管所赔偿因其不履行法定职责而给唐某造成的误工及交通损失费1000元。

一审法院审理后认为：一、《行政许可法》第十六条第三款规定，规章可以在上位法设定的行政许可范围内，对实施该行政许可作出具体规定。而《机动车登记规定》并未设立新的行政许可事项，只是对核发检验合格标志这一行政许可事项作出程序上的具体规定。二、行政机关履行法定职责须满足特定条件，并须具备履行职责的可能性。机动车检验合格标志统一由公安交通管理综合应用平台打印，如存在违法行为未处理完毕的情形时，无法打印出检验合格标志。因此，受到该系统设置的限制，车管所也无法为原告打印合格标志。至于原告的赔偿请求，没有事实和法律依据。据此，一审判决驳回唐某的全部诉讼请求。唐某不服一审判决，向市中级人民法院提起上诉。二审法院又以相同理由驳回上诉，维持原判。

唐某不服，向省高级人民法院申请再审。省高院审理后认为：一、行政机关的任何规定和决定不得与法律相抵触。根据《道路交通安全法》第十三条的规定，只要申请人提供机动车行驶证、第三者责任强制保险单，且机动车经安全技术检验合格，公安交通管理部门就应当核发检验合格标志。本案中车管所在法律规定之外，附加违章处理完毕这一前提条件，违反了"法律优先"原则。二、车管所根据《机动车登记规定》第四十九条的规定，不予核发检验合格标志，没有法律依据。该规定是为实施《道路交通安全法》及其实施条例而制定的，属于部门规章，其将违章处理完毕设定为核发合格标志的前提条件，与上位法《道路交通安全法》的规定不一致，应当根据《道路交通安全法》来认定被诉行政行为是否合法。此外，车辆年检的对象是车辆本身，其制度本意是消除车辆的安全隐患，减少交通事故的发生，将交通违法行为的处理设定为机动车合格证合法的前提条件，两者对象不一致，违反行政法上的禁止不当联结原则。至于赔偿问题，再审法院认为两者之间没有必然联系，不予支持。为此，判决撤销原一审、二审行政判决，确认该市车管所不予核发机动车检验合格标志的行为违法。

【争议问题和法律评析】

一、行政执法不能违反法律优先原则

法律优先原则作为依法行政的重要组成部分，在主要的大陆法系国家被视为行政法的基本原则，并被誉为"法治的精髓和灵魂"，在限制行政权的滥用、保障公民基本权利等方面发挥着重大作用。我国司法实践中有些判例也开始运用该原则进行说理和裁判。法律优先原则是指法律在位阶体系中，其效力优先于行政法规和规章，法律处于最高位阶、最优地位，其他规范（如法规、规章等）都不得与之相抵触，否则无效。这种抵触在实践中具有多种表现形式。

一种常见的表现形式是低位阶的规范对上位法律作出改变（包括相反规定或者附加条件），典型的如本案例中涉及的《机动车登记规定》将违章处理完毕作为车管所核发合格标志的前提条件，就是实践中常见的以部门规章对法律规定附加条件的一种情况。行政机关以部门规章的规定作为其不履行法律规定的职责的理由，明显违反了法律优先原则。

还有一种常见表现形式，如行政执法机关对法律作出过宽或过窄解释。例如，某省渔政部门根据《渔业法》对在禁渔期捕鱼的渔民可以没收渔具的规定，没收了渔民的渔船。渔民为此状告至省高院，最终省高院认为渔具不包括渔船，判决渔政部门没收渔船的行为违法。这种情况就是执法部门对法律作出不合理的解释，违反了法律优先原则。

因此，实践中如果我们碰到此类案件，应当根据我国宪法、立法法等规定，厘清和判断案件涉及的法律、法规、规章之间的位阶、效力，分析行政机关的行为是否存在上述违反法律优先原则的情况，从而寻找案件的突破口。

二、行政执法不能违反不当联结原则

不当联结原则也是行政法的一个基本原则。根据通说，该原则主要是指行政机关在行使管理职权时，将某个行政手段与另一个行政目的相挂钩，要求相对人负担与此行政行为不具有实质关联性的义务。从法律认定上来讲，行政机关的行为是否属于不当联结，一般可以从以下几个方面考虑：第一，附加的行政手段在目的上是否与行政行为具有实质上的同一性；第二，附加的行政手段对达成行政目的是不是必需的；第三，附加的行政手段是否符合行政法的合理原则、平等原则、比例原则等基本原则。如果违反以上几个基本条件，那么我们认为这种联结就属于不当联结。

不当联结问题在行政执法实践中非常常见，本案就是一个典型案例。本案中，机动车检验合格标志核发的对象是机动车，目的是消除车辆的安全隐患，减少因车辆本身的故障导致交通事故的发生；而违章处罚的对象是驾驶车辆人员，目的是惩戒驾驶人员，避免因驾驶员违章导致事故的发生。行政机关将两个对象不同的制度作为相互条件，应当说是违反了不当联结原则。而且，法律法规对驾驶人员违章已经规定了警告、罚款、吊扣驾驶证、拘留等处罚种类予以规范管理，再将违章处理作为核发机动车检验合格证的前提条件，有违合理行政原则。

除了本案，司法实践中还有不少违反不当联结原则的情况。例如，某考生高考后被某大学录取，但村委会和镇政府拒绝为该考生办理《户口转移证》及相关手续，而其给出的理由是该考生父亲在该地区有几千元欠款未向政府缴纳，只有结清这些欠款，才能为其子女办理户口手续。该案例中，虽然考生父亲多年欠缴政府款项违反了法律规定，但该行为与其子女办理入学手续并无关联性，行政机关将两者作为相互条件，明显不合理。又如，实践中某些乡村存在因超生导致当事人无法享受低保待遇的情况，而超生与享受低保不论在制度问题、针对对象还是在实质目的等各方面都存在差异，将两者连接在一起确实不合理。再如，某市交通管理部门让违法者在路口当协勤员，规定只有在抓到下一个违法者后才能视为完成协勤任务。这些案件都属于明显的不当联结的违法行为。

可见，不当联结原则在司法实践中存在各种表现形式，我们可以结合具体案件事实，进行具体分析说理，请求法院部分或者全部撤销该类违法行政行为，将该原则和法理运用于维护当事人合法权益。

【需要注意的问题】

本案是因行政机关违反禁止不当联结原则而被诉履行法定职责的案件。在行政管理实践中，违反禁止不当联结原则的情况并不鲜见，申请机动车年检时被告知必须先处理完交通违章就是较为典型的一例。对此类行为进行信访、投诉，或申请行政复议，提起行政诉讼，均不失为合法处理途径。但此类投诉、信访一般没有效果，为此类情况启动复议或诉讼程序又费时费力，因此此类复议决定和法院判决并不多见。2024年1月1日起施行的《行政复议法》将行政复议作为解决行政争议的"主渠道"，除了将申请行政机关履行法定职责明文列入受案范围，还将履职申请规定为行政复议前置案件，同时还规定经当事人各方同意的可以适用简易程序，为此类行政争议的处理提供了便捷高效的途径。

【参考法条和相关资料】

《中华人民共和国立法法》（2023年3月13日修正）

第九十八条 宪法具有最高的法律效力，一切法律、行政法规、地方性法规、自治条例和单行条例、规章都不得同宪法相抵触。

第九十九条 法律的效力高于行政法规、地方性法规、规章。

行政法规的效力高于地方性法规、规章。

第一百条 地方性法规的效力高于本级和下级地方政府规章。

省、自治区的人民政府制定的规章的效力高于本行政区域内的设区的市、自治州的人民政府制定的规章。

第一百零一条 自治条例和单行条例依法对法律、行政法规、地方性法规作变通规定的，在本自治地方适用自治条例和单行条例的规定。

经济特区法规根据授权对法律、行政法规、地方性法规作变通规定的，在本经济特区适用经济特区法规的规定。

第一百零二条 部门规章之间、部门规章与地方政府规章之间具有同等效力，在各自的权限范围内施行。

第一百零三条 同一机关制定的法律、行政法规、地方性法规、自治条例和单行条例、规章，特别规定与一般规定不一致的，适用特别规定；新的规定与旧的规定不一致的，适用新的规定。

《中华人民共和国行政许可法》（2019年4月23日修正）

第十六条 行政法规可以在法律设定的行政许可事项范围内，对实施该行政许可作出具体规定。

地方性法规可以在法律、行政法规设定的行政许可事项范围内，对实施该行政许可作出具体规定。

规章可以在上位法设定的行政许可事项范围内，对实施该行政许可作出具体规定。

法规、规章对实施上位法设定的行政许可作出的具体规定，不得增设行政许可；对行政许可条件作出的具体规定，不得增设违反上位法的其他条件。

《中华人民共和国道路交通安全法》（2021年4月29日修正）

第十三条第一款 对登记后上道路行驶的机动车，应当依照法律、行政法规的规定，根据车辆用途、载客载货数量、使用年限等不同情况，定期进行安全技术检验。对提供机动车行驶证和机动车第三者责任强制保险单的，机动车安全技术检验机构应当予以检验，任何单位不得附加其他条件。对符合机动车国家安全技术标准的，公安机关交通管理部门应当发给检验合格标志。

《机动车登记规定》（2021年12月4日修订）

第四十八条 对智能网联机动车进行道路测试、示范应用需要上道路行驶的，道路测试、示范应用单位应当向车辆管理所申领临时行驶车号牌，提交以下证明、凭证：

（一）道路测试、示范应用单位的身份证明；

（二）机动车交通事故责任强制保险凭证；

（三）经主管部门确认的道路测试、示范应用凭证；

（四）机动车安全技术检验合格证明。

车辆管理所应当自受理之日起一日内，审查提交的证明、凭证，核发临时行驶车号牌。临时行驶车号牌有效期应当与准予道路测试、示范应用凭证上签注的期限保持一致，但最长不得超过六个月。

参考案例

湖南省高级人民法院（2018）湘行再 65 号　唐某诉某市公安局交通警察支队车辆管理所不履行法定职责案

【裁判要旨】关于车管所称依据《机动车登记规定》第四十九条的规定，其不予核发机动车检验合格标志符合相关规定的问题，其一，《机动车登记规定》是为实施《道路交通安全法》及其实施条例而制定的，属公安部的部门规章，其中第四十九条规定，机动车所有人申请检验合格标志前，应当将涉及该车的道路交通安全违法行为和交通事故处理完毕。该规定将交通违法行为的处理设定为核发车辆检验合格标志的前提条件，与《道路交通安全法》第十三条第一款的规定不一致，应当根据上位法《道路交通安全法》认定被诉行政行为的合法性。其二，交通违法行为被处罚的对象主要是车辆驾驶人，而非机动车，其目的是惩戒和警示、避免违法驾驶行为的再次发生。车辆年检的对象是车辆本身，其目的是及时消除车辆的安全隐患、减少因车辆本身的状况导致的交通事故的发生。将交通违法行为的处理设定为核发车辆检验合格标志的前提条件，两者对象不一致，违反行政法上的禁止不当联结原则。

第九章　行政侵权

22. 行政自由裁量权依法应受比例原则的约束
——马某等人诉某区住建局等行政侵权案

【基本案情和行政救济策略】

马某等人的商铺位于某区下淀路的北侧，是道路边门面房，均拥有合法房屋产权证、土地证及相关营业手续。

2015年6月，该区人民政府作出房屋征收决定，对下淀路周边旧城区改造项目范围内的房屋实施征收，有关部门依法收回国有土地使用权，由该区住房和建设局负责组织实施房屋征收与补偿工作。征收签约期限为2015年6月25日至7月24日，征收部门为区住房和建设局，征收委托实施单位为该地块的街道办事处。

2015年7月中旬及8月初，街道办事处在涉案征收范围内设置了围挡，并在围挡的两端留有出入口。但此时征收补偿签约率尚不足50%，而围挡的范围不仅包括已签订补偿安置协议的被征收人交付拆除的房屋，也包括马某等人补偿安置问题尚未解决、尚不具备拆除条件的房屋。

2016年5月，区政府经调查核实，发现下淀路周边旧城区改造项目范围内涉及部分土地权属性为集体土地，故撤销了原房屋征收决定，但该区域设置的围挡一直未予拆除。

马某等人向区政府、区住房和建设局和街道办事处提出交涉，但区政府称是进行下淀路综合改造项目予以围挡。马某等人表示并未见到批准下淀路改造施工的文件，认为区政府、区住房和建设局与街道办事处违法设置围挡的行为侵害了其合法权益，遂寻求法律途径进行救济。考虑到本案行政机关较多，向市人民政府提起行政复议可能会因被申请人区政府不适格的问题，仍交由区政府进行复议，而且以区住建局、街道办事处、区政府为共同被告提起行政诉讼，由中级人民法院管辖审理更为有利，故马某等人决定直接提起行政诉讼。

【行政救济情况及处理结果】

马某等人的诉讼请求为：（1）确认被告区住建局、街道办事处、区政府在原告商业房屋门口垒筑封堵围挡干扰合法经营的行为违法；（2）责令被告拆除围挡并停止实施干扰原告合法经营的行为。其诉讼理由为：被告设置围挡遮挡租户经营房屋，严重影响正常经营导致部分租户退约，给原告马某等人造成了重大的经济损失；被告违反"先补偿、后搬迁"以及不得采取中断道路通行等非法方式迫使被征收人搬迁的法律规定。

区住建局辩称，从安全文明施工、保持施工现场市容和环境卫生整洁的角度出发，对已经确定的征收地块设置施工围挡是必需的，也符合相关法律规定；设置围挡保留了必需的通道，并未影响征收地块居民的正常生产生活；设置围挡的主体不是区住建局，而是征收地块实施单位街道办事处。街道办事处和区政府也均辩称其并非适格被告。

一审法院经审理认为，被告区住建局及委托实施单位街道办事处虽然主张其依据相关法律规定设置该围挡，但其并未提供证据证明其履行了法定程序，且设置围挡所依据的房屋征收决定已被区政府撤销，故其设置围挡的行为违法，理应采取补救措施将该围挡予以拆除，以免干扰原告合法经营使用相关房产。同时认为，街道办事处作为该征收委托实施单位在涉案征收范围内设置围挡等行政行为的法律后果理应由征收部门区住建局承担，即区政府及街道办事处并非本案适格被告。

一审法院作出判决：一、确认被告区住建局设置涉案围挡的行政行为违法；二、被告区住建局于本案判决发生法律效力之日起二十日内拆除该围挡，停止干扰原告合法使用相关房产的行为。区住建局不服上述判决，提起了上诉。二审诉讼过程中，街道办事处组织人员拆除了围挡。

二审法院经审理认为，区住建局扩大围挡范围，构成行政自由裁量权的滥用，不符合比例原则。首先，马某等人的房屋系临街营业用房，设置围挡必然影响顾客流量，从而影响经营效益，故区住建局在设置围挡时，应充分考虑围挡对马某等人合法权益的影响，尽量缩小围挡范围，将侵害降低到最小。其次，马某等人的补偿安置问题尚未解决，其房屋尚不具备拆除的条件，将不具备拆除条件的房屋予以围挡，影响马某等人的正常经营，对其合法权益造成了不必要的侵害。最后，区住建局设置围挡影响涉案房屋的正常经营，客观上构成采取中断道路通行的非法方式迫使被征收人搬迁，违反了《国有土地上房屋征收与补偿条例》第二十七条第三款的规定。二审法院据此作出裁定：驳回上诉，维持原判。

【争议问题和法律评析】

一、行政裁量权应当受比例原则的约束

行政裁量权既是现代行政管理发展的需要，也是行政扩张的具体表现。行政裁量权的运用，有利于发挥行政机关及其工作人员的主动性和灵活性，提高行政活动的效率和行政执法的精度。但是，行政机关行使行政裁量权作出任何类型的裁量性行政行为，应当裁之有度，而合乎比例恰恰是适度的表现形式之一。

比例原则是为了规范和制约行政裁量权而创立的一项行政法基本原则，属于行政合理性范畴。其基本假定，行政行为不应超越实现其预期结果必要的限度，违反比例原则实质上是行政裁量权的滥用。比例原则特别要求，行政机关实施行政行为应兼顾行政目标的实现和保护行政相对人的权益，如为

实现行政目标可能对行政相对人权益造成某种不利影响，应使这种不利影响限制在尽可能小的范围和限度内，保持二者处于适度的比例。因而，比例原则对实现公共利益与个人利益的平衡、增加行政执法和司法审查的可操作性有着很大的意义。学理上，比例原则一般分成三项子原则：适当性原则、必要性原则、均衡性原则。

适当性原则，也称为适合性原则或者妥当性原则。通说认为国家措施必须适合于增进或实现所追求的目标，即行政机关所选择的具体措施和手段应当为法律所必需，结果与措施和手段之间存在正当性。若行政机关所选定的手段完全不适合，则认为明显违反比例原则。

必要性原则，也称为损害最小原则。行政机关必须在多种能实现行政目的的方式中，选择对当事人权益损害最小、影响最轻微的方式。比如行政机关实施行政强制的时候，采取对当事人断水、断电等方式虽然可能实现行政目的，但对当事人权益侵害太大，不符合必要性原则。比如本案中行政机关在马某等人房屋前设置围挡，严重影响了该房屋正常经营，造成租户退租等重大经济损失，不符合必要性原则。

均衡性原则，也称为法益相称原则、狭义比例原则。行政机关所欲达成的目的与采取某种手段涉及的行政成本之间应合乎比例，行政管理过程中的收益应大于等于其成本支出。

以上三项子原则之间有各自独立的内涵和侧重点，同时又相互联系，对于行政行为合法与合理的判断是必要不充分条件，任何一个原则的缺失都不能说明行政主体行为的合法与合理性，但是合法且合理的行政行为一定满足这三个子原则的要求。因此，我们可以根据任何一个子原则的要求认定行政行为是否违法。

比例原则虽然是一项行政法的基本原则，但在我国现行的政策法规中也有一定的体现。比如2004年国务院发布的《全面推进依法行政实施纲要》第五条"依法行政的基本要求"规定，行使自由裁量权应当符合法律目的，排除不相关因素的干扰；所采取的措施和手段应当必要、适当；行政机关实施行政管理可以采用多种方式实现行政目的的，应当避免采用损害当事人权益的方式。2022年国务院办公厅发布的《关于进一步规范行政裁量权基准制定和管理工作的意见》提出，坚持公平合理，制定行政裁量权基准要综合考虑行政职权的种类，以及行政执法行为的事实、性质、情节、法律要求和本地区经济社会发展状况等因素，应确属必要、适当，并符合社会公序良俗和公众合理期待。要平等对待公民、法人和其他组织，对类别、性质、情节相同或者相近事项处理结果要基本一致。《行政处罚法》第五条第二款规定，设定和实施行政处罚必须以事实为依据，与违法行为的事实、性质、情节以及社会危害程度相当。《人民警察使用警械和武器条例》第四条规定，人民警察使用警械和武器，应当以制止违法犯罪行为，尽量减少人员伤亡、财产损失为原则。

此外，在司法实践中也将合目的性归入比例原则中。合目的性是指行政机关所采取的具体措施必须符合法律目的，排除不相关因素的干扰。比如本案中区住建局设置围挡客观上是迫使马某等人搬迁，不符合其设置围挡所依据的市容、环境相关法律法规的目的。因此，要判断行政机关作出的行政行为是否合法，可以将合目的性原则作为首要步骤予以审查。

二、比例原则在司法裁判中的适用

在行政诉讼中，一般只有在行政行为严重违反比例原则，对当事人合法权益造成较大损害时，才适用比例原则予以纠正。行政诉讼实行的是合法性审查原则，对行政行为的合理性一般不予审查，只有在行政行为严重不合理，构成根本违法的情况下，法院才能进行干预。

比例原则作为行政法的"帝王原则"，当事人在诉讼时引用这一原则主张权益的不在少数，而法院也会运用比例原则的法理进行裁判说理。因此，如何正确认识和适用比例原则，是当事人对行政机关的行政裁量行为进行诉讼救济的关键所在。

在行政处罚领域，比例原则主要体现在我国《行政处罚法》第五条第二款的规定，设定和实施行政处罚必须以事实为依据，与违法行为的事实、性质、情节以及社会危害程度相当，即"过罚相当"原则。其主要表现在：一是行政处罚类型的选择、处罚程序的选择是否符合处罚目的；二是行政处罚应当选择侵害最小的处罚类型和处罚幅度。比如个人违反治安管理规定时，公安机关就应准确判断是适用警告、处罚，还是适用行政拘留及相应幅度。如果行政机关无视比例原则的要求，仅凭执法者的任意发挥，滥用职权现象就必然会出现。在司法裁判中，对于行政处罚明显不当的，我国《行政诉讼法》第七十七条第一款规定法院可以判决变更，这是司法介入行政裁量权的重要体现，也是法院适用比例原则对行政行为合理性进行裁判的主要表现。

在行政强制领域，比例原则的适当性主要体现在行政强制所追求行政目的的正当性以及目的与手段之间的关联性，必要性则体现在拥有多种强制手段时必须采取对当事人权益损害最小的措施，比如企业的安全防护措施存在隐患的，责令限期改正即可，行政机关若采取断水断电的强制措施造成企业停产，明显不符合其必要性。此外，若行政机关违反必要性原则给行政相对人造成额外损失的，还需承担行政赔偿的法律责任。

在其他领域行政机关作出具体行政行为时，其行政裁量权也应受比例原则约束，不得滥用自由裁量权侵害行政相对人的合法权益。比如本案中区住建局设置围挡这一行政侵权行为，明显严重影响马某等人的合法权益，远远超出损害最小的围挡范围，因而法院认定其违反比例原则，构成行政自由裁量权的滥用。

比例原则表面上看是内涵清晰的，但从行政管理和司法裁判的实践来看，在具体适用时仍会面临诸多问题。从适当性原则来看，其手段与目的的匹配性实际上是非常复杂的，如何判断手段是否有助于目标实现，这是一个难有准确标准的问题；尤其是作为事后审查的法院或复议机关，更是难以判断行政机关作出决定时主观上是否认知或者有无可能认识其手段是否合适。从必要性原则来看，若仅仅考虑相对人的最小侵害可能会对第三人造成更大侵害；而对于不同行政措施所造成的侵害有时无法比较，比如A、B两种措施，A措施效果好但对于相对人侵害较大，B措施效果差但对于相对人侵害较小，孰优孰劣难以抉择；而要证明"最小侵害"意味着沉重的举证责任和证明成本，因为证明较小容易，但证明"最小"几乎是不可能的。因此，比例原则对于行政机关的规制并不是限制，司法裁判不能对行政机关的行政裁量权进行过度要求，应当根据案件实际情况给予行政机关自由裁量的空间。

【需要注意的问题】

本案是一起因行政机关滥用自由裁量权侵害相对人合法权益被确认违法的案件。行政相对人在向行政机关交涉无果的情况下,提起了行政诉讼。一审判决确认行政行为违法,二审判决还认定行政机关滥用自由裁量权,不符合比例原则。比例原则是行政法的一项基本原则,包含适当性、必要性、均衡性这三项子原则,要求行政机关行使自由裁量权时应当符合法律目的,所采取的措施和手段应当必要、适当,应当避免采用损害当事人权益的方式。本案行政机关区住建局和街道办事处在行政相对人所在地违法设置围挡,影响了行政相对人的正常生活和经营活动,不具有合法性和合理性。对于此类案件,行政相对人在进行行政复议或行政诉讼时,除了要主攻行政行为和行政程序的合法性外,还应当重点关注明显违反比例原则行政行为的合法性和合理性问题。

【参考法条和相关资料】

《中华人民共和国行政处罚法》(2021年1月22日修订)

第五条第二款 设定和实施行政处罚必须以事实为依据,与违法行为的事实、性质、情节以及社会危害程度相当。

《中华人民共和国行政诉讼法》(2017年6月27日修正)

第七十七条第一款 行政处罚明显不当,或者其他行政行为涉及对款额的确定、认定确有错误的,人民法院可以判决变更。

《全面推进依法行政实施纲要》(国发〔2004〕10号)

5.依法行政的基本要求。

……

——合理行政。行政机关实施行政管理,应当遵循公平、公正的原则。要平等对待行政管理相对人,不偏私、不歧视。行使自由裁量权应当符合法律目的,排除不相关因素的干扰;所采取的措施和手段应当必要、适当;行政机关实施行政管理可以采用多种方式实现行政目的的,应当避免采用损害当事人权益的方式。

《国有土地上房屋征收与补偿条例》（2011年1月21日起施行）

第二十七条第三款 任何单位和个人不得采取暴力、威胁或者违反规定中断供水、供热、供气、供电和道路通行等非法方式迫使被征收人搬迁。禁止建设单位参与搬迁活动。

《国务院办公厅关于进一步规范行政裁量权基准制定和管理工作的意见》（国办发〔2022〕27号）

（六）推动行政处罚裁量适当。对同一种违法行为，法律、法规、规章规定可以选择处罚种类、幅度，或者法律、法规、规章对不予处罚、免予处罚、从轻处罚、减轻处罚、从重处罚的条件只有原则性规定的，要根据违法行为的事实、性质、情节以及社会危害程度细化量化行政处罚裁量权基准，防止过罚不相适应、重责轻罚、轻责重罚。行政处罚裁量权基准应当包括违法行为、法定依据、裁量阶次、适用条件和具体标准等内容。要严格依照《中华人民共和国行政处罚法》有关规定，明确不予处罚、免予处罚、从轻处罚、减轻处罚、从重处罚的裁量阶次，有处罚幅度的要明确情节轻微、情节较轻、情节较重、情节严重的具体情形。

要坚持过罚相当、宽严相济，避免畸轻畸重、显失公平。坚持处罚与教育相结合，发挥行政处罚教育引导公民、法人和其他组织自觉守法的作用。对违法行为依法不予行政处罚的，行政机关要加强对当事人的批评教育，防止违法行为再次发生。

要依法合理细化具体情节、量化罚款幅度，坚决避免乱罚款，严格禁止以罚款进行创收，严格禁止以罚款数额进行排名或者作为绩效考核的指标。罚款数额的从轻、一般、从重档次情形要明确具体，严格限定在法定幅度内，防止简单地一律就高或者就低处罚；罚款数额为一定金额的倍数的，要在最高倍数与最低倍数之间划分阶次；罚款数额有一定幅度的，要在最高额与最低额之间划分阶次，尽量压缩裁量空间。需要在法定处罚种类或幅度以下减轻处罚的，要严格进行评估，明确具体情节、适用条件和处罚标准。

参考案例

江苏省高级人民法院（2017）苏行终 637 号　马某棣等 26 人诉某区住房和建设局、某区人民政府等行政强制纠纷案

【裁判要旨】某区住建局拆除房屋时虽然应当设置围挡，但在考虑围挡的范围时，首先，应当结合围挡的目的，正当行使该行政自由裁量权决定围挡的范围。其次，在房屋拆除现场设置围挡应当符合"比例原则"。由于马某棣等 26 人的房屋系临街营业用房，设置围挡必然影响顾客流量，从而影响经营效益，故某区住建局在设置围挡时，应充分考虑围挡对马某棣等 26 人合法权益的影响，尽量缩小围挡的范围，减少对马某棣等 26 人合法权益的影响，将侵害降到最小。某区住建局扩大围挡范围，将不具备拆除条件的房屋予以围挡，影响马某棣等 26 人的正常经营，对马某棣等 26 人的合法权益造成了不必要的侵害，违反比例原则，构成行政自由裁量权的滥用。某区住建局设置涉案围挡，客观上构成采取中断道路通行的非法方式迫使被征收人搬迁。

第十章 行政给付

23. 对行政惯例形成的信赖利益应予以保护

——吴某诉某市工伤保险中心工伤保险待遇案

【基本案情和行政救济策略】

冯某系新武煤矿公司的固定职工，在出差期间发生车祸事故死亡，该市劳动和社会保障局认定冯某的死亡系工亡。随后新武煤矿公司向该市工伤保险中心提出核定工伤保险待遇的请求。市工伤保险中心认为，新武煤矿公司是在冯某去世后，才为包括冯某在内的固定职工一次性缴纳全年工伤保险费，因此不予核定工伤保险待遇。但新武煤矿公司在此前一直都采用年底前全部缴清当年工伤保险费的不定期缴费方式，而且这种惯例一直实行了五年，得到了当地社保部门的默许，同时这种缴费方式也为当地大多数企业适用。据此，冯某的妻子吴某对市工伤保险中心不予核发工伤保险待遇的做法不服，希望通过法律途径进行救济。

根据《工伤保险条例》的相关规定，工伤职工或者其近亲属对经办机构核定的工伤保险待遇有异议的，可以依法申请行政复议，也可以依法向人民法院提起行政诉讼。吴某认为，市工伤保险中心在收缴工伤保险费用和核定工伤保险待遇时存在双重标准，明显侵犯了其对行政惯例的合理信赖利益，据此可以申请复议，也可以直接提起诉讼。但考虑到市工伤保险中心作出的决定有相应的法律依据，复议机关为规范社保费用的缴纳方式，避免本案形成示范效应，一般不会对市工伤保险中心作出的决定予以否定性评价。相比而言，若选择行政诉讼的救济途径，法院作为外部监督机关，法官基于丰富的行政法方面的经验知识，更敢于援用行政法的基本原则，用信赖利益保护原则和行政惯例来分析处理本案，更可能对本案作出法律效果和社会效果相统一的判决。综合上述考量，本案选择行政诉讼的救济途径比行政复议更具有优势。

【行政救济情况及处理结果】

因不服市工伤保险中心不予核定工伤保险待遇的决定，吴某向该市中级人民法院提起行政诉讼，请求法院判令被告市工伤保险中心核定原告丈夫工亡后应享受的工伤保险待遇并予支付。理由是新武煤矿公司已连续五年进行工伤保险缴费，只是缴费时间没有严格按照规定，而且这种不定期缴纳的做法也得到了当地社保部门的许可，原告有理由相信已经成功缴纳了工伤保险费，被告拒绝核定并支付工伤保险待遇，严重侵害了原告的合法权益。

一审法院经审理认为，根据《社会保险费征缴暂行条例》的规定，缴费单位应按月向社会保险经办机构申报应缴纳的社会保险费，由经办机构进行核定后在规定的期限内缴纳。本案新武煤矿公司虽然持续五年为本单位的职工缴纳工伤保险费用，但其在当年12月才一次性缴纳本年度的工伤保险费用，缴纳时冯某已经去世，已去世职工所在单位无须再行缴纳社会保险费用，该缴费方式不符合《社会保险费征缴暂行条例》的规定，应视为未按时缴纳工伤保险费，工伤保险待遇应由用人单位新武煤矿公司负责。新武煤矿公司在冯某去世以后补交的费用属另一行政法律关系，应另行处理。据此，一审法院判决驳回原告的诉讼请求。吴某不服，向省高级人民法院提起上诉。

二审法院经审理认为，本案煤矿公司已经连续五年采用不定期缴费方式缴纳工伤保险费。本年度煤矿公司仍按往年的缴费方式一次向市工伤保险中心缴纳全年的工伤保险费用，并未遭到市工伤保险中心的明确反对，应当视为其认可该种缴费方式。且这种缴费方式为该县大多数企业所应用，可以认为已在工伤保险管理实际工作中形成一种习惯性做法，这种做法需要在以后的工伤保险管理工作中逐步地加以规范，但并不能因此否定用工主体为本单位职工缴纳保险费用的法律事实。因此，市工伤保险中心以工伤保险费用缴费方式不符合条例规定为由，不予核定并拒绝支付上诉人工伤保险待遇的行为违法，原审法院判决驳回原告诉讼请求系适用法律错误。据此，二审法院判令撤销一审判决，责令市工伤保险中心核定吴某丈夫工亡后应享受的工伤保险待遇并予支付。

【争议问题和法律评析】

一、行政惯例在司法审判中的适用效力

行政惯例，是行政机关在处理某一类行政事务时长期反复存在并普遍适用的习惯性做法。由于我国行政实践复杂多变，行政法规范的立法尚不完善且滞后性比较严重，因此行政机关在行政管理过程中产生了大量行政惯例，或是为应对法律规范的不明确而进行补充，或是为方便行政实务而对成文法进行了变通，其与现行法律法规的要求并不完全契合。本案的争议就来源于一项收缴工伤保险费用的行政惯例，一审法院和二审法院就能否适用该行政惯例产生了较大分歧。本案一审法院并未就行政惯例对本案的影响进行审查，仅根据《社会保险费征缴暂行条例》的规定，就认定新武煤矿公司的缴费方式违法、市工伤保险中心据此不予核定工伤保险待遇的行为合法。而本案二审法院却援用了行政惯例作为判决依据，从多方面论证了这种缴费方式是工伤保险管理工作中形成的一种习惯性做法，据此得出和一审法院完全相反的结论，由此引出了行政惯例能否作为审判依据的思考。

我国《行政诉讼法》第六十三条规定，人民法院审理行政案件，以法律和行政法规、地方性法规为依据，参照规章。《最高人民法院关于适用〈中华人民共和国行政诉讼法〉的解释》第一百条规定："人民法院审理行政案

件，适用最高人民法院司法解释的，应当在裁判文书中援引。人民法院审理行政案件，可以在裁判文书中引用合法有效的规章及其他规范性文件。"综合上述规定可知，我国现行行政诉讼的法规中并未将行政惯例作为审判依据的规定，更没有其适用的效力位阶。但近年来，因行政机关遵照或违反行政惯例作出行政行为而引发的行政纠纷频频发生，为确保行政审判的与时俱进和实现个案正义，法院逐渐开始认同并引入行政惯例作为依据进行裁判。在某房产建设有限公司诉某市地方税务局第一稽查局税务处理决定案（见参考案例1）中，最高人民法院再审时将稽查局"在查处涉嫌税务违法行为时，核定纳税义务人的应纳税额"认定为一项行政惯例，认为不违反法律原则和精神的行政惯例应当予以尊重。又如，尹某玲诉某市国土资源局某分局土地行政批准案（见参考案例3）中，二审法院在现行成文法仅规定村委会、乡镇政府以及县级政府对农村村民申请住宅用地负有审批职责时，依据当地实践中国土资源部门介入乡镇政府之前进行审查的"惯常做法"，认定国土局具有相应职责。从上述案例不难发现，行政惯例已经慢慢有条件地被纳入司法审查范围。但行政惯例满足何种条件才能作为行政审判的适用依据，还需要经过类型化的评判和规范。

二、行政惯例的识别和判定标准

将行政惯例纳入司法审查范围的前提，是确认行政惯例的真实存在。若行政机关主张被诉具体行政行为是依据某特定惯例作出的，则其应当对这一惯例存在的事实进行举证。反之，如果行政相对人主张行政机关未按特定惯例作出行政行为损害了其信赖利益，则相对人应承担该惯例存在的举证责任。司法实践中，行政惯例的认定一般包括以下三个要件：

首先，行政惯例的内容并无成文法明文规定，或对现行法律法规进行了变通。本案中，虽然《社会保险费征缴暂行条例》规定了用人单位应当按月申报工伤保险费，但没有明文规定缴纳工伤保险费的具体期限。行政机关为了行政实务的方便，长期认可不定期缴纳保险费用的方式，也成为对成文法的一种有效补充。如果在本案中，相关成文法规已经明确了具体的期限，实践中却形成了与之明显相悖的惯例，则会因违反法律、法规的强制性规定而不能构成行政惯例。

其次，行政惯例经较长时间的实际适用而形成。在缺乏成文法依据的情况下，行政机关的某种做法必须经长期反复适用，才能够具备和法律相当的安定性和预见性，从而发挥规范行政行为或指引相对人行为的功能。在本案中，新武煤矿公司已连续五年以不定期缴纳的方式为企业的固定工缴纳工伤保险费，足见该种不定期缴费方式被市工伤保险中心长期认可且适用，已然成为一项行政惯例。

最后，行政惯例已获得一定范围内民众的普遍确信。对于特定管理事项的行政惯例，只有获得行政相对人的普遍确信，才对行政相对人具有约束力。实务中可从惯例适用的时间长度和地域范围、行政机关有无相应的管理细则等书面文件、同类案件相对人的数量及其认可度等方面考量该行为是否得到普遍确信。本案中，新武煤矿公司的不定期缴费方式得到了当地大多数企业的确信并遵守，且市工伤保险中心并未就其延期缴费的行为通知补缴、加处滞纳金或责令改正，而是按照正常程序为其开出收据，据此新武煤矿公司及相对人有足够理由确信其有权享受正常的工伤保险待遇，该收缴方式实际上已经成为一项行政惯例。

三、基于行政惯例的合理信赖利益应予保护

信赖利益保护原则，通常指行政相对人基于对公权力行为的合理信赖，积极安排自身的生产生活，由此产生的正当利益应当予以保护。信赖利益保护原则属于行政法的基本原则，我国目前尚未制定行政法总则，在已颁布的行政单行法律中，仅《行政许可法》第八条中体现了这一原则。但在学理上和司法实践中，信赖利益保护原则时常延伸至其他类型的行政行为之中。本案原告以及新武煤矿公司正是对不定期缴纳社会保险费的行政惯例产生了合理信赖，确信采用该缴费做法便可以享受工伤待遇，因此才一直使用该缴费方式，其合理信赖利益应当予以保护。

在判断某个涉及行政惯例的案件能否适用信赖利益保护原则时，一般可以分以下四步考虑：（1）行政相对人存在信赖基础，即行政机关存在长期适用并为相对人确信的行政惯例；（2）行政相对人的信赖利益并无主观上的瑕

疵，即行政相对人不存在主观恶意或重大误解等排除事由；（3）行政相对人基于合理信赖作出了信赖行为；（4）行政相对人的信赖利益值得保护。前三个条件通过对案件客观事实进行举证即可证明，但第四个条件"信赖利益值得保护"涉及主观判断，需要经过进一步的利益衡量予以分析。

首先，对行政相对人的信赖利益进行保护，能够最大限度地保护行政相对人的权益。本案市工伤保险中心若仅仅因为缴费方式上的瑕疵而不予核定劳动者的工伤保险待遇，则有违工伤保险制度保护劳动者权益的设立目的。且新武煤矿公司未必会根据一审法院的判决承担工伤保险待遇，届时原告的权益将难以保障，因此本案原告的信赖利益值得保护。其次，对相对人的信赖利益进行保护，不以行政惯例合法为前提，但不得违反法律的强制性规定。实践中存在的部分行政惯例，往往与现行法律规范的要求并不相符，本应予以调整或废除。行政机关若长期固守此类行政惯例，一定程度上会架空法律规定而诱发行政僵化，影响依法行政。但这种惯例的合法性问题不能作为否定行政惯例已在事实上存在的理由，也无法据此否定对相对人信赖利益的保护。值得注意的是，虽然相对人的信赖利益并不以行政惯例合法与否为前提，但当其违反强制性规定，以至于损害国家利益与公共利益时，相对人对行政惯例的合理信赖就不值得保护。最后，对相对人的信赖利益予以保护，能够维护行政机关的公信力。本案中，市工伤保险中心在收取费用时不考虑缴费方式是否符合《工伤保险条例》的规定，在核定支付工伤保险待遇时才对缴费方式是否合法进行审查，这种双重标准明显有损行政机关的公信力，利益权衡之下应当对此信赖利益加以维护。总之，当行政机关遵守或违反行政惯例作出行政行为，使相对人的合法权益受到侵害时，信赖利益保护原则往往能够成为行政相对人维权的有力武器，对信赖利益的构成认定及其保护程度的利益衡量是其中的重要一环，对实现维护法的安定性和保障相对人权益的协调统一有重要意义。

【需要注意的问题】

本案涉及因行政惯例形成的信赖利益应否得到法律保护的问题。所谓行政惯例，是行政机关在办理某方面行政事务时长期反复存在的习惯做法。对于行政惯例形成的行政相对人对于公权力的合理信赖，由此产生的正当利益，能否得到法律保护？近年来，一些法院包括最高人民法院也认为，对不违反法律原则和精神的行政惯例应当予以尊重，并据此理由作出有利于行政相对人的判决，本案就是一个很好的案例。可见，对此类因行政惯例产生的行政争议，行政相对人可以依据本案例的法律评析以及援引的其他判例，采用合适的救济途径依法主张权利。

【参考法条和相关资料】

《中华人民共和国行政诉讼法》（2017年6月27日修正）

第六十三条 人民法院审理行政案件，以法律和行政法规、地方性法规为依据。地方性法规适用于本行政区域内发生的行政案件。

人民法院审理民族自治地方的行政案件，并以该民族自治地方的自治条例和单行条例为依据。

人民法院审理行政案件，参照规章。

《最高人民法院关于适用〈中华人民共和国行政诉讼法〉的解释》（法释〔2018〕1号）

第一百条 人民法院审理行政案件，适用最高人民法院司法解释的，应当在裁判文书中援引。

人民法院审理行政案件，可以在裁判文书中引用合法有效的规章及其他规范性文件。

《工伤保险条例》（2010年12月20日修订）

第五十五条 有下列情形之一的，有关单位或者个人可以依法申请行政复议，也可以依法向人民法院提起行政诉讼：

……

（五）工伤职工或者其近亲属对经办机构核定的工伤保险待遇有异议的。

《社会保险费征缴暂行条例》（2019年3月24日修订）

第十条第一款 缴费单位必须按月向社会保险经办机构申报应缴纳的社会保险费数额，经社会保险经办机构核定后，在规定的期限内缴纳社会保险费。

第十三条 缴费单位未按规定缴纳和代扣代缴社会保险费的，由劳动保障行政部门或者税务机关责令限期缴纳；逾期仍不缴纳的，除补缴欠缴数额外，从欠缴之日起，按日加收2‰的滞纳金。滞纳金并入社会保险基金。

参考案例1

最高人民法院（2015）行提字第13号　某房产建设有限公司诉某市地方税务局第一稽查局税务处理决定案

【裁判要旨】稽查局在查处涉嫌税务违法行为时，依据《税收征收管理法》第三十五条的规定，核定应纳税额是其职权的内在要求和必要延伸，符合税务稽查的业务特点和执法规律，符合《国家税务总局关于稽查局职责问题的通知》关于税务局和稽查局的职权范围划分的精神。在国家税务总局对税务局和稽查局职权范围未另行作出划分前，各地税务机关根据通知确立的职权划分原则，以及在执法实践中形成的符合税务执法规律的惯例，人民法院应予尊重。

参考案例2

山西省高级人民法院（2010）晋行终字第115号　吴某琴、高某花诉某市工伤保险管理服务中心工伤保险待遇案

【裁判要旨】行政机关对特定管理事项的习惯做法，不违反法律、法规的强制性规定且长期适用形成行政惯例的，公民、法人或其他组织基于该行政惯例的合理信赖利益应予适当保护。

参考案例3

浙江省台州市中级人民法院（2011）浙台行终字第136号　尹某玲诉某市国土资源局某分局土地行政批准案

【裁判要旨】虽然按照《浙江省实施〈中华人民共和国土地管理法〉办法》

第三十六条第一款的规定，农村村民建造住宅用地，应当向户口所在地的村民委员会或者农村集体经济组织提出书面申请，经村民委员会或者农村集体经济组织讨论通过并予以公布，乡（镇）人民政府审核，报县级人民政府批准。但经查明，当地在实践操作时，农村村民建造住宅申请材料在报给乡镇人民政府、街道办事处进行审核前，均先由国土资源部门予以审查，无异议后再按上述规定的程序办理。本案中，尹某玲申请宅基地建房的办理流程，遵循了此种操作办法。

24. 行政给付诉讼的适用范围及诉讼规则
——王某诉某县民政局行政给付案

【基本案情和行政救济策略】

2012年1月，民政部、财政部联合发布《关于落实给部分烈士子女发放定期生活补助政策的实施意见》及《关于给部分烈士子女发放定期生活补助的通知》等文件规定，自2011年7月1日起，给部分符合文件规定条件的烈士子女发放定期生活补助。本案当事人王某的父亲王乙于1943年在抗战中牺牲，后被认定为革命烈士，记载于王某所在县的革命烈士英名录中。

2015年5月18日，王某向该县民政局提出申请，认为其作为烈士王乙的女儿，县民政局应当按照上述两个文件的规定，为其发放定期生活补助。县民政局经审核上报，于2015年月12月4日审核同意，从2016年1月1日起为王某每月发放300元定期生活补助。

王某认为县民政局应根据文件规定，向其补发2011年7月1日至2015年12月31日的烈士子女定期生活补助，遂又向县民政局提出申请。但县民政局坚持认为应以申请获得审批的次月作为发放定期生活补助的起始时间，并认为这是其习惯性做法。

王某不服县民政局的决定，认为县民政局侵犯其合法权益，决定通过法律途径进行救济。本案属于发放抚恤金的行政给付类案件，可以依据《行政复议法》向市民政局或县人民政府申请行政复议，也可以根据《行政诉讼法》

直接提起行政诉讼。考虑到本案中王某已经多次向有关政府部门反映情况都未获回应,申请行政复议不一定得到支持,对于规范性文件如何适用以及行政习惯是否合法的问题,通过行政诉讼处理更为有利,为此,王某选择了直接向法院提起行政诉讼。

【行政救济情况及处理结果】

王某的诉讼请求为:请求法院判令县民政局按规定向王某给付 2011 年 7 月 1 日至 2015 年 12 月 31 日的烈士子女定期生活补助。其理由主要是:王某是王乙的女儿,王乙牺牲后被认定为革命烈士,记载于县革命烈士英名录中;根据《关于给部分烈士子女发放定期生活补助的通知》的规定,烈士子女每人每月均应得到生活补助,王某应享受该项补助起始时间为 2011 年 7 月 1 日;县民政局以申请获得审批的次月作为发放定期生活补助的起始时间没有事实和法律依据,侵犯其合法权益。

一审法院经审理认为,该县民政局主张从原告申请获批后的次月起享受定期生活补助政策,不符合《关于落实给部分烈士子女发放定期生活补助政策的实施意见》和《关于给部分烈士子女发放定期生活补助的通知》两个文件的精神。一审法院据此作出判决,县民政局按规定为原告王某给付 2011 年 7 月 1 日至 2015 年 12 月 31 日的烈士子女定期生活补助。县民政局不服判决,提起了上诉。

县民政局上诉称,一审法院对文件内容的理解是片面的、错误的,《关于给部分烈士子女发放定期生活补助的通知》规定了具体实施意见,在"人员身份的核查认定"中明确规定了个人申报、初审把关、会审认定、建立档案才能最终确定,两份文件共同证明了对于烈士子女身份认定前的生活补助不再补发,一审判决忽视了该种行政给付行为须经申请及审核认定的特性,是明显错误的;王某主张的生活补助须经审批、从上级机关拨付,且专款专用,市民政局已经审定王某从 2016 年 1 月 1 日起享受每月 300 元的生活补助,县民政局的专项账户内并无王某 2011 年 7 月 1 日至 2015 年 12 月 31 日的生活补助费用,且这是习惯性的做法,并非仅针对王某实行的,故没有相应的给付义务。

二审法院审理后认为，根据涉案的两个文件规定，各级民政部门"要深入细致地做好调查摸底工作，认真准确地界定相关人员的身份，做到不错、不漏、不留死角，实事求是地把这部分人员的身份核实、核准"，但本案县民政局在办理此项工作中存在漏报问题，且始终未能提供漏报补报人员在身份确定之前不能享受生活补助的相关法律或政策依据。同时还认为，行政机关在实践中的习惯性做法，不得减损相对人的权益或增加相对人的义务，县民政局的习惯性做法相对于民政部文件的规定，明显减损了相对人的权益，其不予补发缺乏事实和法律依据。二审法院据此裁定驳回上诉，维持原判。

【争议问题和法律评析】

一、一般给付诉讼的概念及适用范围

在诉讼理论中，给付诉讼是一个广义的概念，包括履行法定职责和依法给付金钱财物，甚至还包括要求被告不作出一定行为。而《行政诉讼法》第七十三条规定的给付判决，比给付诉讼的范围窄，本文称之为一般给付诉讼，此条款规定法院经审理查明被告依法负有给付义务的，判决被告履行给付义务。

关于一般给付诉讼的适用范围，《最高人民法院关于适用〈中华人民共和国行政诉讼法〉的解释》第九十二条具体列举了抚恤金、最低生活保障待遇、社会保险待遇这三类给付标的类型，除此之外，该条款中"等给付义务"的表述须作进一步扩大解释。一般认为，只要符合法律、法规、规章以及规范性文件的给付条件，即"被告依法负有给付义务"，均可提起一般给付诉讼予以权利救济。结合司法实践，一般给付诉讼的适用范围具体包括：（1）直接由法律、法规、规章规定的给付义务，如《社会保险法》《工伤保险条例》《伤残抚恤管理办法》等规定的给付义务；（2）根据各地或部门制定的规范性文件规定的给付义务，如财政部发布的《船舶报废拆解和船型标准化补助资

金管理办法》,民政部、财政部发布的《关于给部分烈士子女发放定期生活补助的通知》以及《浙江省森林生态效益补偿基金管理办法》等规范性文件确定的补助或补偿。

除上述常见的财产给付诉讼的类型外,还有以下几种情形可以提起一般给付诉讼:(1)基于行政协议或行政承诺明确的给付义务,如引进固定资产投资奖励协议、征地补偿协议、房屋拆迁补偿协议等确定的货币补偿或奖励;(2)源于公共利益的无因管理产生的给付义务,如见义勇为的奖励;(3)因不当得利等违法行为应返还的义务,如安全生产风险抵押金、重复收取的费用及利息。至于非财产类行政给付,诸如恢复原状、消除影响等在实践中较少,故不在此讨论。

二、一般给付诉讼与履行法定职责诉讼的区别

一般给付诉讼,是基于《行政诉讼法》第七十三条"人民法院经过审理,查明被告依法负有给付义务的,判决被告履行给付义务"的规定。而履行法定职责诉讼,又称为"课予义务之诉",是基于《行政诉讼法》第七十二条"人民法院经过审理,查明被告不履行法定职责的,判决被告在一定期限内履行"的规定。

履行法定职责诉讼与一般给付诉讼是给付诉讼在不同情形下的分类,两者均是为实现行政法上的某种请求权而设定,不同之处在于履行的内容以及行政机关是否具有"自由裁量权"。履行法定职责诉讼中,履行的内容是"法定职责",是基于某种行政不作为的请求权,即当事人要求判令行政机关作出具体的行政行为,且行政机关对该行政行为具有"自由裁量权"。而一般给付诉讼中,履行的内容是法定的"给付义务",该内容是具体特定的,行政机关没有"自由裁量权",适用于要求行政机关履行除法定职责外的其他给付义务的情形,故一般给付诉讼相对于履行法定职责诉讼具有兜底性。

提起一般给付诉讼,必须限于可以"直接"行使给付请求权,这是与履行法定职责诉讼的根本区别。如涉及金钱给付内容的,请求金钱给付的金额必须已经确定,才能提起一般给付诉讼;如果须由行政机关事先作出行政决定核定给付内容的，则应先提起一个履行法定职责诉讼实现其权利要求。比如行政机关强拆行为被法院确认违法之后，当事人就强拆造成的损失向行政机关提出行政赔偿申请，行政机关决定予以赔偿并确定了赔偿金额，但迟延履行或不履行给付义务的，当事人可以直接向法院提出一般给付诉讼；但是行政机关对赔偿金额不予认可的，当事人只能提起行政赔偿诉讼，请求法院判决确定赔偿金额并予以支付，行政机关不履行支付判决的，当事人可以向法院申请强制执行。

法院对一般给付诉讼与履行法定职责诉讼应当审查的内容亦不一样。一般给付诉讼相对简单，法院主要审查当事人的主张是否符合法定给付义务的条件，在给付内容具体明确的情况下，法院可以直接判决其履行具体给付义务。而相对的履行法定职责诉讼较为复杂，法院要从事实、理由和法律适用等方面进行全面审查，法院认定行政机关未履行法定职责的，仍应当尊重行政机关的专业判断，判决其履行法定职责。

三、一般给付诉讼在司法裁判中的具体规则

只要公民、法人或者其他组织具有行政给付请求权，就可以依法向人民法院提起一般给付诉讼。而这种行政给付请求权，既有可能来自法律、法规、规章的规定，来自行政决定或者行政协议的约定，也有可能来自行政机关作出的各种形式的承诺。法院只有在该行政给付权显然明确不存在，或不可能属于原告的权利时，才可以否定其诉权。

提起行政给付诉讼也需要具备一定的起诉条件。上文也提到，提起一般给付诉讼的前提是被告具有法定的给付义务，且给付的内容应当是明确的，比如请求给付金钱的，金额必须是已经确定的。此外，提起一般给付诉讼也应遵守期限规定，如果期限届满同样也会丧失诉权。

关于一般给付诉讼的举证责任分配，被告应对作出履行或不履行给付义务的合法性承担举证责任，原告对给付请求权主张承担举证责任。根据我国《行政诉讼法》第三十四条第一款的规定，被告对作出的行政行为负有举证责任，应当提供作出该行政行为的证据和所依据的规范性文件。因而，一般给付诉讼中，被告应当举证证明其是否在法定期限内履行给付义

务以及不履行给付义务是否存在正当理由等事项。而原告应当就是否存在给付请求权、已经向被告提出给付申请、被告不履行或拒绝履行给付义务等事项承担举证责任。

根据《行政诉讼法》第七十三条"查明被告依法负有给付义务"的规定，法院对于一般给付诉讼的审查的重点，是被告是否"依法负有给付义务"。"依法"可以是依照法律、法规等规范性文件的明确规定，也可以是依照行政关系双方当事人的约定，还可以是依照行政机关的先行行为。因此，法院只需审查原告的请求是否符合被告依法给付的条件，被告提出不履行或拒绝履行的理由是否正当等关键因素，无须考虑其他不相关因素。比如本案二审法院就认为，县民政局始终未提供漏报、补报人员在身份确定之前不能享受生活补助的相关法律或政策依据，即拒绝履行给付义务缺乏正当理由，而县民政局主张系行政习惯做法并不能证明其拒绝给付的正当性。

法院审查后认为被告负有给付义务，应判决其不履行或拒绝履行给付义务违法，对于继续履行给付仍具有意义的，应当同时判决被告履行给付义务。法院经审查认为，原告不享有给付请求权，或被告不履行或拒绝履行给付义务具有正当理由的，应判决驳回原告诉请。而对于被告负有给付义务，但作出给付判决对原告不具有实际意义，或者在诉讼过程中被告履行了给付义务而原告不撤诉的，法院只须作出确认违法的判决。

【需要注意的问题】

关于行政给付的行政复议受案范围，新《行政复议法》在旧法条款基础上也作了相应修改，在表述上更趋近于《行政诉讼法》。原《行政复议法》第六条第（十）项规定："申请行政机关依法发放抚恤金、社会保险金或者最低生活保障费，行政机关没有依法发放的。"新《行政复议法》第十一条第（十二）项规定："申请行政机关依法给付抚恤金、社会保险待遇或者最低生活保障等社会保障，行政机关没有依法给付。"由此可见，新《行政复议法》将原来由政府发放的货币保障，扩大为包含货币在内的各种待遇和社会保障，充分体现了新法的"为民"原则，更有利于保护公民的社会保障权益。

【参考法条和相关资料】

《中华人民共和国行政诉讼法》（2017年6月27日修正）

第十二条第一款 人民法院受理公民、法人或者其他组织提起的下列诉讼：

……

（十）认为行政机关没有依法支付抚恤金、最低生活保障待遇或者社会保险待遇的；

……

第三十四条第一款 被告对作出的行政行为负有举证责任，应当提供作出该行政行为的证据和所依据的规范性文件。

第七十二条 人民法院经过审理，查明被告不履行法定职责的，判决被告在一定期限内履行。

第七十三条 人民法院经过审理，查明被告依法负有给付义务的，判决被告履行给付义务。

《最高人民法院关于适用〈中华人民共和国行政诉讼法〉的解释》（法释〔2018〕1号）

第九十二条 原告申请被告依法履行支付抚恤金、最低生活保障待遇或者社会保险待遇等给付义务的理由成立，被告依法负有给付义务而拒绝或者拖延履行义务的，人民法院可以根据行政诉讼法第七十三条的规定，判决被告在一定期限内履行相应的给付义务。

《中华人民共和国行政复议法》（2023年9月1日修订）

第十一条 有下列情形之一的，公民、法人或者其他组织可以依照本法申请行政复议：

……

（十二）申请行政机关依法给付抚恤金、社会保险待遇或者最低生活保障等社会保障，行政机关没有依法给付；

……

参考案例

山西省吕梁市中级人民法院（2017）晋11行终46号　王某连诉某县民政局行政给付案

【典型意义】行政给付也称行政物质帮助，是指行政机关依法对特定的相对人提供物质利益或者与物质利益有关的权益的行为，系授益性行政行为。行政机关在执行行政给付的法律和政策过程中，应当严格掌握政策，执行落实好政策，本着以人为本，关心和帮助特殊群体的基本原则，准确地界定相关人员的身份，做到不错、不漏、不留死角。确因客观原因遗漏的，应积极采取补救措施，确保符合条件的当事人依法享受相关待遇。本案中，某县民政局对漏报人员虽允许其补报并对身份依法进行了确认，但在支付相关待遇时以所谓习惯性做法拒不支付漏报之前的生活补助，显然不符合公平原则和合理行政的原则。法院在支持相对人合理诉求的同时，指出行政机关的习惯性做法或行政惯例，不得减损相对人的权益或增加相对人的义务。

第十一章 行政登记

25. 人民法院对错误的工商登记可直接判决撤销
——秦某诉某市市场监督管理局撤销工商登记案

【基本案情和行政救济策略】

2016年,秦某在工作单位要求申报财产的过程中,被工作单位告知存在隐瞒公司股权未如实申报的情况。因秦某个人从未在其他公司中担任职务或持有股权,为此秦某向该市市场监督管理局查询情况。经查询,秦某发现2014年左右,汪某等人伪造了秦某的签名,登记成立了某投资管理有限公司。而该市市场监督管理局在秦某未到场的情况下,根据汪某提供的伪造秦某本人签字的材料,将秦某登记成了公司股东。之后,汪某又再次伪造秦某签字进行了股份转让。

在实践中,市场监督管理局常常以登记行为只需形式审查为由,对明显错误的登记行为不予撤销,要求相对人通过民事诉讼途径进行维权。但民事诉讼既增加了受害人的维权成本,又增加了诉讼期间产生新纠纷的风险,因此行政机关的这种做法在合理性、合法性上均存在问题。由于秦某要求市场监督管理局撤销错误登记的请求未得到支持,无奈之下向法院起诉,要求撤销被告错误的登记行为并判令汪某赔偿损失。

【行政救济情况及处理结果】

秦某向法院起诉称：2014 年，第三人汪某伪造其签名，登记成立某投资管理有限公司。被告某市市场监督管理局进行公司设立登记时，未尽审查义务，在原告未到场，也未审核原告签名是否属实的情况下，就将原告登记为该公司股东。之后，第三人汪某又伪造原告签名进行了股份转让。因原告要求第三人撤销错误登记行为未果，故起诉至法院，要求法院撤销被告在某投资管理有限公司设立登记时将原告登记为公司股东的工商登记，并判令第三人汪某赔偿原告损失 4 万元。

一审法院审理后认为：根据法律规定，申请公司登记，申请人应当对申请文件、材料的真实性负责。申请设立有限责任公司，应当向公司登记机关提交全体股东签署的共同委托代理人的证明、公司章程、股东会决议、公司居所证明等文件。第三人汪某作为该投资管理有限公司设立登记的代理人，应当对申请文件、材料的真实性负责。经公安机关前期调查，证明第三人利用原告等人身份证复印件并在原告不在场的情况下，通过代理人注册了该投资管理有限公司。注册时公司申请材料上的股东签名均不是原告本人签名，也不是原告授权签名。在该公司的经营活动中，原告没有实际出资，也没有参与实际经营活动和分红，该公司的一切行为与原告无关。被告作为主管公司登记注册的行政机关，对因申请人隐瞒有关情况或者提供虚假材料导致登记错误的，登记机关可以在诉讼中依法予以更正。拒不更正的，人民法院可以判决撤销登记行为。至于原告要求第三人赔偿其各项经济损失的诉讼请求，因不属于行政诉讼受理范围，原告可另行向行为人起诉。为此，法院判决撤销该市市场监督管理局在某投资管理有限公司设立登记中将原告登记为公司股东的注册登记行政行为，驳回原告的其他诉讼请求。

【争议问题和法律评析】

一、登记机关作出行政登记时应尽到审慎审查义务

《最高人民法院关于审理行政许可案件若干问题的规定》第十三条规定，

被告已经依照法定程序履行审慎合理的审查职责,因他人行为导致行政许可决定违法的,不承担赔偿责任。该规定明确了登记机关在公司登记等行政许可中,应当对当事人提交的材料进行审慎审查。关于审慎审查义务的具体判断标准,实践中较为模糊。例如,本案中的申请人签名是不是其真实签名,登记机关是否必须要求申请人当场亲自签名,否则就能认定登记机关未尽到审慎审查义务?这些问题在实践中没有明确规定。虽然最高人民法院于2012年发布了《关于审理公司登记行政案件若干问题的座谈会纪要》,要求申请人必须亲自到场签名,但又规定只有在登记机关怀疑相关材料存在虚假的情况时,登记机关才有义务要求当事人到场核实。这种解释事实上又将责任义务模糊化了。

我们认为,登记机关履行登记职责时,应当要求申请人亲自到场签署相关法律文件,并现场核实相关证件的真实性、一致性。这是因为公司登记具有公示的法律效力,一旦受害人被他人冒用名义登记为公司股东,就需要对外承担法律责任,而外部相对人又是根据公司登记信息来权衡自己的利益的。如果登记机关在登记时不核实相关材料的真实性,会导致各方面的合法权益无法得到保护。因此,登记机关的审慎审查义务,应当是一定程度上的实质审查,而非宽泛的形式审查。本案中登记机关未要求申请人当场签字,属于未尽到审慎审查义务。

二、人民法院对明显错误的工商登记可直接判决撤销

实践中,被冒用登记的受害方一般会向登记机关提出申请,要求撤销错误登记。但由于登记机关一般不愿意承认自己登记错误及担心撤销登记引发新的纠纷风险,通常会以形式审查为由拒绝撤销登记。而受害方如果向公安机关报案,又会因证据不足等问题,无法达到刑事立案标准。在此情况下,受害方只能提起行政诉讼寻求救济。

我国《行政诉讼法》第五条规定:"人民法院审理行政案件,以事实为根据,以法律为准绳。"第六条规定:"人民法院审理行政案件,对行政行为是否合法进行审查。"因此,受害方提起行政诉讼后,人民法院应当在查明案件事实的基础上,对所诉登记行为是否存在错误登记进行实质审查。因此,

即使行政机关在进行登记时尽到了必要的形式审查义务，但如果登记行为在实质意义上确实存在错误，人民法院也应当作出纠正。如果登记机关拒绝主动撤销，人民法院应当直接判决撤销登记，维护受害方的合法权益。

三、登记错误导致相关方受损的赔偿责任问题

关于登记机关未履行审慎审查义务，造成当事人合法权益受损，是否应当承担相应的赔偿责任，实践中存在较大争议。虽然《国家赔偿法》《行政许可法》等相关法律法规规定登记机关错误登记应承担赔偿责任，但实践中，法院一般仅会判决撤销错误的公司设立登记等行为，很少判令登记机关承担赔偿责任。我们认为，有侵害就应当有救济，对于登记机关存在明显未履行审查义务等重大过错的情况，应当判令登记机关承担赔偿责任。当然这种赔偿责任应当满足相关要件。首先，登记机关必须存在明显过错，轻微的瑕疵不构成赔偿责任；其次，赔偿责任的范围应限定于直接损失，由受害人承担相应的举证责任；最后，赔偿责任数额应当有一定的限额。

此外，对于原告提出的要求侵权第三人赔偿的诉请，法院以不属于行政案件审理范围为由判决驳回该诉请。但是，鉴于本案中第三人伪造原告签名的事实，已经有公安机关的调查笔录等证据予以证实。根据我国《行政诉讼法》第六十一条第一款"在涉及行政许可、登记、征收、征用和行政机关对民事争议所作的裁决的行政诉讼中，当事人申请一并解决相关民事争议的，人民法院可以一并审理"的规定，法院可以就原告要求第三人承担赔偿责任的诉请直接作出裁判。因此，本案法院以原告要求第三人赔偿不属于行政诉讼处理范围驳回其起诉，我们认为有待商榷。

【需要注意的问题】

因行政机关的登记错误而造成当事人财产损失的，符合《国家赔偿法》第四条第（四）项"造成财产损害的其他违法行为"的情形，应当承担行政赔偿责任。2022年3月，最高人民法院发布了《关于审理行政赔偿案件若干问题的规定》，其第二十条规定，在涉及行政许可、登记、征收、征用和

行政机关对民事争议所作的裁决的行政案件中，原告提起行政赔偿诉讼的同时，有关当事人申请一并解决相关民事争议的，人民法院可以一并审理。根据上述条款规定，与本案相类似的案件，人民法院在判决撤销行政机关错误的注册登记行政行为后，当事人仍可以以行政机关为被告提起行政赔偿诉讼，同时也可以要求一并审理第三人的民事赔偿问题，从而更有利于保障当事人的合法权益。

【参考法条和相关资料】

《中华人民共和国国家赔偿法》（2012年10月26日修正）

第四条　行政机关及其工作人员在行使行政职权时有下列侵犯财产权情形之一的，受害人有取得赔偿的权利：

……

（四）造成财产损害的其他违法行为。

《最高人民法院关于审理行政赔偿案件若干问题的规定》（法释〔2022〕10号）

第二十条　在涉及行政许可、登记、征收、征用和行政机关对民事争议所作的裁决的行政案件中，原告提起行政赔偿诉讼的同时，有关当事人申请一并解决相关民事争议的，人民法院可以一并审理。

《中华人民共和国行政许可法》（2019年4月23日修正）

第三十四条　行政机关应当对申请人提交的申请材料进行审查。

申请人提交的申请材料齐全、符合法定形式，行政机关能够当场作出决定的，应当当场作出书面的行政许可决定。

根据法定条件和程序，需要对申请材料的实质内容进行核实的，行政机关应当指派两名以上工作人员进行核查。

《中华人民共和国行政诉讼法》（2017年6月27日修正）

第六十一条第一款　在涉及行政许可、登记、征收、征用和行政机关对民事争议所作的裁决的行政诉讼中，当事人申请一并解决相关民事争议的，人民法院可以一并审理。

《最高人民法院关于审理行政许可案件若干问题的规定》（法释〔2009〕20号）

第十三条　被告在实施行政许可过程中，与他人恶意串通共同违法侵犯原告合法权益的，应当承担连带赔偿责任；被告与他人违法侵犯原告合法权益的，应当根据其违法行为在损害发生过程和结果中所起作用等因素，确定被告的行政赔偿责任；被告已经依照法定程序履行审慎合理的审查职责，因他人行为导致行政许可决定违法的，不承担赔偿责任。

在行政许可案件中，当事人请求一并解决有关民事赔偿问题的，人民法院可以合并审理。

《最高人民法院关于审理公司登记行政案件若干问题的座谈会纪要》（法办〔2012〕62号）

一、以虚假材料获取公司登记的问题

因申请人隐瞒有关情况或者提供虚假材料导致登记错误的，登记机关可以在诉讼中依法予以更正。登记机关依法予以更正且在登记时已尽到审慎审查义务，原告不申请撤诉的，人民法院应当驳回其诉讼请求。原告对错误登记无过错的，应当退还其预交的案件受理费。登记机关拒不更正的，人民法院可以根据具体情况判决撤销登记行为、确认登记行为违法或者判决登记机关履行更正职责。

公司法定代表人、股东等以申请材料不是其本人签字或者盖章为由，请求确认登记行为违法或者撤销登记行为的，人民法院原则上应按照本条第一款规定处理，但能够证明原告此前已明知该情况却未提出异议，并在此基础上从事过相关管理和经营活动的，人民法院对原告的诉讼请求一般不予支持。

因申请人隐瞒有关情况或者提供虚假材料导致登记错误引起行政赔偿诉讼，登记机关与申请人恶意串通的，与申请人承担连带责任；登记机关未尽审慎审查义务的，应当根据其过错程度及其在损害发生中所起作用承担相应的赔偿责任；登记机关已尽审慎审查义务的，不承担赔偿责任。

二、登记机关进一步核实申请材料的问题

登记机关无法确认申请材料中签字或者盖章的真伪，要求申请人进一步提供证据或者相关人员到场确认，申请人在规定期限内未补充证据或者相关人员未到场确认，导致无法核实相关材料真实性，登记机关根据有关规定作出不予登记决定，申请人请求判决登记机关履行登记职责的，人民法院不予支持。

三、公司登记涉及民事法律关系的问题

利害关系人以作为公司登记行为之基础的民事行为无效或者应当撤销为由，对登记行为提起行政诉讼的，人民法院经审查可以作出如下处理：对民事行为的真实性问题，可以根据有效证据在行政诉讼中予以认定；对涉及真实性以外的民事争议，可以告知通过民事诉讼等方式解决。

参考案例

安徽省芜湖市中级人民法院（2017）皖 02 行终 70 号　秦某诉某县市场监督管理局工商行政登记案

【**典型意义**】现实生活中，个人身份因各种原因被他人冒用、盗用的现象时有发生，如"被结婚""被股东"等，不仅给社会管理秩序造成一定的混乱，也给被冒用、盗用者的生产、生活带来不小的麻烦。希冀行政管理部门完全杜绝此种现象发生，在当下并不现实。但是在利害关系人发现被冒用、盗用后，要求有权主管部门纠正先前作出的行政行为时，行政管理部门应依法自行纠错，而不能认为自己已尽审查义务，就听之任之。本案中，秦某发现自己被冒用身份登记为某公司股东后，向登记机关申请撤销工商登记行为，登记机关拒不撤销，一审、二审法院经审理查明秦某确系身份被冒用后，遂判决支持秦某的诉讼请求。本案对督促行政管理机关依法自行纠错，具有一定的典型意义。

26. 行民交叉案件的第三人对善意取得的不动产可依法主张权利

——某实业开发公司诉某市政府颁发国有土地使用权证纠纷案

【基本案情和行政救济策略】

2013年7月，某实业开发公司一纸诉状将某县政府和国土局告上市中级人民法院，要求法院确认县政府给某房地产公司颁发的0541号国有土地使用权证无效。一块国有的土地使用权为何出现了两个不同的权利主体？案件还要从1995年说起。1995年11月，某县土管局与某实业开发公司签订了《国有土地使用权出让合同》，约定将该县某地段面积为200亩的国有土地出让给某实业开发公司。之后，因该土地长期未开发，该县土管局于2002年在报刊上发布了《依法收回国有土地使用权事先告知书》，拟收回上述土地使用权。之后，双方就该争议诉讼至法院，经过一审、二审、再审后，省高级人民法院于2013年5月作出再审判决，判令县政府及国土局为某实业开发公司换发该200亩地块的国有土地使用证。

然而，在县政府2002年拟作出收回上述国有土地使用权决定后不久，县政府又将该地块中的一部分通过公开挂牌出让程序转让给某房地产公司，同时约定某房地产公司以垫资工程款充抵上述宗地的出让金。之后，县政府为新明公司颁发了国有土地使用权证。于是就出现了本案中由于县政府在权属未经最终确定的情况下"一地多卖"而产生的国有土地使用权权属纠纷。

本案涉及第三人善意取得的国有土地使用权与原始权利人发生冲突时如何处理的问题。因某实业开发公司提起的行政诉讼起诉的被告是县政府和县国土局，但本案的处理结果与某房地产公司具有直接的利害关系，故某房地产公司应当作为行政诉讼中的第三人申请法院参与诉讼，维护自己的合法权益。

【行政救济情况及处理结果】

某实业开发公司于2013年7月26日向市中级人民法院起诉，请求确认县政府给新明公司颁发的0541号国有土地使用权证无效。某房地产公司作为第三人参加诉讼，主张其善意取得0541号土地证项下土地。

市中级人民法院经审理后认为：县政府于1999年作出的无偿收回某实业开发公司200亩土地使用权、注销土地使用证的行政处罚决定已被省高级人民法院的生效判决确认无效。无效的行政行为自始没有法律效力，故某实业开发公司依法取得的国有土地使用权益仍然存在。县政府、县国土局给新明公司颁发0541号土地证的行为违法应予撤销，但由于县政府已经为某房地产公司换发了新的国有土地使用证，被诉的0541号土地证已被注销，故不具有可撤销或确定无效的内容。关于某房地产公司提出的善意第三人问题，由于某实业开发公司起诉该市政府请求撤销给某房地产公司颁发土地证的案件已另案审理，应在另案中作出认定。故一审法院判决确认县政府给某房地产公司颁发0541号土地证中与原登记在某实业开发公司名下的183号土地证项下的重叠部分171.2346亩土地的颁证行为违法。之后，各方当事人均向省高级人民法院提起上诉，省高院审理后判决驳回上诉，维持原判。

某房地产公司不服二审判决，向最高人民法院提出再审。最高人民法院提审后认为：一、关于对被诉登记及颁证行为的合法性问题，根据之前当事人另案起诉的生效判决的既判力，县政府为某房地产公司进行土地登记并颁发土地证的行为侵害了某实业开发公司的合法权益，故对该颁证行为的违法性予以确认。二、本案虽为土地登记案件，但因土地与房屋均属于不动产，当事人主张善意取得土地使用权的，应当参照《最高人民法院关于审理房屋登记案件若干问题的规定》进行审理。本案应当审理某房地产公司是否善意取得问题，二审判决不予审理错误，某房地产公司可依法主张善意取得。县政府出让某实业开发公司仍享有合法权益的国有土地使用权给某房地产公司并登记发证，相当于无权处分，符合适用善意取得的前提条件，本案中善意取得是否成立的关键在于某房地产公司受让土地时是否善意以及是否支付了合理的对价，对于这些事实，二审法院应当审理而未予审理。另外，县政府作为土地出让方、工程款债务一方以及进行土地登记并颁发0541号土地证的行政机关，与是否存在恶意串通、是否支付合理对价、是否违反招拍挂程序等事实的查清密切相关，属于必须参加本案诉讼的当事人。二审判决未发回重审而直接改判，属程序违法。据此，最高人民法院裁定撤销原一审、二审判决，将本案发回市中级人民法院重审。

【争议问题和法律评析】

一、情况判决下人民法院可判决确认行政行为违法但不撤销

《行政诉讼法》第七十四条第一款规定："行政行为有下列情形之一的，人民法院判决确认违法，但不撤销行政行为：（一）行政行为依法应当撤销，但撤销后会给国家利益、社会公共利益造成重大损害的……"第七十六条规定："人民法院判决确认违法或者无效的，可以同时判决责令被告采取补救措施；给原告造成损失的，依法判决被告承担赔偿责任。"这是我国现有行政诉讼法律制度中关于"情况判决"的具体规定。情况判决制度是指法官在案件中存在多种利益冲突的情况下，采用利益衡量等方法作出判决，以使判决结果既能维护公共利益，又能平衡各方当事人之间的利益。本案中，虽然某房地产公司在涉案土地上已经建了大量的建筑物，但是影响的主要是某房地产公司的个体利益，尚未构成对公共利益的损害。但是某房地产公司如果属于善意第三人，则符合《最高人民法院关于审理房屋登记案件若干问题的规定》第十一条第三款"被诉房屋登记行为违法，但判决撤销将给公共利益造成重大损失或者房屋已为第三人善意取得的，判决确认被诉行为违法，不撤销登

记行为"规定的情况。

二、本案行政诉讼中的善意取得应适用《物权法》等相关法律规定

本案涉及行政民事交叉问题。行政民事交叉问题在实践中有各种表现形式，主要有如下几种：第一种是民事案件的事实是行政案件的事实基础；第二种是行政案件的事实是民事案件的事实基础；第三种是民事案件和行政案件的事实互为基础。本案的情况主要属于第一种，即新明公司取得涉案土地使用权是否属于善意取得，如果是，则法院应当判决确认被诉行政行为违法，但不撤销登记行为。在行政民事交叉的情况下，民事部分的判断认定，应当适用相关的民事法律、法规和司法解释。如本案中对于善意取得的判断，应当根据《物权法》第一百零六条的规定，也即需要查明和考量受让人受让土地不动产时是否善意、是否支付了合理的对价，以及涉案不动产是否依法已经进行了登记公示。在举证责任分配上则应当适用民商事法律法规、司法解释关于举证责任的规定。

三、善意取得制度下的损害赔偿责任

本案中，如果法院最终认定某房地产公司符合《物权法》等法律关于善意取得的条件，那么某实业开发公司的合法权益如何维护？这就涉及行政机关的责任问题。在通常的善意取得行政民事交叉案件中，比较多的类型是无权处分人伪造相关材料进行不动产登记，而交易第三方又根据善意取得制度取得了不动产，此时就涉及实际权利人如何追偿的问题。对这类案件，实践中的处理存在较大争议，主要是对于房产登记机关的审查义务是实质审查还是形式审查的问题。如果将登记机关的审查义务认定为形式审查，那么向其追责就非常困难；如果认定为实质审查，或者以形式审查为主，实质审查为辅，那么我们就可以向登记机关主张国家赔偿责任。对于本案而言，县政府和县国土局的违法行为已经相关判决确认，其过错明显，某实业开发公司依法可以要求行政机关承担赔偿责任。该权利主张，应当在本案诉讼终结后，另行向管辖法院提起。

【需要注意的问题】

根据《行政诉讼法》第六十一条第一款规定，在涉及行政许可、登记、征收、征用和行政机关对民事争议所作的裁决的行政诉讼中，当事人申请一并解决相关民事争议的，人民法院可以一并审理。需要注意的是，此类案件在一并审理过程中会出现行政诉讼规则与民事诉讼规则"法律适用"不同的问题。人民法院在审理行政许可、登记、征收、征用、行政裁决等案件中，经常涉及买卖、共有、赠与、民事侵权、抵押、留置、质权、婚姻、继承等相关民事争议，这些争议本质上仍然属于平等主体之间有关民事权利义务的争议，因此在解决这类争议时，有关民事实体问题应当适用民事规范；在审理程序上，应当适用民事诉讼法及其司法解释。在《民法典》施行之前，有关民事实体法律规范主要有《婚姻法》《继承法》《民法通则》《收养法》《担保法》《合同法》《物权法》《侵权责任法》《民法总则》等法律及相关的民事实体方面的司法解释。在《民法典》施行之后，上述所明确列举出的法律均已废止，处理民事争议实体问题，一般应当适用《民法典》《公司法》等法律及相关民事实体方面的司法解释。但也有例外，在处理有关民事争议时，须适用《行政法》和《行政诉讼法》的有关规定。例如，人民政府作出土地确权决定，是对平等主体之间有关土地方面的民事争议作出的决定，人民法院在对人民政府作出的土地确权争议决定与土地侵权民事争议一并审理时，就有关土地权属和侵权的实体问题，《土地管理法》均作出了相关规定，直接适用即可。故行政相对人提起此类案件诉讼要对法律适用问题予以特别注意。

【参考法条和相关资料】

《中华人民共和国行政诉讼法》（2017年6月27日修正）

第六十一条第一款 在涉及行政许可、登记、征收、征用和行政机关对民事争议所作的裁决的行政诉讼中，当事人申请一并解决相关民事争议的，人民法院可以一并审理。

《中华人民共和国民法典》（2021 年 1 月 1 日起施行）

第三百一十一条　无处分权人将不动产或者动产转让给受让人的，所有权人有权追回；除法律另有规定外，符合下列情形的，受让人取得该不动产或者动产的所有权：

（一）受让人受让该不动产或者动产时是善意；

（二）以合理的价格转让；

（三）转让的不动产或者动产依照法律规定应当登记的已经登记，不需要登记的已经交付给受让人。

受让人依据前款规定取得不动产或者动产的所有权的，原所有权人有权向无处分权人请求损害赔偿。

当事人善意取得其他物权的，参照适用前两款规定。

《最高人民法院关于适用〈中华人民共和国行政诉讼法〉的解释》（法释〔2018〕1 号）

第八十七条　在诉讼过程中，有下列情形之一的，中止诉讼：

……

（六）案件的审判须以相关民事、刑事或者其他行政案件的审理结果为依据，而相关案件尚未审结的；

（七）其他应当中止诉讼的情形。

中止诉讼的原因消除后，恢复诉讼。

《最高人民法院关于审理房屋登记案件若干问题的规定》（法释〔2010〕15 号）

第十一条第三款　被诉房屋登记行为违法，但判决撤销将给公共利益造成重大损失或者房屋已为第三人善意取得的，判决确认被诉行为违法，不撤销登记行为。

《最高人民法院关于行政诉讼证据若干问题的规定》（法释〔2002〕21 号）

第五十二条　本规定第五十条和第五十一条中的"新的证据"是指以下证据：

（一）在一审程序中应当准予延期提供而未获准许的证据；

（二）当事人在一审程序中依法申请调取而未获准许或者未取得，人民法院在第二审程序中调取的证据；

（三）原告或者第三人提供的在举证期限届满后发现的证据。

参考案例

最高人民法院（2016）最高法行再 2 号　某实业开发公司诉某市政府颁发国有土地使用证纠纷案

【裁判要旨】不动产登记颁证行为违法，损害了相对人的合法权益，但第三人已经依法善意取得该不动产登记证明的，人民法院判决确认该行政行为违法。人民法院在行政诉讼中认定善意取得时，要确认行政机关是否构成无权处分以及第三人取得所有权的情形是否符合《物权法》第一百零六条的规定。判断第三人是否善意取得，是能否适用情况判决的前提条件，未经审理即撤销登记，是对案件的基本事实认定不清，人民法院不予支持。

第十二章　行政协议

27. 政府不适当履行行政协议应承担违约责任
——某纺织公司诉某区人民政府国有土地使用权出让行政协议案

【基本案情和行政救济策略】

2019年5月16日，某省高级人民法院作出（2018）行终字1556号行政判决书，认定某区人民政府所属科技经济园管理委员会（以下简称管委会）与某纺织公司签订的国有土地使用权出让合同属于行政协议，判令区政府承担逾期交地违约责任，赔偿某纺织公司经济损失312.4万元人民币。

本案源于2004年1月，管委会与某纺织公司签订《科技经济园国有土地使用权出让合同书》。合同内容包括土地使用权出让和招商引资服务，用地并负责原土地上的拆迁安置工作。合同还约定，"自乙方（指某纺织公司）按本合同约定支付土地款，并依法缴纳契税之日起，甲方（指管委会）在六十日内依照规定办好土地使用权证，并以书面形式通知乙方""甲方应根据项目要求提供给乙方相应的规划及土地开工条件，如未能达到合同约定的条件，则甲方对乙方由此造成的直接损失给予适当赔偿"。同年2月，某纺织公司根据管委会的要求，在签订第一份土地出让合同的基础上，又与市国土局签订了内容基本相同的第二份国有土地使用权出让合同。合同签订后，某纺织公司付清了土地出让金并取得了 24311 平方米土地的《国有土地使用证》。但管委会仅交付了三分之二的土地，另有约三分之一的土地因未能完成拆迁而无法交付。经某纺织公司催促，2004 年 7 月 14 日，管委会对某纺织公司提交的《关于出让土地内民居拆迁时间的请示》作出书面答复：力争在 2004 年 12 月 31 日前完成该地块拆迁农居的办理工作。但之后并未兑现，直至 2014 年 9 月底才向某纺织公司实际交付该剩余的土地。

由于某纺织公司逾期取得土地长达 10 年之久，各方面损失惨重，且取得土地后经重新规划设计，在正要开工建设时，该土地被当地政府"一地两批"，用于公共道路建设，导致某纺织公司对该迟交的土地"得而复失"。

因当地政府在未处理征地补偿的情况下违法占地筑路，某纺织公司委托律师向法院提起诉讼。在处理政府违法占地案的过程中，代理律师认为管委会逾期交地与该土地"得而复失"虽然没有法律上的必然因果关系，但管委会不适当履行合同逾期交地的行为给某纺织公司造成的损失，某纺织公司可以另案要求承担违约责任。关于该土地出让合同的性质，虽以往均作为民事合同处理，但 2014 年修正后的《行政诉讼法》将行政协议纳入受案范围，为此代理律师建议提起行政诉讼。关于被诉主体问题，因该科技经济园管委会不具有独立法人资格，依法应将设立机构区政府列为被告，同时据此提高级别管辖，将案件起诉至市中级人民法院。鉴于本案前后存在两份土地使用权出让合同的情况，代理律师认为可先将两个签约单位列为共同被告，由法院来确定其责任承担。某纺织公司认为代理律师的建议很有道理，便委托代理律师另案起诉。

【行政救济情况及处理结果】

2018 年 4 月，某纺织公司向市中级人民法院提起行政诉讼，要求判令两被告区政府和市国土局共同承担逾期交地的违约责任，赔偿逾期交地的经济损失 580.4 万元。区政府答辩称：当年管委会与某纺织公司签订的土地使用权出让合同不是行政合同，管委会没有土地出让权因而合同无效。正式土地使用权出让合同是市国土局所签，对照该合同，管委会在履行中并未违约。

管委会 2004 年 7 月 14 日的答复函内容仅表达了协助拆迁的意愿，不具有法律上的约束力，因此不应该承担赔偿责任。市国土局答辩认为其不是适格的被告，涉案土地使用权出让合同虽然是在管委会的第一份合同的基础上签订的，但其签的第二份合同中约定按现状交地，因此不应承担土地上的拆迁责任，要求驳回起诉。

市中院一审审理认为：本案系行政协议纠纷案件，管委会在协议中约定了土地使用权出让和招商引资服务，根据合同的约定，管委会应当根据项目进度要求提供符合开工建设条件的土地，且管委会另于 2004 年 7 月 14 日答复某纺织公司"力争在 2004 年 12 月 31 日前完成该地块拆迁农居的办理工作"，但管委会直至 2014 年 9 月 28 日完成该地块的拆迁，某纺织公司才得以领取该地块的施工许可证，显然已经构成违约，应当承担相应的赔偿责任。为此，判令区政府支付自 2005 年 1 月 1 日至 2014 年 9 月 28 日该地块土地出让金和利息损失 73.3 万元，驳回某纺织公司的其他诉讼请求。一审判决还认为，市国土局的土地使用权出让合同约定按现状交地并已完成交付义务，不应承担违约责任。一审判决后，某纺织公司认为赔偿金太低，而向省高院提起上诉，请求改判增加赔偿金额。

省高级人民法院二审审理认为，根据管委会在合同中的约定和履行中的承诺，管委会未完全按合同约定交付土地，显然已经构成违约，某纺织公司要求承担违约责任的理由成立。关于赔偿损失问题，综合本案实际情况，考虑到涉案土地延期交付长达 10 年之久，其间建筑材料成本、人力物力成本、市场机会等都已发生很大变化，以及上诉人某纺织公司的实际受损的情况，判令被上诉人区政府向某纺织公司支付赔偿金 312.4 万元人民币。

【争议问题和法律评析】

一、本案协议是行政协议而不是民事合同

国有土地使用权出让协议是行政协议中较为常见的一类协议。在 2014 年修正的《行政诉讼法》施行前，司法实践中一般将此作为民事合同处理。

2015年5月1日该法施行后，此类自然资源使用权出让协议纳入人民法院行政审判范围。2020年1月1日起施行的《最高人民法院关于审理行政协议案件若干问题的规定》，对此类案件的认定和审理，又作了进一步的具体规定。该规定第一条明确，行政协议是作出机关为实现行政管理或者公共服务目标，与公民、法人或者其他组织协商订立的具有行政法上权利义务内容的协议。可见，行政协议具有以下特征：一方主体必须为行政主体；签约目的是实现行政管理或公共服务目标；内容必须具有行政法上的权利义务；在意思表示上需要双方当事人协商一致。简言之，行政协议是一种特殊的行政管理行为，兼备"行政性"和"协议性"的特征。而民事合同是平等主体的当事人之间设立、变更、终止民事权利义务的协议，"平等性""自愿性"是民事合同不同于行政协议的主要特征。对照本案的土地使用权出让合同，某区政府及所属的管委会作为行政主体，为实现招商引资和土地使用权出让的行政管理和公共服务目标，与某纺织公司协商一致后签订的协议具有行政法上权利义务的内容（具体为土地使用权出让行政许可和招商引资服务），对照现行法律规定，显然不属于民事合同。在该协议中，就"行政性"而言，作为行政主体的管委会在协议的订立和履行中处于主导地位，而某纺织公司则处于相对的从属地位；就"协议性"而言，双方均应按照协议确定的权利义务，切实履行协议，任何一方违反协议，均应承担违约责任，作为行政主体也没有例外。

二、行政主体在履约过程中的书面承诺是行政协议的组成部分

根据合同法原理，行政协议和民事合同之间除了主体地位不平等、合同目的特定性等差异之外，在其他诸多方面存在共性。《最高人民法院关于审理行政协议案件若干问题的规定》第二十七条规定："人民法院审理行政协议案件，应当适用行政诉讼法的规定；行政诉讼法没有规定的，参照适用民事诉讼法的规定。人民法院审理行政协议案件，可以参照适用民事法律规范关于民事合同的相关规定。"据此，行政协议经双方当事人协商一致签订后，依法具有法律效力，任何一方不得擅自变更和解除。双方当事人签订补充协议，或一方当事人出具承诺书等单方意见为另一方接受的，可视为行政协议

的组成部分，对双方具有法律约束力。在本案中，管委会不能按期履约，经某纺织公司催促后出具的延期至 2004 年 12 月 31 日前履约的书面回复，是对原协议中履行期限的变更和细化，经合同相对方某纺织公司的认可，应视为对原协议的修改补充。管委会应切实履行该书面承诺，再次失信更应依法承担违约责任。管委会在诉讼中提出该复函"仅表达协助拆迁的意愿，不具有法律上的约束力"的辩称，明显与协议条款及承诺书内容不符，更不符合法律行为生效条件的法律规定。

三、违反行政协议应与违反民事合同一样承担违约责任

司法实践中，有行政机关随意违反行政协议且拒不承担违约责任的情况发生。究其原因，主要是有的行政机关负责人认为行政协议不同于民事合同，行政机关享有行政优益权，以至于在实践中，错误认为行政主体具有单方解除变更权且无须承担违约责任。《行政诉讼法》将此类行政协议纳入行政案件受案范围，可以更好地规制行政机关履行行政协议，保护协议相对方的合法权益。根据《最高人民法院关于审理行政协议案件若干问题的规定》第十九条规定，被告未依法履行、未按照约定履行行政协议，给原告造成损失的，法院对原告的诉讼请求应予支持，判决被告予以赔偿。在本案中，管委会延期履行协议十年之久，给某纺织公司造成重大损失，一审、二审法院判决某区政府赔偿经济损失，无论是根据以前的法律规定还是现行法律规定，均有充分的事实根据和法律依据。而且法院的这一判决有助于行政机关进一步增强法治思维，更加重视契约精神，带头履约践诺，推进全社会的诚信建设。

【需要注意的问题】

新《行政复议法》在受案范围内新增了行政协议，第十一条第（十三）项关于受案范围的规定，认为行政机关不依法订立、不依法履行、未按照约定履行或者违法变更、解除政府特许经营协议、土地房屋征收补偿协议等行政协议。相比《行政诉讼法》的规定，这一修改有两个变化：一是增加了"不

依法订立"的违约情形；二是在法律层面首次明确了"行政协议"术语。"不依法订立"，是指行政机关依法应当与行政相对人订立协议而不订立的，比如政府招标，按照《招标投标法》规定，应与中标人签订协议；政府拍卖土地成交后，应当签署成交确认书；房屋拆迁补偿，应当与被征收人签订补偿协议等。将"不依法订立"的行政协议纳入复议范围，督促行政机关及时依法签订协议，保障当事人的合法权益。

值得注意的是，《行政诉讼法》和《行政复议法》中规定的"不依法履行"和"未按照约定履行"从字面来看难以准确区分，实则是将行政机关"不履行义务"的情形作了区分，一般包含三种：（1）行政机关违反行政协议约定的义务，该约定义务并非法定义务的，属于未按照约定履行协议；（2）行政机关违反法定义务，且该义务未在行政协议中约定的，则属于"不依法履行"；（3）行政机关违反法定义务，且反映在行政协议约定中的，考虑到行政法律规范的优先适用性，应当认定属于"不依法履行"。对比上述三种情形，行政相对人在申请行政复议或提起行政诉讼时，就能很好地辨别并以此主张自己的权利。

【参考法条和相关资料】

《中华人民共和国行政复议法》（2023年9月1日修订）

第十一条 有下列情形之一的，公民、法人或者其他组织可以依照本法申请行政复议：

……

（十三）认为行政机关不依法订立、不依法履行、未按照约定履行或者违法变更、解除政府特许经营协议、土地房屋征收补偿协议等行政协议；

……

《中华人民共和国行政诉讼法》（2017年6月27日修正）

第十二条 人民法院受理公民、法人或者其他组织提起的下列诉讼：

……

（十一）认为行政机关不依法履行、未按照约定履行或者违法变更、解除政府特许经营协议、土地房屋征收补偿协议等协议的；

……

《最高人民法院关于审理行政协议案件若干问题的规定》（法释〔2019〕17号）

第十九条　被告未依法履行、未按照约定履行行政协议，人民法院可以依据行政诉讼法第七十八条的规定，结合原告诉讼请求，判决被告继续履行，并明确继续履行的具体内容；被告无法履行或者继续履行无实际意义的，人民法院可以判决被告采取相应的补救措施；给原告造成损失的，判决被告予以赔偿。

原告要求按照约定的违约金条款或者定金条款予以赔偿的，人民法院应予支持。

参考案例1

最高人民法院指导案例76号　江西省萍乡市中级人民法院（2014）萍行终字第10号　某房地产开发有限公司诉某市国土资源局不履行行政协议案

【裁判要旨】行政机关在职权范围内对行政协议约定的条款进行的解释，对协议双方具有法律约束力，人民法院经过审查，根据实际情况，可以作为审查行政协议的依据。

参考案例2

最高人民法院（2017）最高法行申195号　某纸业有限公司诉某县人民政府不履行行政协议案

【裁判要旨】界定行政协议有以下四个方面要素：一是主体要素，即必须一方当事人为行政机关，另一方为行政相对人；二是目的要素，即必须是为了实现行政管理或者公共服务目标；三是内容要素，协议内容必须具有行政法上的权利义务内容；四是意思要素，即协议双方当事人必须协商一致。在此基础上，行政协议的识别可以从以下两方面标准进行：一是形式标准，即是否发生于履职的行政机关与行政相对人之间的协商一致。二是实质标准，即协议的标的及内容有行政法上的权利义务，该权利义务取决于是否行使行政职权、履行行政职责；是否为实现行政管理目标和公共服务；行政机关是否具有优益权。

参考案例 3

最高人民法院（2018）最高法行再 1 号　成都某科技有限公司、乐山某科技有限公司诉某区人民政府解除投资协议并赔偿经济损失案

【裁判要旨】对形成于 2015 年 5 月 1 日之前的《投资协议》产生的纠纷，当时的法律、行政法规、司法解释或者我国缔结或参加的国际条约没有规定其他争议解决途径的，作为协议一方的公民、法人或者其他组织提起行政诉讼，人民法院可以依法受理。行政协议作为一种行政手段，既有行政性又有协议性，应具体根据争议及诉讼的性质来确定相关的规则适用，在与行政法律规范不相冲突的情况下可以参照适用民事法律规范，故诉讼时效制度可以适用于公民、法人或者其他组织对行政机关不依法履行、未按照约定履行协议提起的行政诉讼案件。

扩展阅读

《审理涉行政协议行为案件与审理民事合同纠纷案件的区别》（节选），作者蔡小雪，载《山东法官培训学院学报》2019 年第 4 期

对于涉行政协议行为案件，在审查对象和范围方面，与审理民事合同纠纷案件有明显的不同。涉行政协议行为案件，法院审查的对象是行政机关签订协议、不履行协议、变更或者解除协议等行为，需要对行政机关是否具有协定签订、变更、撤销、终止等行政协议行为的主体资格，作出的程序是否符合法定程序，适用法律规范是否正确，有无滥用职权、明显不当等问题进行审查。对涉及不履行法定职责或义务问题的案件，还要审查行政机关是否履行了法律职责或义务。法院对被诉行政行为的合法性需要作出全面审查，不受诉讼请求的限制，关于被诉行政协议及其行为合法性的举证责任仍由被告——行政机关承担。这一点也是与审理民事合同纠纷案件的一大差别。

第十三章 裁判规则

28. 行政诉讼的原告可以一并请求审查规范性文件的合法性

——郑甲诉某县人民政府行政审批纠纷案

【基本案情和行政救济策略】

郑甲与其父母均系浙江某县童门村村民,郑甲虽出嫁至外村,但并未转移户口,郑甲另有一妹妹郑乙是该县洋江村村民。郑甲一家居住的房屋建于1993年,郑甲的父亲郑丙在1997年8月就该房屋补办了个人建设用地申请,将郑甲同列为在册人口,并将郑甲列为该房屋集体土地使用证的共同使用权人。

2013年3月,郑甲的父亲郑丙因房屋涉及拆迁安置,向村委会提交了个人建房用地申请表,表内注明该户在册人口、有效人口均为3人,家庭成员为郑甲的父母与其妹妹郑乙,郑甲未包含在内。该村村委会经集体讨论同意并将该申请上报审批。

该县人民政府根据其制定的《个人建房用地管理办法》(以下简称《用地管理办法》)的规定,认为郑甲虽系郑丙之女,且其户口登记在郑丙户名下,但业已出嫁,属于应迁未迁人口,故确认郑丙户有效人口为2人,并审批同意郑丙的个人建房用地申请。

郑甲在得知此情况后，认为县政府未将其列为家庭成员，作出的审批决定侵害了其合法权益，遂寻求法律救济。本案系行政许可批准和附带规范性文件合法性审查的案件，郑甲既可以选择行政复议，也可以选择行政诉讼。根据《行政复议法》（2017年修正）第二十六条的规定，在规范性文件的处理期间，中止对具体行政行为的审查。而2014年修正的《行政诉讼法》增加了规范性文件一并审查制度，又根据《最高人民法院关于适用〈中华人民共和国行政诉讼法〉的解释》第一百四十九条的规定，人民法院经审查认为规范性文件不合法的，不作为人民法院认定行政行为合法的依据，并在裁判理由中予以阐明。也就是说，若直接提起行政诉讼，法院可以直接审查文件是否适用本案，不因其合法性而中止诉讼，比行政复议必须中止复议先行处理规范性文件更有利于当事人，故郑甲直接向法院提起行政诉讼。

【行政救济情况及处理结果】

郑甲以该县政府为被告，以其父母和妹妹为第三人，向当地中级人民法院提起行政诉讼，经中级人民法院指定由基层人民法院审理。郑甲的诉讼请求为：要求法院判决撤销被告县政府对郑丙户个人建房用地审批表作出的同意建房的审批许可决定，判决被告重新作出具体行政行为。在诉讼过程中郑甲又增加诉讼请求，要求对《用地管理办法》和《安置补偿办法》两个规范性文件的合法性进行一并审查。

原告郑甲诉称，其与父母均系该村村民，其妹妹郑乙的户口则已迁出该村，涉案房屋系郑甲与父母共同出资建造，并取得作为共同使用权人的集体土地使用证。但其父郑丙在申报《个人建房用地审批表》时未写明郑甲是其家庭成员、该村村民，且是原集体土地使用证的共同使用权人和其地上两间房屋的共有权人的情况，所上报"户在册人口、有效人口均为2人"及家庭成员未包含郑甲的情况不符合事实。郑甲认为村民委员会、街道办事处、县政府均对此未作核查，且不安排郑甲房屋被拆后的重建与用地，严重侵害其合法权益。同时，郑甲还认为被告县政府作出批准决定时所依据的《用地管理办法》和《安置补偿办法》两份规范性文件，违反了《妇女权益保障法》与《浙江省实施〈中华人民共和国妇女权益保障法〉办法》等相关法律法规的规定，应予以一并审查。

被告县政府则辩称，郑甲系郑丙之女，业已出嫁，其户口虽登记在郑丙户名下，但属应迁出未迁出的人口。根据《用地管理办法》的规定，应迁出而未迁出的不属于申请个人建房用地的有效人口；另根据《安置补偿办法》规定，已经出嫁的妇女及其子女不计入安置人口，故郑甲不是涉案审批表中确认的有效报批人口，与本案不存在法律上的利害关系，非本案适格原告。同时被告认为上述规范性文件是严格按照法定权限制定的，符合法律法规和规章的规定，原告的诉请没有法律依据。

一审法院经审理认为：郑丙户个人建房用地申请系建立在原房屋基础上，原告郑甲具有事实和法律利害关系，原告主体适格；被告县政府在作出被诉审批行为时，未对村委会上报的个人建房用地审批表中村委会的公布程序等相关事实进行认真审查，属认定事实不清，证据不足，程序违法，应当予以撤销。一审法院还认为《用地管理办法》和《安置补偿办法》的相关规定，对原告郑甲不适用，不作为认定本案被诉土地行政审批行为合法的依据。据此，一审法院作出判决：一、撤销被告县政府在涉案《个人建房用地审批表》中同意郑丙户新建房屋的审批行为；二、责令被告县政府在本判决生效之日起六十日内对郑丙户的建房用地重新作出审批。

县政府不服判决，向中级人民法院提起上诉，认为被诉行政行为认定事实清楚，证据确凿充分，程序合法，其依据《用地管理办法》和《安置补偿办法》的相关规定排除郑甲的建房资格，适用法律正确，要求依法撤销一审判决，改判驳回郑甲的诉讼请求。

二审法院经审理认为，县政府制定的《用地管理办法》和《安置补偿办法》相关规定不能作为认定本案被诉土地行政审批行为合法的依据，一审法院认为对郑甲不适用，故其判决撤销被诉土地行政审批行为，并责令县政府重新作出行政行为并无不当。二审法院据此判决驳回上诉，维持原判。

【争议问题和法律评析】

一、"外嫁女"的土地权益应适用特别法的规定予以保障

"外嫁女"并不是一种严格意义上的法律用语,而是农村根据婚俗惯例而来的习惯性称谓。本文所称"外嫁女",包括嫁入外村或城镇但户口没有迁出的妇女,以及迁回原籍的离婚、丧偶妇女。农村妇女在传统中国农村长期处于弱势地位,"外嫁女"则较一般农村妇女更为弱势,其土地权益、拆迁安置权益受侵害的现象仍较为普遍。在农村、城乡接合部,部分村委会在发放征地补偿款、拆迁安置资格等问题上将"外嫁女"完全排除在外,而有些地方如本案县级人民政府在制定农村土地权益相关的规范性文件时就直接将"外嫁女"排除在外。

在司法实践中,法院对于审理"外嫁女"土地、房屋权益纠纷的案件会出现进退两难的局面,有的法院从维护"外嫁女"合法土地权益的角度出发,支持她们的诉求并作出相应判决,如本案判决;而有的法院却倾向于认为其属于村民自治范畴,司法不宜过多干涉,最终驳回了她们的诉求。

男女平等是我国宪法及相关法律规定的最基本原则。《宪法》第四十八条规定,妇女在政治的、经济的、文化的、社会的和家庭的生活等各方面享有同男子平等的权利。《妇女权益保障法》(2005年修正)第三十二条、第三十三条规定,妇女在农村土地承包经营、集体经济组织收益分配、土地征收或者征用补偿费使用以及宅基地使用等方面,享有与男子平等的权利;任何组织和个人不得以妇女未婚、结婚、离婚、丧偶等为由,侵害妇女在农村集体经济组织中的各项权益。又根据《村民委员会组织法》第二十七条第二款的规定,村民自治章程、村规民约以及村民会议或者村民代表会议的决定不得与宪法、法律、法规和国家的政策相抵触,不得有侵犯村民的人身权利、民主权利和合法财产权利的内容。

因此,任何有违男女平等原则作出的行政行为或制定的规范性文件,都是从根本上违背我国的宪法精神和法治原则的,尊重和保障村民自治应建立在男女平等原则和不违反法律规定的基础上。法院必须根据不同位阶法律的效力、"外嫁女"权益纠纷的实际情况、基本的法理,对相互之间存在分析、

矛盾的法律依据进行有针对性、有鉴别的适用。与宪法、法律、法规和国家的政策相抵触，以侵犯妇女权益为代价所作出的村民会议决定或其他规范性文件，不能作为否认"外嫁女"能否享受与其他村民同等获得安置补偿待遇的依据。"外嫁女"进行维权诉讼时可以一并提出对相关规范性文件的合法性审查，以更好地维护自身的合法权益。

二、审查识别规范性文件不合法的情形

《行政诉讼法》第五十三条规定了一并审查规范性文件的制度，公民、法人或者其他组织提起行政诉讼时，认为行政行为所依据的国务院部门和地方人民政府及其部门制定的规范性文件不合法的，可以一并请求对该规范性文件进行审查。这一规定赋予了公民、法人或者其他组织挑战"红头文件"的权利。《最高人民法院关于适用〈中华人民共和国行政诉讼法〉的解释》则进一步明确细化了法院审查的程序、内容、方式等。

当事人在提起对规范性文件合法性一并审查时，以何种理由主张规范性文件不合法是关键，即当事人如何识别规范性文件不合法的情形。根据《最高人民法院关于适用〈中华人民共和国行政诉讼法〉的解释》第一百四十八条第二款的规定，规范性文件不合法有以下四种情形：

1. 行政越权的情形。行政规范性文件超越权限的情形主要包括两种：一种是对权限规则的违反，主要判断依据是行政规范性文件的内容是否超越法律中确定行政机关权限规范的规定；另一种则是超越行政规范性文件制定主体的权限，判断依据是行政组织法中规范性文件制定机关的管辖权范围。

2. 与上位法相抵触的情形。相抵触分为客观与主观两个方面：在客观意义上，行政规范性文件与上位法中的规范形成了"冲突"，阻碍了上位法在个案中的实现；在主观意义上，这种规范冲突是行政法不能容忍的。比如本案中县政府制定的《用地管理办法》和《安置补偿办法》直接将"外嫁女"权益排除在外，违反了《宪法》及《妇女权益保障法》等上位法中关于男女平等原则的重要规定。

3. 缺乏上位法依据的情形。行政规范性文件通常在两种情况下需要上位法的依据：一种是增加行政相对人的义务；另一种是减损行政相对人的合法权益。被诉行政行为所依据行政规范性文件的条款，属于增加义务或减损合法权益的，就可以从上位法中寻找有无相关的依据，若是缺乏上位法依据的就属于不合法的情形。

4. 严重违反制定程序的情形。其主要表现为未履行法定批准程序、公开发布程序。而"严重"违法的情况，则可以从规范性文件违反法定制定程序并严重侵害了相对人的合法权益，影响了规范性文件的成立来判断，比如制定后没有公开发布就属于严重违反公开发布程序。

三、规范性文件经审查不合法的个案不适用规则及处理方式

法院审查规范性文件有三个"附带性"的特征：一是审查对象是附带性，只有直接作为被诉行政行为依据的规范性文件才可能成为人民法院的审查对象；二是审查模式的附带性，即对规范性文件的审查只能在针对行政行为合法性审查中附带提出；三是审查结果的附带性，即审查确认该规范性文件不合法的，就不作为认定行政行为合法的依据，而不对规范性文件的合法性作出判定，即个案不适用。

除个案不适用的规则外，经审查不合法的规范性文件应如何处理，司法解释也予以了明确规定。根据《最高人民法院关于适用〈中华人民共和国行政诉讼法〉的解释》第一百四十九条之规定，规范性文件不合法的，作出生效裁判的人民法院应当向规范性文件的制定机关提出处理建议，并可以抄送制定机关的同级人民政府、上一级行政机关、监察机关以及规范性文件的备案机关；人民法院可以在裁判生效之日起三个月内，向规范性文件制定机关提出修改或者废止该规范性文件的司法建议；接收司法建议的行政机关应当进行书面答复，情况紧急的，人民法院可以建议立即停止执行该规范性文件。此外，该司法解释第一百五十一条还规定，最高人民法院、上级人民法院以及本院院长发现生效判决中关于规范性文件合法性认定错误的，有权提审或者指令再审。

我国《行政复议法》对一并审查规范性文件作出规定，《行政复议法》（2017年修正）第二十六条和第二十七条规定，复议机关有权处理的，在三十日内依法处理，无权处理的，转有权机关进行处理，但是处理期间需中止对具体行政行为的审查。因此，经审查的规范性文件不合法的，复议机关

要先行处理同时中止对具体行政行为的审查，这与法院审查合法性时不中止诉讼，且可以直接判定个案不适用有根本区别。

鉴于此，当事人对于认为具体行政行为所依据的规范性文件不合法的，直接提起行政诉讼进行救济显然比申请行政复议让行政机关内部自行处理，更能获得公平公正的结果。

【需要注意的问题】

新《行政复议法》修订的一大亮点是完善了红头文件的附带审查机制。原《行政复议法》并没有就行政复议机关对规范性文件合法性审查之后如何进行具体处理作出规定。对此，新《行政复议法》第五十九条规定，对复议机关有权处理的有关规范性文件或者依据，认为相关条款合法的，在行政复议决定书中一并告知；认为相关条款超越权限或者违反上位法的，决定停止该条款的执行，并责令制定机关予以纠正。第六十条规定，复议机关无权处理的，接受转送的行政机关、国家机关应当自收到转送之日起六十日内，将处理意见回复转送的行政复议机关。

关于具体的附带审查程序，新《行政复议法》第五十八条也作出了相应的规定，行政复议机关有权处理有关规范性文件或者依据的，行政复议机构应当自行政复议中止之日起三日内，书面通知规范性文件或者依据的制定机关就相关条款的合法性提出书面答复。制定机关应当自收到书面通知之日起十日内提交书面答复及相关材料；行政复议机构认为必要时，可以要求规范性文件或者依据的制定机关当面说明理由，制定机关应当配合。也就是说，对于申请人提出的附带性文件审查以及复议机关主动审查的，规范性文件的制定机关都有义务作出答复。

【参考法条和相关资料】

《中华人民共和国宪法》（2018年3月11日修正）

第四十八条第一款 中华人民共和国妇女在政治的、经济的、文化的、社会的和家庭的生活等各方面享有同男子平等的权利。

《中华人民共和国妇女权益保障法》（2022年10月30日修订）

第五十五条 妇女在农村集体经济组织成员身份确认、土地承包经营、集体经济组织收益分配、土地征收补偿安置或者征用补偿以及宅基地使用等方面，享有与男子平等的权利。

申请农村土地承包经营权、宅基地使用权等不动产登记，应当在不动产登记簿和权属证书上将享有权利的妇女等家庭成员全部列明。征收补偿安置或者征用补偿协议应当将享有相关权益的妇女列入，并记载权益内容。

《中华人民共和国村民委员会组织法》（2018年12月29日修正）

第二十七条第二款 村民自治章程、村规民约以及村民会议或者村民代表会议的决定不得与宪法、法律、法规和国家的政策相抵触，不得有侵犯村民的人身权利、民主权利和合法财产权利的内容。

《中华人民共和国行政复议法》（2023年9月1日修订）

第十三条 公民、法人或者其他组织认为行政机关的行政行为所依据的下列规范性文件不合法，在对行政行为申请行政复议时，可以一并向行政复议机关提出对该规范性文件的附带审查申请：

（一）国务院部门的规范性文件；

（二）县级以上地方各级人民政府及其工作部门的规范性文件；

（三）乡、镇人民政府的规范性文件；

（四）法律、法规、规章授权的组织的规范性文件。

前款所列规范性文件不含规章。规章的审查依照法律、行政法规办理。

第五十六条 申请人依照本法第十三条的规定提出对有关规范性文件的附带审查申请，行政复议机关有权处理的，应当在三十日内依法处理；无权处理的，应当在七日内转送有权处理的行政机关依法处理。

第五十八条 行政复议机关依照本法第五十六条、第五十七条的规定有权处理有关规范性文件或者依据的，行政复议机构应当自行政复议中止之日起三日内，书面通知规范性文件或者依据的制定机关就相关条款的合法性提出书面答复。制定机关应当自收到书面通知之日起十日内提交书面答复及相关材料。

行政复议机构认为必要时,可以要求规范性文件或者依据的制定机关当面说明理由,制定机关应当配合。

第五十九条 行政复议机关依照本法第五十六条、第五十七条的规定有权处理有关规范性文件或者依据,认为相关条款合法的,在行政复议决定书中一并告知;认为相关条款超越权限或者违反上位法的,决定停止该条款的执行,并责令制定机关予以纠正。

第六十条 依照本法第五十六条、第五十七条的规定接受转送的行政机关、国家机关应当自收到转送之日起六十日内,将处理意见回复转送的行政复议机关。

《中华人民共和国行政诉讼法》(2017年6月27日修正)

第五十三条第一款 公民、法人或者其他组织认为行政行为所依据的国务院部门和地方人民政府及其部门制定的规范性文件不合法,在对行政行为提起诉讼时,可以一并请求对该规范性文件进行审查。

第六十四条 人民法院在审理行政案件中,经审查认为本法第五十三条规定的规范性文件不合法的,不作为认定行政行为合法的依据,并向制定机关提出处理建议。

《最高人民法院关于适用〈中华人民共和国行政诉讼法〉的解释》(法释〔2018〕1号)

第一百四十五条 公民、法人或者其他组织在对行政行为提起诉讼时一并请求对所依据的规范性文件审查的,由行政行为案件管辖法院一并审查。

第一百四十六条 公民、法人或者其他组织请求人民法院一并审查行政诉讼法第五十三条规定的规范性文件,应当在第一审开庭审理前提出;有正当理由的,也可以在法庭调查中提出。

第一百四十八条 人民法院对规范性文件进行一并审查时,可以从规范性文件制定机关是否超越权限或者违反法定程序、作出行政行为所依据的条款以及相关条款等方面进行。

有下列情形之一的，属于行政诉讼法第六十四条规定的"规范性文件不合法"：

（一）超越制定机关的法定职权或者超越法律、法规、规章的授权范围的；

（二）与法律、法规、规章等上位法的规定相抵触的；

（三）没有法律、法规、规章依据，违法增加公民、法人和其他组织义务或者减损公民、法人和其他组织合法权益的；

（四）未履行法定批准程序、公开发布程序，严重违反制定程序的；

（五）其他违反法律、法规以及规章规定的情形。

第一百四十九条 人民法院经审查认为行政行为所依据的规范性文件合法的，应当作为认定行政行为合法的依据；经审查认为规范性文件不合法的，不作为人民法院认定行政行为合法的依据，并在裁判理由中予以阐明。作出生效裁判的人民法院应当向规范性文件的制定机关提出处理建议，并可以抄送制定机关的同级人民政府、上一级行政机关、监察机关以及规范性文件的备案机关。

规范性文件不合法的，人民法院可以在裁判生效之日起三个月内，向规范性文件制定机关提出修改或者废止该规范性文件的司法建议。

……

接收司法建议的行政机关应当在收到司法建议之日起六十日内予以书面答复。情况紧急的，人民法院可以建议制定机关或者其上一级行政机关立即停止执行该规范性文件。

第一百五十一条 各级人民法院院长对本院已经发生法律效力的判决、裁定，发现规范性文件合法性认定错误，认为需要再审的，应当提交审判委员会讨论。

最高人民法院对地方各级人民法院已经发生法律效力的判决、裁定，上级人民法院对下级人民法院已经发生法律效力的判决、裁定，发现规范性文件合法性认定错误的，有权提审或者指令下级人民法院再审。

参考案例

浙江省台州市中级人民法院（2015）浙台行终字第186号　郑某琴诉某市人民政府行政批准案

【典型意义】2014年修正的《行政诉讼法》赋予公民、法人和其他组织在对行政行为提起诉讼时，认为所依据的规范性文件不合法时，可附带请求法院审查该文件合法性的权利。本案中，温岭市政府制定的两个涉案规范性文件，将"应迁出未迁出的人口"及"已经出嫁的妇女及其子女"排除在申请个人建房用地和安置人口之外，显然与《妇女权益保障法》等上位法规定精神不符。人民法院通过裁判，一方面维护了社会广泛关注的"外嫁女"及其子女的合法权益，另一方面也促进了行政机关及时纠正错误，对于规范性文件的一并审查，从更大范围对"外嫁女"等群体的合法权益予以有力保护。

29. 行政决定未引用具体法律条款属于适用法律错误

——宣某等 18 人诉某市国土资源局收回国有土地使用权案

【基本案情和行政救济策略】

2015 年 8 月，最高人民法院发布了第九批指导性案例，宣某等 18 人诉某市国土资源局收回国有土地使用权一案名列其中。该案虽然距今已有十多年，但对当今的法律适用仍具有普遍指导意义。

宣某等 18 人系某市中学教工宿舍楼的住户。2002 年 12 月 9 日，该市发展计划委员会根据第三人某银行的报告，经审查同意某银行在原有的营业综合大楼东南侧扩建营业用房建设项目。同日，市规划局作出建设规划选址意见，同意某银行拟自行收购和拆除占地面积为 205 平方米的中学教工宿舍楼，改建为露天停车场的方案。当月，市规划局确定了某银行扩建营业用房建设用地平面红线图并颁发建设用地规划许可证，确认某银行建设项目用地面积为 756 平方米。之后，市国土资源局（以下简称市国土局）请示收回中学教工宿舍楼住户的国有土地使用权 187.6 平方米，获市人民政府审批同意。为此，市国土局作出（2002）37 号《收回国有土地使用权通知》（以下简称《通知》），并告知宣某等 18 人将收回其正在使用的国有土地使用权及相应诉权等内容。《通知》中虽阐明了收回决定的法律依据是《土地管理法》，但没有列明具体法律条款并予以说明。

宣某等 18 人对市国土局作出的《通知》不服，决定通过行政救济途径维护自身的合法权益。本案属于选择救济案件，既可以先选择申请行政复议，对行政复议决定不服再提起行政诉讼，也可以直接向法院提起行政诉讼。宣某等 18 人认为，先申请行政复议再提起诉讼的时间周期较长，且行政复议采纳率较低，因此决定直接向区人民法院提起行政诉讼。

【行政救济情况及处理结果】

2003 年 4 月 4 日，宣某等人以市国土局为被告，以某银行为第三人，向区人民法院提起行政诉讼，起诉称：原告宣某等系市中学教工宿舍楼的住户。2003 年 1 月，因第三人某银行建造车库需要用地，被告市国土局陆续向宣某在内的 18 名原告发出《收回国有土地使用权通知书》。但仅仅因为企业建造车库的需要，被告市国土局就作出收回原告国有土地使用权的决定，显然不符合我国《土地管理法》第五十八条第一款的规定，请求撤销被告市国土资源局 2002 年 12 月 31 日作出的（2002）第 37 号收回国有土地使用权通知。

被告市国土局辩称：市国土局根据市发展计划委员会（2002）35 号《关于同意扩建营业用房项目建设计划的批复》、市规划局（2002）0800109 号《建设用地规划许可证》，并依据我国《土地管理法》的规定，经报请市人民政府批准，同意收回涉案地段原居民住宅用地 187.5 平方米，用于第三人某银行扩建。该收回土地行政行为事实清楚，适用法律正确，符合法定程序。第三人扩建用地是经有批准权的人民政府批准的，既是公共利益需要使用土地，也是实施城市规划需要使用土地，有关决定不存在依据不足、行为违法的事实。被告市国土局在庭审过程中还辩称依据《土地管理法》第五十八条第一款作出被诉具体行政行为。

第三人某银行诉称：被告市国土局的具体行政行为合法，本行是国有银行，是为社会公共利益服务的。且原告宣某等人如认为行政机关侵犯其依法取得的土地使用权，应先申请行政复议，对复议决定不服，才能提起行政诉讼。

区人民法院经审理认为：市国土局作为土地行政主管部门，有权依照《土地管理法》对辖区内国有土地的使用权进行管理和调整，但其行使职权时必须具有明确的法律依据。市国土局在作出《通知》时，仅说明是依据我国《土地管理法》及浙江省的有关规定作出的，但并未引用具体的法律条款，故其作出的具体行政行为没有明确的法律依据，属于适用法律错误。市国土局提供的有关证据，难以证明其作出的《通知》符合《土地管理法》第五十八条第一款规定的为公共利益需要使用土地或实施城市规划进行旧城区改造需要调整使用土地的情形，主要证据不足，故被告市国土局主张其作出的《通知》符合《土地管理法》规定的理由不能成立。2003年8月29日，区人民法院作出行政判决：撤销被告市国土资源局2002年12月31日作出的（2002）37号《通知》。

【争议问题和法律评析】

一、关于依法行政原则的适用情况

"依法行政"是行政机关行使行政管理职权时必须遵循的基本原则，是指行政机关必须根据法律法规的规定设立，并依法取得和行使其行政权力，对其行政行为的后果承担相应责任的原则。2014年《中共中央关于全面推进依法治国若干重大问题的决定》指出"行政机关要坚持法定职责必须为、法无授权不可为……行政机关不得法外设定权力，没有法律法规依据不得作出减损公民、法人和其他组织合法权益或者增加其义务的决定……"要求行政机关必须遵循"合法行政、合理行政、程序正当、高效便民、诚实守信、权责统一"的依法行政基本要求。在我国，依法行政原则主要体现为以下几个要求：

第一，依法行政的"法"，应当包括宪法、法律、法规、规章，在法律效力上，依次递减。依法行政首先要求依据宪法、法律行政，而法规和规章，只有符合宪法、法律法规的规定时，才能作为行政行为的依据。

第二，依法行政要求行政主体依据法的明文规定行政。在法无明文规定的情况下，依据法的原理、原则行政。法律的具体规定是有限的，而法律调整的社会关系和社会事务是无限的。法律条文是受法理支配的，法理不仅能指导立法，也能指导具体法律事务的执行和法律争议的解决。

第三，依法行政要求政府依法律规定行政，而以法律规定行政的前提又要求依行政管理法的规定行政。政府不严格按照行政管理法规定的范围、条件、标准和限度办事，依法行政也就无从谈起了。

第四，依法行政要求政府对行政相对人依法实施管理。"行政"的意思其实就是管理，没有依法管理自然谈不上依法行政。但是，依法行政不仅要求行政主体对行政相对人依法管理，还要求行政主体自身守法，依法提供服务并依法接受监督。

本案中，市国土资源局向行政相对人作出收回国有土地使用权的决定通知时，仅笼统地说明了所依据的法律，却并未明确哪一具体条款，实际上违反了行政机关依法行政的原则。

二、行政机关作出具体行政行为时未引用具体的法律条款，属于适用法律错误

在行政法上，适用法律错误是指行政主体在作出具体行政行为时将法律规范的规定与相关的案件事实作了错误的结合，从而使行政行为存在较大瑕疵的情形。本案在作出判决时适用的是1989年《行政诉讼法》第五十四条第（一）项规定："具体行政行为证据确凿，适用法律、法规正确，符合法定程序的，判决维持。"而对于适用法律错误的行政行为，该法第五十四条第（二）项规定："具体行政行为有下列情形之一的，判决撤销或者部分撤销，并可以判决被告重新作出具体行政行为：……适用法律、法规错误的……"可见，适用法律错误将会导致行政行为被撤销或部分撤销，因此，行政机关在作出具体行政行为时应有明确的法律依据。

本案中，市国土资源局在有关的书面决定通知中，仅说明该决定是依照《土地管理法》及浙江省的有关规定作出的，未引用具体的条款，导致行政相对人原告宣某等人无法从上述决定中获知明确具体的法律依据。这种情况，应当根据1989年《行政诉讼法》第三十二条及相关司法解释的规定，视为行政机关作出的决定没有法律依据。换言之，行政机关作出具体行政行为时所适用的法律依据，只笼统提到有关规定，未引用具体法律条文的，不符合依法行政原则的要求，属于适用法律错误的一种情形。

三、市国土局作出的收回国有土地使用权决定的主要依据不足

行政机关在作出具体行政行为时未释明具体的法律依据，是当前行政机关经常发生的问题。其中一种较为普遍的情况是，存在法律依据，但未在书面中予以准确援引。对于这种现象，法院在审判实践中存在两种处理方式：一种方式认为：对外发生法律效力的行政行为没有准确援引适用的法律，属于程序违法，从而导致该行政行为违法，但是这种处理方式直接以实体标准对程序性的问题作出裁判，从而否定行政行为的效力，无法从根本上解决行政争议。另一种方式则认为：如行政行为仅仅造成程序上的瑕疵时不宜直接将行政行为定性为违法，法院在诉讼过程中允许行政机关补充具体证据，如果行政机关仍不补正，应认定为没有明确的法律依据，属于适用法律错误；如果行政机关补正具体依据，法院应当进行实体审查，若行政机关提供的案件证据难以证明其作出的行政行为符合其补正的法律规定，则应当认定该具体行政行为的法律适用证据不足。

本案中，区人民法院采纳了第二种处理方式，并分层次对涉案行政行为进行审查。法院首先主动审查涉案行政行为是否具有法律依据。在确认市国土局未引用具体法律条款的情况下，法院向其释明要求补正具体法律依据。本案中市国土局在庭审中辩称涉案行政行为依据《土地管理法》第五十八条第一款。法院对行政机关补正的法律依据进行实质审查，经审查后认为市国土局提供的有关证据，不足以证明其作出的行政行为符合《土地管理法》第五十八条第一款规定的为公共利益需要使用土地或为实施城市规划进行旧城区改建需要使用土地的情形，故最终认定其为主要证据不足。至于如何审查证据是否充分，法院应当根据行政机关的举证责任予以判断。

这里需要说明的是，本案同时存在适用法律错误和主要证据不足的问题。就本案而言，虽然被告市国土局没有载明具体适用的法律条款，但如果其在诉讼过程中能够说明作出的收回国有土地的行政行为符合相关法律规定，事实清楚、证据确凿，那么司法机关也不能仅因为行政机关在告知方面的缺陷而撤销该行政行为。

【需要注意的问题】

本案涉及指导案例在司法实践中如何适用的问题。最高人民法院于 2020 年 7 月发布实施的《最高人民法院关于统一法律适用加强类案检索的指导意见（试行）》，对类案检索及适用作出了明确规定。类案，是指与待决案件在基本事实、争议焦点、法律适用问题等方面具有相似性，且已经人民法院裁判生效的案件。该指导意见第四条规定检索范围一般包括：（1）最高人民法院发布的指导性案例；（2）最高人民法院发布的典型案例及裁判生效的案件；（3）本省（自治区、直辖市）高级人民法院发布的参考性案例及裁判生效的案件；（4）上一级人民法院及本院裁判生效的案件；除指导性案例以外，优先检索近三年的案例或者案件；已经在前一顺位中检索到类案的，可以不再进行检索。对于如何适用，该指导意见第九条规定，检索到的类案为指导性案例的，人民法院应当参照作出裁判，但与新的法律、行政法规、司法解释相冲突或者为新的指导性案例所取代的除外；检索到其他类案的，人民法院可以作为作出裁判的参考。由此明确了"指导性案例应当参照，其他类案可以参考"的类案适用原则。因此，在司法实践中，行政相对人积极寻找类案已成为行政诉讼获得法院支持的重要方式。

【参考法条和相关资料】

《最高人民法院关于统一法律适用加强类案检索的指导意见（试行）》（2020 年 7 月 31 日起试行）

四、类案检索范围一般包括：

（一）最高人民法院发布的指导性案例；

（二）最高人民法院发布的典型案例及裁判生效的案件；

（三）本省（自治区、直辖市）高级人民法院发布的参考性案例及裁判生效的案件；

（四）上一级人民法院及本院裁判生效的案件。

除指导性案例以外，优先检索近三年的案例或者案件；已经在前一顺位中检索到类案的,可以不再进行检索。

《中华人民共和国行政诉讼法》(2017年6月27日修正)

第三十四条 被告对作出的行政行为负有举证责任,应当提供作出该行政行为的证据和所依据的规范性文件。

被告不提供或者无正当理由逾期提供证据,视为没有相应证据。但是,被诉行政行为涉及第三人合法权益,第三人提供证据的除外。

第七十条 行政行为有下列情形之一的,人民法院判决撤销或者部分撤销,并可以判决被告重新作出行政行为:

(一)主要证据不足的;

(二)适用法律、法规错误的;

……

《中华人民共和国土地管理法》(2019年8月26日修正)

第五十八条第一款 有下列情形之一的,由有关人民政府自然资源主管部门报经原批准用地的人民政府或者有批准权的人民政府批准,可以收回国有土地使用权:

(一)为实施城市规划进行旧城区改建以及其他公共利益需要,确需使用土地的;

(二)土地出让等有偿使用合同约定的使用期限届满,土地使用者未申请续期或者申请续期未获批准的;

(三)因单位撤销、迁移等原因,停止使用原划拨的国有土地的;

(四)公路、铁路、机场、矿场等经核准报废的。

《国有土地上房屋征收与补偿条例》(2011年1月21日起施行)

第八条 为了保障国家安全、促进国民经济和社会发展等公共利益的需要,有下列情形之一,确需征收房屋的,由市、县级人民政府作出房屋征收决定:

(一)国防和外交的需要;

(二)由政府组织实施的能源、交通、水利等基础设施建设的需要;

（三）由政府组织实施的科技、教育、文化、卫生、体育、环境和资源保护、防灾减灾、文物保护、社会福利、市政公用等公共事业的需要；

（四）由政府组织实施的保障性安居工程建设的需要；

（五）由政府依照城乡规划法有关规定组织实施的对危房集中、基础设施落后等地段进行旧城区改建的需要；

（六）法律、行政法规规定的其他公共利益的需要。

参考案例

最高人民法院指导案例 41 号　浙江省衢州市柯城区人民法院（2003）柯行初字第 8 号　宣某等诉某市国土资源局收回国有土地使用权案

【裁判要旨】行政机关作出具体行政行为时未引用具体法律条款，且在诉讼中不能证明该具体行政行为符合法律的具体规定，应当视为该具体行政行为没有法律依据，适用法律错误。

30. 实施行政行为无法定程序可遵循时应适用程序正当原则

——王某诉某市房地产管理局行政登记案

【基本案情和行政救济策略】

2010年9月10日,某房地产公司与王某签订了五份《商品房买卖合同》,用于作为该房地产公司偿还王某1862900元借款的担保。同年9月15日,王某在市房地产管理局办理了上述合同的网上备案登记。2010年12月21日,该房地产公司以录入错误为由,要求市房管局撤销其中四套房屋的网上备案,并提供其与王某签订的《借款担保与反担保合同》。市房管局发现该房地产公司与王某之间名为商品房买卖合同关系实为民间借贷关系,签订商品房买卖合同及备案是为借款提供担保,商品房备案信息与真实情况不符,故于2010年12月撤销了该四套房屋的网上备案。随后该房地产公司将该四套房屋出售。2015年下半年,王某听说上述商品房网上备案可能出现了差错,遂多次前往市房管局处希望了解商品房网备情况,但均遭到拒绝。同年11月13日,在律师的陪同下,王某再次到市房管局处要求出具上述商品房网备情况,信息中心工作人员最终向王某出具了五套房屋的网备系统查询书面材料,证实了五套商品房中的四套商品房网上备案已被撤销。

王某认为市房管局的行为在行政行为程序上剥夺了其知情权、参与权等权利,因此委托律师寻求法律救济。代理律师在了解案件情况后,认为本案中市房管局作出行政行为的程序无法律明文规定，因此，在既可以依法申请行政复议，也可以直接向人民法院提起行政诉讼的情况下，向法院直接提起行政诉讼更为有利。

【行政救济情况及处理结果】

2016年3月10日，王某以市房管局为被告向区人民法院提起行政诉讼，其诉称：2010年9月10日，原告与某房地产公司签订了五份《商品房买卖合同》，用于作为该房地产公司偿还原告1862900元借款的担保。同年9月15日，上述商品房买卖合同在被告市房管局下属的信息中心进行商品房销售网上备案。2015年下半年，原告多次前往被告市房管局处了解商品房网备情况，但均遭到拒绝。同年11月13日，信息中心工作人员才向原告出具了五套房屋的网备系统查询书面材料，最终证实了五套商品房中的四套网上备案合同已经被被告市房管局违法撤销。被告市房管局工作人员在该商品房买受人未到场，未查清双方是否协商一致的情况下，违反行政职责，违法将备案在原告王某名下的四套商品房的网上备案撤销，导致该四套商品房被该房地产公司恶意另行销售给第三方。被告市房管局的行为显然在行政程序上剥夺了原告的参与权、知情权和异议反驳等权利。虽然被告市房管局事后对其工作人员及相关单位给予了处分，但违法撤销网备的行政行为并未依法纠正，该违法行为对原告王某权利侵害所产生的结果并未消除。故请求法院依法确认被告市房地产管理局撤销商品房网上合同备案的行政行为违法并撤销该行政行为。

被告市房管局辩称：2010年9月，原告王某与该房地产公司签订五份其开发的青年商务公寓商品房买卖合同，并通过商品房网上备案系统予以备案。后该房地产公司以录入错误为由要求撤销其中四套房屋的网上备案，并提供其与原告王某签订的《借款担保与反担保合同》，市房管局发现该公司与原告王某之间名为商品房买卖合同关系实为民间借贷关系，签订商品房买卖合同及备案是为借款提供担保，商品房备案信息与真实情况不符，故于同年12月撤销了该网上备案。2014年1月20日，原告王某又与该房地产公司签订协议书，对借款的偿还及担保重新作出约定，公司另行提供1477.01平方米的办公楼为其借款提供担保。鉴于以上事实，市房管局以为，该备案与真实情况不符，市房管局的撤销行为并无不当，应予维持。且市房管局撤销网上备案行为对买卖双方的权利义务并不产生实际影响，不属于行政诉讼受理范围，原告王某的起诉不能成立且已超过起诉期限，应予驳回。

区人民法院经审理认为：参照《安徽省城市房地产交易管理条例》第十八条、《淮南市商品房买卖合同网上签约和备案登记管理办法》第十条规定，商品房网上备案变更时，双方当事人均应当到场办理。本案中，被告市房产局撤销网上备案虽是基于对房地产交易活动中的违法行为进行查处，但任何行政行为都应遵循法定程序。虽然法律法规没有明确规定撤销商品房网上备案的程序，但应当依据程序正当原则，在程序上充分保障当事人的参与权、知情权、异议反驳等权利。被告市房产局依据该房地产公司单方申请撤销涉案备案登记，属程序违法。鉴于四套房屋已经销售给他人，被撤销的商品房网上备案无法恢复，遂判决确认被诉的撤销备案登记行为违法。

【争议问题和法律评析】

一、程序正当原则的适用情况

行政程序是指行政主体实施行政行为时所遵循的方式、步骤和顺序。法律要求行政机关应当"依照法定程序"作出行政行为，"违反法定程序"的行政行为应当撤销。这里的"法律"包括《行政处罚法》《行政许可法》《行政强制法》等行政实体法和行政程序法。所谓"法定程序"不仅指法律法规等成文法明文规定的程序，还应当包括程序正当原则所要求但未被成文法明确规定的程序。

程序正当是指要求一切权力的行使在影响相对人的人身权和财产权等权利时，必须听取当事人的意见，当事人具有要求听证的权利，包括事先告知相对人，向相对人说明行为的根据、理由，听取相对人的陈述、申辩，事后为相对人提供相应的救济途径等。程序正当原则起源于英国古老的自然公正原则，20世纪初逐步被适用于行政机关，其最为核心的要素是避免偏私和听取意见，在普通法的传统中，自然正义是关于公正行使权力的最低限度的程序要求。1989年《行政诉讼法》第五十四条对"法定程序"予以确认，后来诸多行政立法将正当程序原则具体化为一种法定程序。程序正当原则是行政机关在执法时应当遵循的最低程序标准，其目的在于保障行政相对人的合法权益，推动执法过程的公开透明，促进实体决定合理公正。

二、法无明文规定时可适用程序正当原则

根据我国《行政诉讼法》的规定，行政主体作出行政行为，应当遵守法定程序。行政行为违反法定程序的，人民法院可以判决撤销。实践中，行政机关在执法过程中，其所实施的行为并非都能找到与之相对应的程序方面的法律规定。当具体行政行为的程序未能在相关法律中得到明确规定时，法院应该如何评价行政行为，是否应当适用程序正当原则？在最高人民法院公报案例张某银诉某市人民政府房屋登记行政复议决定案（见参考案例2）中，江苏省高院直接把"正当程序"写进二审判决书。

如本案中，法院认为，市房产局撤销网上备案虽是基于其行政职权，但任何行政行为都应遵循法定程序。虽然法律法规没有明确规定撤销商品房网上备案的程序，但应当依据程序正当原则，在程序上应充分保障当事人的参与权、知情权、异议反驳等权利。市房产局依据某房地产公司单方申请撤销涉案备案登记，属程序违法。

通过行政诉讼实践的持续推动，在法无明文规定的情况下运用程序正当原则在司法实践中已经日渐成熟，为广大法院所接受并在裁判中予以引用。正当程序原则作为一项基本法律原则，即使在相关法律中没有正当程序的具体规定，法院也可以该原则为依据，对撤销决定的合法性进行审查。这也符合法律维护公平正义及行政法维护相对人合法权益的目标。

三、适用程序正当原则的其他情况

在法律未对正当程序予以明确规定的情况下，判决中直接适用程序正当原则体现出法官的智慧和勇气。但也有很多法官虽未直接适用程序正当原则进行裁判，却也通过自己的努力，创造性地在案件中运用程序正当原理对行政争议进行裁判。

最高人民法院 2014 年公布的第 38 号指导案例田某诉某科技大学拒绝履行职责案（见参考案例 1），法院在判决中指出："退学处理的决定涉及原告的受教育权利，从充分保障当事人权益原则出发，被告应当将此决定直接向本人送达、宣布，允许当事人提出申辩意见。而被告既未依此原则处理，尊重当事人的权利，也未实际给原告办理注销学籍、迁移户籍、档案等手续……"这段文字虽未提及程序正当原则，但是，通过判决书的字里行间，我们不难发现法官间接适用了程序正当原则，即被告有义务将退学处理决定直接向本人送达、宣布，允许当事人提出申辩意见。

又如，在某管委会诉某区房管局不履行法定职责案（见参考案例 3）中，法院认为："原告管委会在组建时已经在行政管理机关办理了登记手续，任期届满后进行了换届选举。被告……如不予备案，亦应书面通知并说明理由。区房管局在长达一年的时间内，不依照职权对管委会提出的换届选举登记备案申请给予任何书面答复，亦未依照规定尽其指导、监督的职责，构成违法。"在本案中，法官依据行政机关在作出影响相对人权益的行政行为时，未及时向行政相对人说明行为的根据和行为理由的正当程序要求，故判决行政机关违反法定程序。

【需要注意的问题】

本案是关于如何适用程序正当原则的案例。新《行政复议法》对因行政行为违反法定程序而作出复议决定的相关条款作了修改。在原《行政复议法》第二十八条第一款第（三）项规定的基础上，新《行政复议法》第六十四条第一款修改为："行政行为有下列情形之一的，行政复议机关决定撤销或者部分撤销该行为,并可以责令被申请人在一定期限内重新作出行政行为:(一)主要事实不清、证据不足;(二)违反法定程序;(三)适用的依据不合法;(四)超越职权或者滥用职权。"即对于行政行为"违反法定程序"的,复议决定可以"部分"撤销该行政行为。

同时,新《行政复议法》第六十四条第二款规定,行政复议机关责令被申请人重新作出行政行为的,被申请人不得以同一事实和理由作出与被申请行政复议的行政行为相同或者基本相同的行政行为,但是行政复议机关以违反法定程序为由决定撤销或者部分撤销的除外。对比原《行政复议法》,多了但书部分内容,也就是说若经复议因违反法定程序撤销的行政行为,行政机关依据法定程序以同一事实和理由仍可以作出与原行政行为相同或者基本相同的行政行为,这是一项较为重大的变化。当然也要注意,行政复议机关可能在作决定时偏向于仅以违反法定程序来撤销案件,而对于有争议的事实证据等问题则不作出认定,可能会对当事人带来不利影响,被申请人仍有可能再次以相同事实理由重新作出相同决定。对于此种情况,即使复议机关支持当事人的复议请求而撤销原行政行为,当事人仍可以以不服复议机关对于事实和理由的错误认定而提起行政诉讼,从而维护自身的合法权益。

【参考法条和相关资料】

《中华人民共和国行政复议法》(2023年9月1日修订)

第六十四条 行政行为有下列情形之一的,行政复议机关决定撤销或者部分撤销该行政行为,并可以责令被申请人在一定期限内重新作出行政行为:

(一)主要事实不清、证据不足;

(二)违反法定程序;

(三)适用的依据不合法;

(四)超越职权或者滥用职权。

行政复议机关责令被申请人重新作出行政行为的,被申请人不得以同一事实和理由作出与被申请行政复议的行政行为相同或者基本相同的行政行为，但是行政复议机关以违反法定程序为由决定撤销或者部分撤销的除外。

《中华人民共和国行政诉讼法》（2017年6月27日修正）

第十二条第一款　人民法院受理公民、法人或者其他组织提起的下列诉讼：

……

（十二）认为行政机关侵犯其他人身权、财产权等合法权益的。

第十三条　人民法院不受理公民、法人或者其他组织对下列事项提起的诉讼：

（一）国防、外交等国家行为；

（二）行政法规、规章或者行政机关制定、发布的具有普遍约束力的决定、命令；

（三）行政机关对行政机关工作人员的奖惩、任免等决定；

（四）法律规定由行政机关最终裁决的行政行为。

第十八条第一款　行政案件由最初作出行政行为的行政机关所在地人民法院管辖……

第二十六条第一款　公民、法人或者其他组织直接向人民法院提起诉讼的，作出行政行为的行政机关是被告。

第四十四条第一款　对属于人民法院受案范围的行政案件，公民、法人或者其他组织可以先向行政机关申请复议，对复议决定不服的，再向人民法院提起诉讼；也可以直接向人民法院提起诉讼。

第四十六条　公民、法人或者其他组织直接向人民法院提起诉讼的，应当自知道或者应当知道作出行政行为之日起六个月内提出。法律另有规定的除外。

因不动产提起诉讼的案件自行政行为作出之日起超过二十年，其他案件自行政行为作出之日起超过五年提起诉讼的，人民法院不予受理。

第七十条　行政行为有下列情形之一的，人民法院判决撤销或者部分撤销，并可以判决被告重新作出行政行为：

……

（三）违反法定程序的；

……

第七十四条第二款 行政行为有下列情形之一，不需要撤销或者判决履行的，人民法院判决确认违法：

（一）行政行为违法，但不具有可撤销内容的；

……

《中华人民共和国城市房地产管理法》（2019年8月26日修正）

第四十五条第二款 商品房预售人应当按照国家有关规定将预售合同报县级以上人民政府房产管理部门和土地管理部门登记备案。

《城市商品房预售管理办法》（2004年7月20日修正）

第十条第一款 商品房预售，开发企业应当与承购人签订商品房预售合同。开发企业应当自签约之日起30日内，向房地产管理部门和市、县人民政府土地管理部门办理商品房预售合同登记备案手续。

《城市房地产开发经营管理条例》（2020年11月29日修订）

第二十六条第二款 房地产开发企业应当自商品房预售合同签订之日起30日内，到商品房所在地的县级以上人民政府房地产开发主管部门和负责土地管理工作的部门备案。

《安徽省城市房地产交易管理条例》（2000年12月1日起施行）

第五条 市、县负责房地产交易的管理部门的主要职责是：

……

（五）负责依法查处房地产交易活动中的违法行为；

……

第十八条 商品房预购人将预售商品房再行转让的，由转让双方凭已备案的商品房预售合同到所在地市、县负责房地产交易的管理部门办理转让变更登记。

预售当事人不得自行变更商品房预售合同或发票上的姓名或名称。

参考案例 1

最高人民法院指导案例 38 号　北京市海淀区人民法院（1999）一中行终字第 73 号　田某诉某科技大学拒绝履行职责案

【裁判要旨】高等学校对受教育者因违反校规、校纪而拒绝颁发学历证书、学位证书，受教育者不服的，可以依法提起行政诉讼。高等学校依据违反国家法律、行政法规或规章的校规、校纪，对受教育者作出退学处理等决定的，人民法院不予支持。高等学校对因违反校规、校纪的受教育者作出影响其基本权利的决定时，应当允许其申辩并在决定作出后及时送达，否则视为违反法定程序。

参考案例 2

最高人民法院公报案例　江苏省高级人民法院　张某银诉某市人民政府房屋登记行政复议决定案

【裁判要旨】行政机关在行政复议中可能作出不利于他人的决定时，如没有采取适当的方式通知其本人参加行政复议即作出复议决定的，构成严重违反法定程序，应予撤销。

参考案例 3

最高人民法院公报案例　北京市海淀区人民法院　某管委会诉某区房管局不履行法定职责案

【裁判要旨】行政机关对具体行政行为相对人要求其依法履行职责的申请，长时间不予书面答复，亦未按规定履行指导、监督的职责，其行为构成违法。

参考案例 4

安徽省淮南市田家庵区人民法院（2016）皖 0403 行初 12 号　王某平诉某市房地产管理局房屋登记案

【典型意义】国务院 2004 年印发的《全面推进依法行政实施纲要》明确要求依法行政不仅要合法行政、合理行政，还包括要做到程序正当。本案中，一审法院在法律法规未对撤销商品房网上备案程序作出明确规定的情况下，依据程序正当原则对某市房产局的行为进行了分析。程序正当原则要求行政机关在作出影响行政相对人权益的行政行为时，必须遵循正当法律程序，包括事先告知相对人，向相对人说明行为的根据、理由、听取相对人的陈述、申辩，事后为相对人提供相应的救济途径等。某市房产局在未通知王某平的情况下仅根据某公司的单方申请撤销了先前的网上备案行为，剥夺了王某平的知情权、参与权、异议反驳等权利，属程序违法，故一审法院判决确认该行为违法。本案对规范行政机关执法程序具有一定的典型意义。

第十四章 信息公开

31. 行政机关内部处理流程不能作为信息公开延期的理由

——李某诉某省交通运输厅政府信息公开案

【基本案情和行政救济策略】

2019年6月1日,李某为获取某省内两个客运站之间的客运里程数等政府信息,通过该省交通运输厅公众网链接,在网站的政务公开申请页面填写了《省交通运输厅政府信息公开申请表》,要求省交通运输厅将相关信息予以公开。李某提交该申请后,该网站显示申请编号为11060100011,并发送短信通知李某其申请已提交成功。

2019年7月28日,省交通运输厅作出受理记录确认上述事实,并于同年8月4日向李某送达编号为11060100011的《关于政府信息公开的答复》和《政府信息公开答复书》。

李某认为,省交通运输厅未在法定期限内对李某的政府信息公开申请作出答复不符合法律规定,侵犯其合法权益,故寻求通过法律途径予以救济。本案属于政府信息公开案件,对省交通运输厅的违法行为,李某既可以向交通运输部或省政府申请行政复议,也可以向法院提起行政诉讼，考虑到行政复议的采纳率较低，为此，李某选择了直接向法院提起行政诉讼。

【行政救济情况及处理结果】

李某以省交通运输厅为被告，向人民法院提起行政诉讼，请求判决确认被告省交通运输厅未在法定时间内答复李某政府信息公开申请的行为违法。其主要理由是：根据《政府信息公开条例》第三十一条关于答复期限的规定，被告省交通运输厅应在2019年6月27日（20个工作日）前向原告作出答复，即使延长也不得超过7月24日（40个工作日），但其未在上述时间内进行答复，违反了上述规定，侵犯了原告的合法权益。

省交通运输厅答辩称，李某在省政府政务外网递交的申请未能被及时发现和受理，应视为不可抗力和客观原因造成的，不应计算在答复期限内。李某在交通运输厅的公众网站中申请政府信息公开，点击申请链接后会自动转至省政府政务外网的公开系统，但该系统收到申请后实际办理的平台是在交通运输厅内网。由于厅内网与省政府政务外网存在物理隔离，省政务外网的数据无法直接进入厅内网处理，所以其工作人员未能及时收到李某通过省政务外网提交的申请。同时，交通运输厅还认为李某虽于2019年6月1日申请政府信息公开，但实际上其正式收到并确认受理的日期是7月28日，且已按规定向李某发出了《受理回执》，并于8月4日当场送达《关于政府信息公开的答复》和《政府信息公开答复书》，距离正式受理的日期仅相差5个工作日，并未超出法定答复期限。

法院经审理认为，根据《政府信息公开条例》第三十一条的规定以及省政府信息申请公开平台所应当具有的整合性和权威性，如未作例外说明，则从该平台上递交成功的申请应视为相关行政机关已收到原告通过互联网提出的政府信息公开申请；李某于2019年6月1日通过省交通运输厅的外网递交了政府信息公开申请，且交通运输厅已向李某发送了确认收到申请的短信，应视为已于当日收到了李某的申请；省交通运输厅于2019年8月4日向李某作出的第11060100011号《关于政府信息公开的答复》和《政府信息公开答复书》，已超过法定的答复期限。

故法院于 2019 年 8 月 30 日作出判决，确认被告省交通运输厅未依照《政府信息公开条例》规定的期限对原告李某申请公开政府信息作出答复的行为违法。宣判后，原告李某与被告省交通运输厅均未上诉。

【争议问题和法律评析】

一、短信通知等形式应当视为行政机关确认收到信息公开申请

2007 年《政府信息公开条例》第二十条第一款规定，向行政机关申请获取政府信息的，应当采用书面形式，包括数据电文形式，该条例在 2019 年修订后的第二十九条作了同样的规定。上述规定确定了数据电文形式在信息公开申请中的合法性，且将其归类为书面形式。此外，《电子签名法》及其他法律明确规定数据电文是可以作为证据使用的。因此，在政府信息公开领域应用数据电文这一新的形式，在申请和答复方式、期限、举证等方面出现了很多新的问题。比如，本案对于行政机关收到当事人以互联网渠道申请信息公开的时间产生了争议。

《政府信息公开条例》第三十一条对"收到申请之日"进行了类型化的明确，其中第（三）项规定，申请人通过互联网渠道或者政府信息公开工作机构的传真提交政府信息公开申请的，以双方确认之日为收到申请之日。再根据《电子签名法》第十条的规定，数据电文需要确认收讫的，发件人收到收件人的收讫确认时，数据电文视为已经收到。因此，虽然《政府信息公开条例》规定了行政机关收到政府信息公开申请的时间为双方确认之日，但何种形式应视为"双方确认"，成为正确适用该条款规定的关键。

本案中行政机关对于相对人的反馈有短信和回执两种形式，分别由省政府和省交通运输厅作出，在系统未作例外说明的情况下，两者均有权以短信和回执作出答复，即行政机关对外发出的短信和回执都具有同等效力，唯一的区别只在于时间，短信发出在前，回执发出在后。根据行政效率原则和有

利于相对人权益的考量，应当确认短信通知之日为收到申请之日。

因此，公众以互联网渠道申请信息公开，在没有例外说明的情况下，以短信通知、系统页面提示、电子邮件回复等方式提示已提交成功的，应当视为"双方确认"，并以这一时间点作为收到申请之日。故在实践中当事人亦应注意留存行政机关确认收到政府信息公开申请的短信、电子邮件、系统页面截屏等数据电文的记录，作为行政机关确认收到申请的依据，从而计算行政机关处理信息公开的期限。

二、行政机关内部处理流程不能作为信息公开延期的理由

行政机关处理信息公开的内部流程属于内部行政行为。内部行政行为是行政机关作出的对内行为，一般表现为行政机关上下级对行政事项的审批或指派，以及部门或科室之间的流转，仅在行政机关内部有效力，不得影响行政相对人的权利和义务。比如在本案中，外网与内网之间，以及交通厅与省政府上下级之间如何流转处理当事人李某的信息公开申请，属于行政机关内部事务，对李某没有效力。

根据《政府信息公开条例》第三十三条第二款的规定，行政机关应当自收到申请之日起 20 个工作日内予以答复；需要延长答复期限的，应当经政府信息公开工作机构负责人同意并告知申请人，延长的期限最长不得超过 20 个工作日。上述规定相比 2007 年的规定，将答复期限由 15 个工作日增加至 20 个工作日，且对于需要延长答复期限的，还应由机构负责人同意并告知申请人。这一规定的答复期限，包含行政机关内部对信息公开申请的流转和处理时间。

而答复期限超出上述最长 40 个工作日的，只有两种例外情形可以延期。根据《国务院办公厅关于施行〈中华人民共和国政府信息公开条例〉若干问题的意见》，对于可以公开的政府信息，能够在答复时提供具体内容的，要同时提供；不能同时提供的，要确定并告知申请人提供的期限。如一段时间内出现大量申请公开政府信息的情况，行政机关难以按照条例规定期限答复的，要及时向申请人说明并尽快答复。上述两种情况都是因行政机关信息公开工作量较大，不能短时间内完成而允许延期，即使是因这种情况延期的，仍应当告知具体期限。本案中交通运输厅因内部流转出现问题从而导致其未在规定时间内作出答复,显然不属于上述两种例外情况。

【需要注意的问题】

《行政复议法》修改前,政府信息公开纠纷的救济渠道是当事人可以选择申请行政复议或直接提起行政诉讼,新《行政复议法》则对此作出了根本性改变。此次《行政复议法》的修改,将"促进引流,拓展行政复议前置范围"作为一项重大改变。新《行政复议法》第二十三条第一款第(四)项规定,申请政府信息公开,行政机关不予公开的,申请人应当先向行政复议机关申请行政复议,对行政复议决定不服的,可以再依法向人民法院提起行政诉讼。也就是说,关于政府信息公开的案件已纳入行政复议前置范围,当事人只能先复议再诉讼。除了政府信息公开外,该条规定,还将对当场作出的行政处罚决定不服的,以及行政机关存在第十一条规定的未履行法定职责的,首次纳入复议前置范围。因此,在新《行政复议法》实施后,对于此类案件选择救济要根据新规定先申请行政复议,以免因选择行政诉讼而超过了行政复议的六十日申请期限。

【参考法条和相关资料】

《中华人民共和国电子签名法》(2019年4月23日修正)

第十条 法律、行政法规规定或者当事人约定数据电文需要确认收讫的,应当确认收讫。发件人收到收件人的收讫确认时,数据电文视为已经收到。

《中华人民共和国行政复议法》(2023年9月1日修订)

第二十三条 有下列情形之一的,申请人应当先向行政复议机关申请行政复议,对行政复议决定不服的,可以再依法向人民法院提起行政诉讼:

(一)对当场作出的行政处罚决定不服;

……

（三）认为行政机关存在本法第十一条规定的未履行法定职责情形；

（四）申请政府信息公开，行政机关不予公开；

（五）法律、行政法规规定应当先向行政复议机关申请行政复议的其他情形。

对前款规定的情形，行政机关在作出行政行为时应当告知公民、法人或者其他组织先向行政复议机关申请行政复议。

《中华人民共和国政府信息公开条例》（2019年4月3日修订）

第三十一条　行政机关收到政府信息公开申请的时间，按照下列规定确定：

（一）申请人当面提交政府信息公开申请的，以提交之日为收到申请之日；

（二）申请人以邮寄方式提交政府信息公开申请的，以行政机关签收之日为收到申请之日；以平常信函等无需签收的邮寄方式提交政府信息公开申请的，政府信息公开工作机构应当于收到申请的当日与申请人确认，确认之日为收到申请之日；

（三）申请人通过互联网渠道或者政府信息公开工作机构的传真提交政府信息公开申请的，以双方确认之日为收到申请之日。

第三十三条　行政机关收到政府信息公开申请，能够当场答复的，应当当场予以答复。

行政机关不能当场答复的，应当自收到申请之日起20个工作日内予以答复；需要延长答复期限的，应当经政府信息公开工作机构负责人同意并告知申请人，延长的期限最长不得超过20个工作日。

行政机关征求第三方和其他机关意见所需时间不计算在前款规定的期限内。

《国务院办公厅关于施行〈中华人民共和国政府信息公开条例〉若干问题的意见》（国办发〔2008〕36号）

（十二）行政机关要按照条例规定的时限及时答复申请公开政府信息的

当事人。同时，对于可以公开的政府信息，能够在答复时提供具体内容的，要同时提供；不能同时提供的，要确定并告知申请人提供的期限。在条例正式施行后，如一段时间内出现大量申请公开政府信息的情况，行政机关难以按照条例规定期限答复的，要及时向申请人说明并尽快答复。

参考案例

最高人民法院指导案例 26 号　广州市越秀区人民法院（2011）越法行初字第 252 号　李某诉某省交通运输厅政府信息公开案

【裁判要旨】公民、法人或者其他组织通过政府公众网络系统向行政机关提交政府信息公开申请的，如该网络系统未作例外说明，则系统确认申请提交成功的日期应当视为行政机关收到政府信息公开申请之日。行政机关对于该申请的内部处理流程，不能成为行政机关延期处理的理由，逾期作出答复的，应当确认为违法。

32. 高等院校招生过程信息属于应当公开的政府信息
——胡某诉某传媒大学政府信息公开案

【基本案情和行政救济策略】

2017年9月29日，某区人民法院作出判决，撤销某传媒大学于2016年6月6日作出的《信息公开申请告知书》，并责令其于判决生效之日起依照《政府信息公开条例》中规定的法定时限对本案当事人胡某提出的政府信息公开申请重新作出处理。法院的这一判决虽然没有要求某传媒大学公开胡某所申请的信息内容，但是撤销被诉告知书并判令其重作，也体现了法律对考生胡某知情权的保护。

胡某是参加2008年度普通高等学校招生全国统一考试的四川考生，其报考的是某传媒大学的播音与主持艺术专业。2008年2月，胡某参加艺术专业考试，取得某传媒大学颁发的艺术类本科专业考试合格证。同年7月，胡某参加普通高等学校招生全国统一考试，其文科成绩552分，是当年四川省报考该校该专业的第一名，但其未被某传媒大学录取。

自2008年起，胡某多次向某传媒大学和教育部递交反映信、举报信、信息公开申请，了解某传媒大学录取原则、招生计划以及胡某未被录取的原因。某传媒大学就录取原则、招生计划、男女比例、录取分数查询途径等事项进行了多次答复。

2016年5月，胡某通过发送电子邮件的方式向某传媒大学提交信息公开申请，申请公开的内容为：（1）2008年播音与主持艺术录取的43名考生的专业考试成绩;(2)2008年播音与主持艺术录取的43名考生的高考文化成绩;(3)2008年播音与主持艺术调剂计划录取的3名考生的专业考试成绩和高考文化成绩。胡某在申请书中特别明示上述申请公开的信息均应注明姓名、省份、性别等内容。

2016年6月,某传媒大学就胡某提出的上述信息公开申请作出答复,向其电子邮箱发送了《信息公开申请告知书》(以下简称《告知书》),答复的主要内容为:胡某申请信息公开的目的是了解其未被录取的详细原因,但其申请公开的信息与该目的并无关联,胡某未被录取的原因是其高考成绩折合分未达到该校该专业2008年最低录取分数线。

胡某认为某传媒大学答复的内容并未包括其申请公开的事项,违反了法律规定,侵犯了其合法权益。根据《政府信息公开条例》第五十一条的规定,行政机关在政府信息公开工作中侵犯其合法权益的,可以依法申请行政复议或者提起行政诉讼。胡某鉴于此前已多次向学校主管部门反映无果,以及学校较为特殊的企事业单位机构定位,决定直接向法院提起行政诉讼。

【行政救济情况及处理结果】

2017年5月,胡某以某传媒大学为被告,向区人民法院提起行政诉讼,其诉讼请求为判令被告某传媒大学依法公开:(1)2008年播音与主持艺术录取的43名考生的专业考试成绩;(2)2008年播音与主持艺术录取的43名考生的高考文化成绩;(3)2008年播音与主持艺术调剂计划录取的3名考生的专业考试成绩和高考文化成绩。

胡某认为,被告某传媒大学违反规定作出答复,且不予公开录取考生的成绩,既损害了其合法权益又涉嫌招生腐败。其具体理由为:(1)胡某向某传媒大学申请公开已录取学生的专业成绩、高考文化成绩,符合《政府信息公开条例》《高等学校信息公开办法》和《教育部关于做好2008年全国普通高等学校招生录取工作的通知》的相关规定;(2)某传媒大学以胡某申请公开的信息与"详细了解未被录取的原因"之目的无关联而拒绝公开,属逻辑错误；(3)某传媒大学答复胡某未被录取的原因是没有达到"最低录取分数线"，不符合事实。

被告某传媒大学辩称，其已经依法履行了信息公开的法定职责，向原告胡某作出的《告知书》进行答复符合法律规定，招生录取工作不存在违法违规问题，具体理由为：(1)胡某申请信息公开的目的是了解其未被录取的详细原因。但某传媒大学对于胡某未被录取的原因以及2008年艺术类本科专业录取原则、招生计划问题等已多次作出详细答复；(2)胡某不是2008年播音与主持艺术男女生专业成绩全国前10名的考生，且属于延考区的考生，与其有关联的是某传媒大学该专业的最低录取分数线，该信息已按规定公开；(3)某传媒大学已依法履行了《政府信息公开条例》《高等学校信息公开办法》规定的法定职责。

法院经审理认为：(1)被告某传媒大学作为法律、法规授权行使自主招生权的组织，负有对其在招生工作中制作、获取的相关信息予以公开的法定职责；(2)原告胡某于2008年报考并参加了被告某传媒大学播音与主持艺术专业的招生考试，该事实本身已可以建立起胡某与向某传媒大学申请公开的信息之间的关联性；(3)某传媒大学对胡某申请公开的信息，应进行多因素的判断和考察，但其未对申请事项是否符合公开条件、是否涉及他人隐私等事项进行审查判断，也未收集相关证据。法院还认为，胡某申请公开的事项属于政府信息公开义务主体应行使的职权，且现有证据也不足以使得司法权对此事项作出判断，故对于原告胡某要求法院直接判决某传媒大学公开其申请的信息内容尚不具备条件。

法院据此作出判决：一、撤销被告某传媒大学于2016年6月6日作出的《告知书》；二、责令被告于判决生效之日起依照《政府信息公开条例》规定的法定时限对原告胡某提出的政府信息公开申请重新作出处理。胡某与某传媒大学均不服上述判决遂提起上诉，在上诉过程中某传媒大学同意重新作出处理，故双方撤回了上诉。

【争议问题和法律评析】

一、高等院校招考过程中制作或获取的信息属于应当公开的政府信息

政府应当公开的信息根据信息制作或获取的主体不同,可分为政府信息和其他信息。政府信息是指行政机关以及法律、法规授权的具有管理公共事务职能的组织,制作或者获取的政府信息,其应当适用《政府信息公开条例》予以公开。其他信息则是指《政府信息公开条例》第五十五条规定的教育、卫生健康、供水、供电、供气、供热、环境保护、公共交通等与人民群众利益密切相关的公共企事业单位,在提供社会公共服务过程中制作、获取的信息,应依照相关法律、法规和国务院有关主管部门或者机构的规定予以公开。

高等院校作为公共企事业单位,具有招收学生、对受教育者进行学籍管理、实施奖励或者处分等行政管理职权,属于法律、法规授权的具有管理公共事务职能的组织。因此,高等院校在信息公开领域所涉及的信息,应当包括政府信息和其他信息两种类型,对于高等院校应公开的政府信息应当根据《政府信息公开条例》第十三条的规定予以公开;对于高等学校应公开的其他信息,则应根据教育部发布的《高等学校信息公开办法》第二条的规定予以公开。

本案中,胡某向其报考的某传媒大学申请公开2008年播音与主持艺术专业录取的考生成绩,某传媒大学作为法律授权行使本科生自主招生权的组织,在招考过程中产生、制作、获取和保存了报考该学校的考试成绩及考生姓名等信息,属于应当公开的信息,根据《政府信息公开条例》第十三条和《高等学校信息公开办法》第二条的规定,应当向申请人胡某予以公开。

二、高等院校应当依法履行政府信息公开的法定义务

2007年《政府信息公开条例》第十三条规定,公民、法人或者其他组织可以根据自身生产、生活、科研等特殊需要,向政府部门申请获取相关政府信息。也就是说,申请信息公开时须证明申请公开的政府信息是基于自身生产、生活、科研等特殊需要的。但是,这种证明应当只是一种初步的证明,

只要作出合理的说明即可，不能要求得过于苛刻。而且 2019 年修订的《政府信息公开条例》第十三条进一步规定，除涉及国家秘密、商业秘密、个人隐私以及行政机关内部事务信息外，其他政府信息均应当公开。因此，行政机关对于信息公开的申请，应当重点审查其申请事项是否符合公开条件，是否涉及国家秘密、商业秘密、他人隐私等事项，不应当仅考虑其申请的目的或是否具有生产、生活、科研等特殊需要。

本案中，某传媒大学认为胡某申请信息公开的目的是了解其未被录取的原因，而该原因与其申请公开的信息并无关联，且不属于与其本人生产、生活、科研等特殊需要相关的信息。但是，基于胡某报考并参加了某传媒大学的招生考试这一事实，可以确定已建立起胡某与申请公开的信息之间的关联性。胡某申请信息公开的目的确实是"了解未被录取的原因"，该目的当然具有生活上的特殊需要，至于该目的能否实现并不属于某传媒大学应考察的主要因素，且胡某申请公开的信息不属于国家秘密、商业秘密、个人隐私或内部事务，故某传媒大学应当予以公开。况且，某传媒大学未向法院提交不予公开相关信息的依据，可视为在作出告知书时缺乏事实根据和法律依据，应当认定为未依法充分履行政府信息公开的法定职责。

三、政府信息公开中可分割性原则的适用

可分割性原则是指申请公开的政府信息含有部分不宜公开的内容，行政机关依照法律规定，运用删除或遮盖等技术手段，维护保密的信息内容，公开可以公开的信息内容。这一原则适用于包含所有例外信息的文件，无论是涉及国家秘密，还是涉及商业秘密或个人隐私。

基于可分割原则，《政府信息公开条例》第三十七条对申请公开的信息作了区分处理的规定，申请公开的信息中含有不应当公开或者不属于政府信息的内容，但是能够作区分处理的，行政机关应当向申请人提供可以公开的政府信息内容，并对不予公开的内容说明理由。区分处理的目的在于保留信息中不应当公开的内容，公开可以公开的部分，这样既可以满足保密需要，又可以最大限度地保护申请人的知情权，体现了"以公开为原则，不公开为例外"的信息公开原则。

在政府信息公开的实际运作中，如果申请人申请公开的政府信息中同时包含可以公开和不应当公开的内容且能够作区分处理的，行政机关应当先依法审查，在区分处理后公开可以公开的内容；对于无法做区分处理的含商业秘密、个人隐私的信息，应履行书面征求第三方意见的程序；对于第三方不同意公开的，应衡量不公开是否会对公共利益造成重大影响，从而决定是否予以公开，对不予公开的内容还应说明理由。

本案中，胡某申请公开的信息若涉及第三人的利益或隐私等不应当公开的内容，某传媒大学应当按照上述步骤先进行区分处理，无法区分的应征求其他考生的意见，对不同意公开的还需进行裁量，最终作出是否公开的决定，对不予公开部分的内容还应说明理由。但某传媒大学并未进行审查其内容是否应当公开，也未按条例规定作出区分处理，故应认定其未履行法定职责。

【需要注意的问题】

本案系高等院校作为被告的政府信息公开案件的行政诉讼案件。关于高等院校能否作为政府信息公开纠纷的行政复议被申请人，在司法实践中有一定的争议。高等院校不是行政机关，属于企事业单位，根据《高等学校信息公开办法》第二十六条的规定，可以向学校内设监察部门、省级教育行政部门举报；对于中央部委所属高等学校，还可向其上级主管部门举报。收到举报的部门应当及时处理，并以适当方式向举报人告知处理结果。新《行政复议法》的一大变化是将政府信息公开案件设置为复议前置，即必须先经过行政复议，再进行行政诉讼。那么此类案件会出现两个问题：一是高等院校能否作为行政复议被申请人，还是只能依据《高等学校信息公开办法》第二十六条的规定进行救济；二是行政复议机关是谁，根据新《行政复议法》的规定，除垂直管理体系外，归于同级县以上人民政府管辖，那么高等院校究竟由哪一级人民政府管辖，还是由主管部门管辖？随着新《行政复议法》的修改，上述问题亟待《行政复议法实施条例》修改作出具体规定。

【参考法条和相关资料】

《中华人民共和国政府信息公开条例》（2019年4月3日修订）

第二条 本条例所称政府信息，是指行政机关在履行行政管理职能过程中制作或者获取的，以一定形式记录、保存的信息。

第十三条第一款 除本条例第十四条、第十五条、第十六条规定的政府信息外，政府信息应当公开。

第十五条 涉及商业秘密、个人隐私等公开会对第三方合法权益造成损害的政府信息，行政机关不得公开。但是，第三方同意公开或者行政机关认为不公开会对公共利益造成重大影响的，予以公开。

第三十七条 申请公开的信息中含有不应当公开或者不属于政府信息的内容，但是能够作区分处理的，行政机关应当向申请人提供可以公开的政府信息内容，并对不予公开的内容说明理由。

第五十一条 公民、法人或者其他组织认为行政机关在政府信息公开工作中侵犯其合法权益的，可以向上一级行政机关或者政府信息公开工作主管部门投诉、举报，也可以依法申请行政复议或者提起行政诉讼。

第五十四条 法律、法规授权的具有管理公共事务职能的组织公开政府信息的活动，适用本条例。

第五十五条第一款 教育、卫生健康、供水、供电、供气、供热、环境保护、公共交通等与人民群众利益密切相关的公共企事业单位，公开在提供社会公共服务过程中制作、获取的信息，依照相关法律、法规和国务院有关主管部门或者机构的规定执行。全国政府信息公开工作主管部门根据实际需要可以制定专门的规定。

《高等学校信息公开办法》（2010年9月1日起施行）

第二条 高等学校在开展办学活动和提供社会公共服务过程中产生、制作、获取的以一定形式记录、保存的信息，应当按照有关法律法规和本办法的规定公开。

第二十六条 公民、法人和其他组织认为高等学校未按照本办法规定履行信息公开义务的，可以向学校内设监察部门、省级教育行政部门举报；对于中央部委所属高等学校，还可向其上级主管部门举报。收到举报的部门应当及时处理，并以适当方式向举报人告知处理结果。

参考案例

北京市朝阳区人民法院（2017）京0105行初250号　胡某诉某传媒大学信息公开案

【裁判要旨】依据2007年《政府信息公开条例》第十三条的规定，行政机关依法履行主动公开政府信息义务的同时，公民、法人或者其他组织可以根据自身生产、生活、科研等特殊需要，申请行政机关公开相关政府信息。此规定可以理解为系对公民、法人或者其他组织申请政府公开相关信息的条件限定，但申请人只需作出必要说明或在一定情形下出示初步证据予以证实该条件成立即可。对于一项政府信息公开申请能否获得支持，信息能否公开需要通过对原告申请公开信息事项进行多因素的判断和考察。如申请事项是否属于政府信息、是否符合公开条件、是否涉及他人隐私等事项。该事项涉及政府信息公开义务主体应行使的判断权，同时当诉讼中现有证据不足以使得司法权对此事项作出判断时，法院直接判决公开政府信息尚不具备条件。

第十五章　行政赔偿

33. 对违法行政行为应当适用行政赔偿程序进行救济
——许某诉某区人民政府违法强拆及行政赔偿案

【基本案情和行政救济策略】

2014年8月31日，某区人民政府发布《关于七二区块旧城改造房屋征收范围的公告》，明确将对七二区块范围实施改造，并公布了房屋征收范围红线图，本案当事人许某房屋所在的迎宾巷区块被纳入上述征收范围。

2014年9月12日，征收单位将许某未取得房产证的房屋作为合法建筑予以补偿并进行公示，但要求许某在2014年9月25日前签订《先行搬迁拆除协议》。许某因补偿的标准过低未与征收单位达成补偿安置协议。2014年9月26日，许某的房屋被强制拆除。

2014年10月25日，区政府作出《关于迎宾巷区块旧城改造建设项目房屋征收的决定》（以下简称《房屋征收决定》），载明：因旧城区改建的需要，决定对迎宾巷区块范围内房屋实行征收；房屋征收部门为区住房和城乡建设局，房屋征收实施单位为改造工程指挥部；签约期限为45日，搬迁期限为30日，并同时作出附件《征收补偿方案》。2014年10月26日，上述《房屋征收决定》《征收补偿方案》在当地报纸上进行了公布，许某被拆的房屋被正式纳入本次房屋征收范围。

许某不服区政府的强拆行为，拟寻求法律救济。本案属于行政强制一并赔偿的案件，当事人对行政强制执行不服的，有权申请行政复议或直接提起行政诉讼。行政复议和行政诉讼的处理机关职责不同，处理范围和侧重点也不同，因此选择合适的救济途径，对本案的处理结果有一定的影响。从行政复议和行政诉讼实务经验分析，以区政府为被告直接向中级人民法院起诉比较合适。因此，当事人许某直接向当地中级人民法院提起了行政诉讼。

【行政救济情况及处理结果】

许某的诉讼请求为：一是确认区政府强拆行为违法；二是对违法强拆行为造成包括房屋、停产停业、屋内物品的损失进行赔偿。区政府辩称，涉案房屋是由于改造工程指挥部委托的建筑公司拆除他人房屋时，因操作不慎导致涉案房屋坍塌的，因而主张不应由区政府承担强拆责任，而是应当由案外人建筑公司承担相应的民事侵权责任。

一审法院并未支持区政府提出的上述主张，认为其主张房屋系案外人拆除缺乏充分的证据，确认强拆行为违法；同时认为应由区政府参照该区块房屋征收补偿安置方案作出赔偿，故判决：一、确认被告区政府强制拆除许某房屋的行政行为违法；二、责令区政府参照《征收补偿方案》对许某作出赔偿。

许某认为一审判决赔偿参照《征收补偿方案》的标准过低，且未对违法强拆时造成的财物和停产停业损失进行赔偿，故提起上诉。上诉请求为：判令区政府依据周边房地产市场价格进行赔偿，并对违法强拆造成的损失予以赔偿。上诉的主要理由为：行政赔偿不是行政补偿，一审判决赔偿参照的补偿标准过低，不能弥补许某遭受的实际损失。

二审法院经审理认为：涉案房屋虽被区政府违法拆除，但该房屋被纳入征收范围后，因征收所应获得的相关权益，仍可以通过征收补偿程序获得补偿，许某要求通过国家赔偿程序解决涉案房屋被违法拆除的损失，缺乏相应的法律依据。二审法院作出改判：撤销一审判决中责令区政府参照原补偿方案进行赔偿的判项,驳回许某的其他诉讼请求。

许某不服二审判决又向最高人民法院申请再审,并提出三点理由:一是二审判决未能正确区分行政赔偿与行政补偿之间的基本区别,要求许某另行通过征收补偿程序解决没有法律依据;二是区政府违法的强拆行为造成许某的财物和停产停业的损失,只能通过行政赔偿进行救济;三是二审法院的判决使区政府对违法行为免于承担法律责任,违背依法行政原则。

最高人民法院经审理认为:一审判决责令区政府参照《征收补偿方案》对许某进行赔偿,未能考虑到作出赔偿决定时点的类似房地产市场价格已经比《征收补偿方案》确定的补偿时点有了较大上涨,若参照《征收补偿方案》对许某进行赔偿,无法弥补许某所遭受的实际损失;二审改判驳回行政赔偿的诉讼请求,认为应通过征收补偿程序解决本案赔偿问题,这一判决未能考虑到涉案房屋并非依法定程序进行的征收和强制搬迁,而是违法实施的强制拆除,区政府应当承担赔偿的法律责任。此外,最高人民法院认为因区政府强拆造成的损失,双方均无法作出进一步证明时,应按照有利于当事人的原则酌情确定赔偿数额。

最高人民法院作出再审判决:一、维持一审判决和二审判决的第一项,即确认区政府强制拆除许某房屋的行政行为违法;二、撤销一审、二审其他判项;三、责令区政府在本判决生效之日起九十日内按照本判决对许某依法予以行政赔偿。

【争议问题和法律评析】

一、行政补偿与行政赔偿的区别及适用范围

行政补偿是指国家行政机关及其工作人员因合法行使职权而对行政相对人的合法权益造成损害的,或行政相对人为维护公共利益而使自己的合法权益受到损害的,由国家进行补偿的行政行为。行政补偿一般为事前补偿,性质上属于具体行政行为,其法律依据是有关单行部门法律法规。

行政赔偿是指行政机关及其工作人员在行使职权过程中违法侵犯公民、

法人或其他组织的合法权益并造成损害，国家对此承担的赔偿责任。行政赔偿一般在侵权行为发生以后，性质上属于行政法律责任，其法律依据是《行政诉讼法》和《国家赔偿法》，与民事赔偿完全不同。

因此，两者最根本的区别就是行政行为的合法性，合法的行政行为适用行政补偿，违法的行政行为则适用行政赔偿进行权利救济。

在违法强拆类案件中，行政机关及部分法院通常认为即使强拆行为被确认违法，以原有拆迁安置补偿方案的标准进行补偿即可，不用再另行赔偿或者参照原有补偿方案的标准进行赔偿，本案的一审、二审判决就采纳了这一主张。但是这样的判决未充分考虑房屋价格市场化是否明显上涨的问题，如按原标准赔付一套房的价格现在只够买半套房，按原标准补偿严重减损了当事人的合法权益，故无法确保产权人得到公平合理的补偿。此外，若判决实际赔付少于或等同于原补偿标准，难以体现对行政机关违法的惩戒性，反而助长违法强拆的不良风气，不符合行政诉讼司法裁判的最终目的。

最高人民法院通过本案判决，进一步明确了人民政府实施强制拆迁行为在组织法和行为法上的主体责任，防止政府在违法强拆后，又利用补偿程序来回避国家赔偿责任，回避人民法院行政诉讼对行政强制权的监督。

在拆迁类案件中，当事人选择行政赔偿的诉讼请求，主要是因为行政赔偿中房屋价值的评估时点应在赔偿决定作出之时，一般而言比原补偿时的标准高。但如果两相对比原补偿标准高，如出现房价大跌的情形，则选择原补偿更为有利，因为主张赔偿的损失证明标准相对更高。当然，政府违法强拆时往往伴随着房屋内财物损毁以及停产停业等损失，一般的拆迁补偿方案无法完全涵盖。因此，应当具体问题具体分析，选择正确的诉讼策略，更好地维护当事人的合法权益。

二、行政赔偿诉讼不应由当事人就损失承担全部举证责任

行政赔偿案件诉讼中，对于违法强拆造成房屋内物品的具体损失进行举证的责任分配问题，会影响到当事人的实际利益。行政机关通常仅根据《国家赔偿法》第十五条和《最高人民法院关于行政诉讼证据若干问题的规定》

第五条规定，主张由当事人对自己提出的损害事实提供证据，并承担举证不能的责任。如果将举证责任完全置于当事人，则会出现政府强拆行为虽被确定违法，但是当事人因无法证明其损失而难以获得救济，导致当事人赢得了诉讼却失去了赔偿，出现打官司反而赔得更少甚至不赔的怪现象。

但法律也有特别规定，《行政诉讼法》第三十八条第二款规定，因被告的原因导致原告无法举证的，由被告承担举证责任。最高人民法院关于发布第17批指导性案例中，第91号指导案例沙某等诉某区人民政府房屋强制拆除行政赔偿案（见参考案例1）中，就依据上述规定认定由被告区人民政府承担举证责任。此外，《最高人民法院关于适用〈中华人民共和国行政诉讼法〉的解释》第四十七条第一款以及《最高人民法院关于人民法院赔偿委员会适用质证程序审理国家赔偿案件的规定》第六条第（三）项中，都作了相同的规定。

本案中，最高人民法院认为，在当事人已经初步证明存在损失的情况下，其合情合理的赔偿请求应当得到支持，在双方均无法就损失作出进一步证明时，按照有利于当事人的原则酌情确定赔偿数额。

因此，因行政机关违反正当程序，不依法公证或者不依法制作证据清单，给当事人履行举证责任造成困难，且行政机关也无法举证证明实际损失金额的，应由行政机关承担举证不能的责任；人民法院可在当事人就损失金额所提供证据能够初步证明其主张的情况下，依法作出不利于行政机关的损失金额认定。

【需要注意的问题】

2022年5月1日起施行的《最高人民法院关于审理行政赔偿案件若干问题的规定》（法释〔2022〕10号），替代了原1997年行政赔偿司法解释，对于证据规则也作出了具体修改，进一步明确了行政赔偿中原被告双方的举证责任和证据认定规则。其中第十一条规定，行政赔偿诉讼中，原告应当对行政行为造成的损害提供证据；因被告的原因导致原告无法举证的，由被告承担举证责任。人民法院对于原告主张的生产和生活所必需物品的合理损失，应当予以支持；对于原告提出的超出生产和生活所必需的其他贵重物品、现金损失,可以结合案件相关证据予以认定。这一条款规定与行政诉讼及司法解释的规定基本一致,同时根据司法实践经验,确定了对生产生活必需物品的合理损失应予以支持,其他损失结合案件证据予以认定的裁判规则。因此,今后对于此类行政赔偿诉讼,行政相对人可以根据这一新规定,更好地维护公民的合法权益。

【参考法条和相关资料】

《中华人民共和国国家赔偿法》(2012 年 10 月 26 日修正)

第二条第一款 国家机关和国家机关工作人员行使职权,有本法规定的侵犯公民、法人和其他组织合法权益的情形,造成损害的,受害人有依照本法取得国家赔偿的权利。

第四条 行政机关及其工作人员在行使行政职权时有下列侵犯财产权情形之一的,受害人有取得赔偿的权利:

(一)违法实施罚款、吊销许可证和执照、责令停产停业、没收财物等行政处罚的;

(二)违法对财产采取查封、扣押、冻结等行政强制措施的;

(三)违法征收、征用财产的;

(四)造成财产损害的其他违法行为。

第十五条第一款 人民法院审理行政赔偿案件,赔偿请求人和赔偿义务机关对自己提出的主张,应当提供证据。

《中华人民共和国行政诉讼法》(2017 年 6 月 27 日修正)

第三十八条 在起诉被告不履行法定职责的案件中,原告应当提供其向被告提出申请的证据。但有下列情形之一的除外:

(一)被告应当依职权主动履行法定职责的;

(二)原告因正当理由不能提供证据的。

在行政赔偿、补偿的案件中,原告应当对行政行为造成的损害提供证据。因被告的原因导致原告无法举证的,由被告承担举证责任。

《最高人民法院关于适用〈中华人民共和国行政诉讼法〉的解释》（法释〔2018〕1号）

第四十七条　根据行政诉讼法第三十八条第二款的规定，在行政赔偿、补偿案件中，因被告的原因导致原告无法就损害情况举证的，应当由被告就该损害情况承担举证责任。

对于各方主张损失的价值无法认定的，应当由负有举证责任的一方当事人申请鉴定，但法律、法规、规章规定行政机关在作出行政行为时依法应当评估或者鉴定的除外；负有举证责任的当事人拒绝申请鉴定的，由其承担不利的法律后果。

当事人的损失因客观原因无法鉴定的，人民法院应当结合当事人的主张和在案证据，遵循法官职业道德，运用逻辑推理和生活经验、生活常识等，酌情确定赔偿数额。

《最高人民法院关于人民法院赔偿委员会适用质证程序审理国家赔偿案件的规定》（法释〔2013〕27号）

第六条　下列事实需要证明的，由赔偿义务机关负举证责任：

……

（三）因赔偿义务机关过错致使赔偿请求人不能证明的待证事实；

……

《最高人民法院关于审理行政赔偿案件若干问题的规定》（法释〔2022〕10号）

第十一条　行政赔偿诉讼中，原告应当对行政行为造成的损害提供证据；因被告的原因导致原告无法举证的，由被告承担举证责任。

人民法院对于原告主张的生产和生活所必需物品的合理损失，应当予以支持；对于原告提出的超出生产和生活所必需的其他贵重物品、现金损失，可以结合案件相关证据予以认定。

参考案例1

最高人民法院指导案例91号　安徽省高级人民法院（2015）皖行赔终字第00011号　沙某等诉某区人民政府房屋强制拆除行政赔偿案

【裁判要旨】在房屋强制拆除引发的行政赔偿案件中，原告提供了初步证据，但因行政机关的原因导致原告无法对房屋内物品损失举证，故该损失是否存在、具体损失情况如何等，依法应由某区人民政府承担举证责任。行政机关亦因未依法进行财产登记、公证等措施无法对房屋内物品损失举证的，人民法院对原告未超出市场价值的符合生活常理的房屋内物品的赔偿请求，应当予以支持。

参考案例 2

最高人民法院公报案例　最高人民法院（2017）最高法行再 101 号许某诉某区人民政府行政强制及行政赔偿案

【裁判要旨】行政赔偿是指行政机关实施违法的行政行为，侵犯行政相对人合法权益，由国家依法予以赔偿的制度。因房屋被强制拆除引发的一并提起的行政赔偿诉讼中，人民法院应当结合违法行为类型与违法情节轻重，综合协调适用《国家赔偿法》规定的赔偿方式、赔偿项目、赔偿标准与《国有土地上房屋征收与补偿条例》规定的补偿方式、补偿项目、补偿标准，依法、科学地确定赔偿项目和赔偿数额，让被征收人得到的赔偿不低于其依照征收补偿方案可以获得的征收补偿，确保产权人得到公平合理的补偿。本案在强制拆除前，既无征收决定，也无补偿决定，许某也未同意先行拆除房屋，且至今双方仍未达成补偿安置协议，许某至今未得到任何形式的补偿，强制拆除已构成重大且明显违法，应当依法赔偿。

34. 违法强拆行政赔偿案件中的赔偿原则及赔偿标准
——刘某诉某区人民政府违法强拆行政赔偿纠纷案

【基本案情和行政救济策略】

刘某原拥有位于某区宏发大厦的一套房屋，建筑面积为97.82平方米，设计用途为住宅，并办理了《房屋所有权证》和《国有土地使用证》。

2016年10月，该区政府作出了《国有土地上房屋征收决定》，决定对该区大桥河西交通优化及环境综合整治（一期）征收范围内的国有土地上房屋实施征收。该征收决定明确了征收部门、签约期限并附有房屋征收补偿方案，还告知被征收人具有提起行政复议和行政诉讼的权利。刘某的房屋在上述征收范围内。

2016年12月，刘某与该区土地和房屋征收事务管理办公室签订了《国有土地上房屋征收补偿协议书》，约定征收刘某案涉房屋的各项补偿费用总额为631127元；同时约定对补偿款分期付款，首付35万元，余款待刘某腾空房屋并移交给征收部门后3—5个工作日内付清。刘某因对协议的部分内容有异议，没有依协议按时搬迁。

2017年1月，工程造价咨询有限公司出具《（刘某）户的房屋征收货币补偿计价审核报告》，审核认定刘某案涉房屋征收补偿金额为631127元。2017年4月，该区土地和房屋征收事务管理办公室通过中国工商银行以转账方式支付35万元至刘某账户，剩余款项至今未予支付。2017年6月，案涉房屋被拆除。

刘某和代理律师认为，区政府在没有给予搬迁安置补偿的情况下，组织实施强制拆除该房屋的行为违法，并对其造成了重大的经济损失。对于本案的行政救济，既可以选择一并提起确认行政违法并赔偿的行政诉讼，也可以先单独提起确认违法的行政诉讼，待法院判决确认行政行为违法之后，再向区政府申请行政赔偿，或直接向法院提起行政赔偿诉讼。由于行政赔偿案件的损失往往难以举证，赔偿金额通常要通过鉴定评估等方式确定，诉讼过程较长且复杂，而法院判决行政违法则相对简单。对当事人来说，先取得行政违法的判决也是后续主张赔偿的有利条件，更容易解决赔偿问题。为此，刘某决定先行提出请求确认违法的诉讼，法院作出判决确认区政府拆除刘某涉案房屋的行政行为违法，之后刘某根据这一生效判决另行提起了本案行政赔偿诉讼。

【行政救济情况及处理结果】

刘某以区政府为被告向当地中级人民法院提起行政赔偿的诉讼，其诉讼请求为判决被告区政府立即恢复刘某的房屋原状并赔偿因违法强拆造成的各项损失50万元。

一审法院经审理认为，对案涉的被拆除房屋，区政府应当按照补偿协议约定的内容履行支付全额补偿款631127元的义务；区政府拆除涉案房屋的行政行为违法，故对刘某因房屋被拆除遭受的损失，依法应当承担赔偿责任。同时认为，因刘某与房屋征收部门的房屋征收补偿协议系双方自愿签订的，是其真实意思表示，因而对刘某因房屋被拆遭受的损失可参照该协议内容予以认定。一审法院作出判决：由区政府赔偿拆除刘某房屋造成的各项损失281127元，并按银行同期存款利率标准支付利息；驳回刘某的其他诉讼请求。刘某及区政府均不服一审判决，提起上诉。

二审法院经审理认为，区政府强制拆除刘某房屋的行为已被确认违法，应当由区政府对刘某的合法损失予以赔偿，且房屋被拆除后不能恢复原状也不能原地重建，根据法律规定应当按照违法强拆造成的直接损失予以赔偿。刘某的直接损失为：协议内损失60万元、房屋内物品损失7万元、其他损失3万元，再扣除征收部门已经支付的35万元，共计35万元。同时认为，刘某提出房屋主体价值和装饰装修的损失已经包括在协议中,不能另外赔偿;误工损失、精神损害损失也不在本案赔偿范围内。此外,二审法院认为一审判决仅参照协议内容认定刘某的直接损失,未考虑强拆造成的屋内物品损失及其他合理损失部分,混淆了补偿与赔偿的区别,应予以纠正。判决变更原一审赔偿损失 28.1127 万元为 35 万元。刘某不服,向最高人民法院申请再审。

刘某申请再审认为,政府违法拆迁房屋应承担全面、足额的赔偿责任,应以赔偿作出时的时间节点的市场价格作为依据进行赔偿;二审法院在区政府未提出核减费用请求的情况下,扣除搬迁费、安置费是明显错误的;法院在未进行调查的情况下,酌情认定其仅有 7 万元家庭财产没有事实和理由;租金损失属于直接损失。

最高人民法院再审认为,以赔偿决定时有效的房地产市场评估价格为基准的前提,比房屋征收决定中确定的补偿时点的市场价格有了较大上涨,本案中发布房屋征收决定时的房屋市场价格与二审判决时的房屋市场价格并无明显区别;二审判决扣除补偿协议约定的按期搬迁奖励、搬迁费、临时安置费,系适用法律不当,应纳入赔偿范围,计算为直接损失;刘某仅提供《房屋内财产损失清单》,无法证明翡翠手镯等贵重物品是否存在,二审法官遵循法律规定和证据规则,酌情认定刘某屋内物品损失 7 万元,符合本案实际且合乎情理;本案临时安置费可以满足刘某搬迁和安置的要求,仍主张租金损失没有依据。此外,最高人民法院认为若违法损害赔偿金不计付利息,则会使受害人的直接损失无法得到全部赔偿,甚至可能促使加害人拖延履行赔偿义务,故本案应从强拆之日起计算银行利息,以一年期同类存款基准利率计算。

最高人民法院最终作出判决:撤销二审法院赔偿 35 万元判项;判决区政府于本判决生效之日起 30 日内,赔偿刘某各项损失 38.1127 万元及利息。

【争议问题和法律评析】

一、行政补偿和行政赔偿应当遵循的原则

在现有法律规定中,行政补偿尚没有统一的标准,但从各个部门法律

规定及相关文件精神来看，行政补偿应当遵循及时公平合理补偿的这一基本原则。

该原则主要体现在以下政策法规中：《国有土地上房屋征收与补偿条例》第二条规定，为了公共利益的需要，征收国有土地上单位、个人的房屋，应当对被征收房屋所有权人给予公平补偿；《土地管理法》第六十六条第二款规定，收回农民集体所有的土地的，对土地使用权人应当给予适当补偿；《城市房地产管理法》第二十条规定，提前收回国有土地使用权的，根据土地使用者使用土地的实际年限和开发土地的实际情况给予相应的补偿；《中共中央、国务院关于完善产权保护制度依法保护产权的意见》第八条指出，土地、房屋等财产征收征用应遵循及时合理补偿原则，给予被征收征用者公平合理补偿。

虽然上述政策法规关于补偿原则的表述并不一致，但从其制定目的及中央文件精神可以确定，行政补偿应当遵循及时公平合理的补偿原则。但仍有少数行政机关错误理解立法原意，教条式地依据法条中"适当""相应"补偿的规定，给予相对人大打折扣的部分补偿，甚至拖延或不履行补偿义务，违反了及时公平合理补偿的行政补偿原则。

违法征收、强拆类行政赔偿案件的司法裁判实务中，法院对于赔偿秉持的基本原则是：赔偿数额至少应不低于赔偿请求人依照安置补偿方案可以获得的全部征收补偿权益，本案中最高人民法院的裁判理由亦予以明确。法院在审理行政赔偿案件时，不能让赔偿请求人获得的赔偿数额低于依法征收可能获得的补偿数额，其理由如下：一是因为《国家赔偿法》规定了依法全面赔偿的要求，原通过补偿应获得的权益当然属于违法行为造成的损失范围。二是体现赔偿诉讼的惩戒性和对被侵权人的关爱与体恤，最大限度地发挥国家赔偿制度在维护和救济因受到公权力不法侵害的行政相对人的合法权益方面的功能与作用。比如，许某诉某区人民政府行政强制及行政赔偿案（见参考案例1）中，最高人民法院同样认为，为体现对违法征收和违法拆除行为的惩戒，并有效维护许某合法权益，对许某房屋的赔偿不应低于因依法征收所应得到的补偿。而在这一原则基础上，根据《国家赔偿法》的规定还要对违法行为造成的其他损失，如违法强拆造成的屋内物品毁损灭失、停产停业等损失另行赔偿，以符合全面赔偿原则。

因此，行政赔偿诉讼中法院确定行政机关应当赔偿的数额时，除应遵循及时公平合理的理念外，还要坚持全面赔偿原则，既要体现对行政机关违法行为的惩戒，也要确保赔偿请求人的合法权益得到充分保障。

二、国家赔偿法规定的行政赔偿范围

《国家赔偿法》运用了肯定式列举与否定式列举相结合的模式，从保护公民人身权、财产权两个方面界定了行政赔偿的范围。

（一）侵犯人身权的行政赔偿

从《国家赔偿法》第三条的规定来看，纳入行政赔偿范围的人身权损害，主要是指人身自由权和生命健康权的损害。在人身自由权方面具体包括：（1）违法拘留或违法采取限制人身自由的行政强制措施，包括违法进行强制约束、强制传唤、强制扣留等行政行为；（2）非法拘禁或者以其他方法非法剥夺公民人身自由的行为。在生命健康权方面具体包括：（1）行政机关工作人员实施暴力行为造成公民伤害或死亡的，包括殴打、虐待等行为或者唆使、放纵他人以殴打、虐待等行为；（2）违法使用武器、警械的行为，造成公民身体伤害或者死亡的；（3）其他违法行为造成公民身体伤害或者死亡的，即凡是行政机关及其工作人员行使职权造成公民身体伤害或者死亡的，都应承担行政赔偿责任。

（二）侵犯财产权的行政赔偿

财产权是指公民、法人和其他组织对财产的占有、使用、收益和处分的权利，是权利主体对财产的实际控制、利用和收取财产所产生的利益。根据《国家赔偿法》第四条之规定，侵犯他人财产权的行政赔偿范围主要包括：（1）违法实施罚款、吊销许可证和执照、责令停产停业、没收财物等行政处罚的；（2）违法对财产采取查封、扣押、冻结等行政强制措施的；（3）违法征收、征用财产的；（4）造成财产损害的其他违法行为，如本案违法强制拆除的行为造成房屋及相关财产性权益损失的。

三、关于违法征收、强拆房屋要求赔偿的具体项目及标准

（一）房屋损失的赔偿方式与赔偿标准

《国家赔偿法》第三十二条规定，国家赔偿以支付赔偿金为主要方式。能够返还财产或者恢复原状的，予以返还财产或者恢复原状，这是国家赔偿首选的赔偿方式。若相关财产客观上已无法返还或恢复原状时，则应支付相应的赔偿金或采取其他赔偿方式。比如，本案房屋已经被拆除，既可以要求置换该地段或者就近地段同等价值的房屋，也可以根据房地产市场价格为基准计付赔偿款。根据上文提到的行政赔偿原则及司法裁判的实践，房屋赔偿的标准不应低于因依法征收所应得到的补偿。

对于房屋是否需要重新评估以及评估时点如何确定的问题，主要看作出赔偿决定时房屋价格是否明显上涨。比如，许某诉某区人民政府行政强制及行政赔偿一案（见参考案例1）中，最高人民法院认为应根据作出赔偿决定时点有效的房地产市场评估价格进行赔偿。而本案中，最高人民法院则认为判决时的房地产市场价格相对原发布房屋征收决定时并无明显区别，以原补偿协议的标准赔偿并未减损当事人利益，不再以赔偿决定时点进行重新评估。

至于如何进行评估，则应参考《国有土地上房屋征收与补偿条例》第二十条规定的方式确定房地产价格评估机构；鉴于房屋已被拆除，房地产评估机构可以参考《国有土地上房屋征收评估办法》第十三条所规定的方法，本着疑点利益归于产权人的原则，独立、客观、公正地出具评估报告。

此外，被认定为违法建筑的房屋，虽根据《国家赔偿法》第二条赔偿合法权益的规定而无法获得赔偿，但根据《国家赔偿法》第三十六条第（八）项的规定，违法行政行为造成的直接损失应当给予赔偿，即房屋建筑成本和房屋设施设备安装成本仍应给予赔偿。实践中，违法建筑的被违法强拆的损失一般包括：（1）根据房屋框架结构的性质、面积计算的建筑成本；（2）青苗及附属设施赔偿。

（二）屋内物品损失的赔偿金额确定方式

行政机关违法征收、强拆房屋的，当事人一般情况下难以证明其屋内物品损失的具体情况，如何确定损失一直是司法裁判中的难点。

根据我国《行政诉讼法》第三十八条第二款规定，在行政赔偿、补偿的案件中，原告应当对行政行为造成的损害提供证据；因被告的原因导致原告无法举证的，由被告承担举证责任。因此，因行政机关违反正当程序，不依法公证或者依法制作证据清单，给原告履行举证责任造成困难的，且被告也无法举证证明实际损失金额的，法院可在原告就损失金额所提供证据能够初步证明其主张的情况下，依法作出不利于行政机关的损失金额认定。

再根据《最高人民法院关于适用〈中华人民共和国行政诉讼法〉的解释》第四十七条第三款规定，当事人的损失因客观原因无法鉴定的，法院应当结合当事人的主张和在案证据，遵循法官职业道德，运用逻辑推理和生活经验、生活常识等，酌情确定赔偿数额。比如，本案二审法官遵循法律规定和证据法则，并考虑强制搬迁的具体情况，结合刘某主张的生活用品、家具家电等财物损失的情况，酌情认定损失7万元，并获得了最高人民法院再审的支持。

（三）停产停业损失的赔偿标准

《国有土地上房屋征收与补偿条例》第十七条和第二十三条规定，因征收房屋造成的停产停业损失应当给予补偿，根据房屋被征收前的效益、停产停业期限等因素确定；具体办法由省、自治区、直辖市制定。鉴于此，因违法征收、强拆房屋的行为导致当事人停产停业的损失，当然应予以赔偿。司法实践中，如果当事人能提供营业执照、纳税证明等证据，证明其为经营用房（非住宅房屋）条件的，应当合理确定停产停业损失的金额并予以赔偿。

根据《国家赔偿法》第三十六条第（六）项和《最高人民法院关于审理民事、行政诉讼中司法赔偿案件适用法律若干问题的解释》第十四条的规定，赔偿停产停业期间必要的经常性费用开支，是指法人、其他组织和个体工商户为维系停产停业期间运营所需的基本开支，包括留守职工工资、必须缴纳的税费、水电费、房屋场地租金、设备租金、设备折旧费等必要的经常性费用。

当事人除依据补偿标准外,还可以依据上述条款规定主张责令停产停业的损失,但是法院也会考虑临时性、过渡性等因素不予全部支持。比如,许某诉某区人民政府行政强制及行政赔偿案(见参考案例1)中,最高人民法院认为,由于征收过程中的停产停业损失,只是补偿因征收给房屋所有权人经营造成的临时性经营困难,具有过渡费用性质,因而只能计算适当期间或者按照房屋补偿金额的适当比例计付;同时认为,当事人在征收或者侵权行为发生后的适当期间,也应当及时寻找合适地址重新经营,不能将因自身原因未开展经营的损失,全部由行政机关来承担。

(四)按期搬迁奖励、搬迁费、临时安置费等其他费用

《国有土地上房屋征收与补偿条例》第十七条规定,对被征收人给予的补偿包括因征收房屋造成的搬迁、临时安置的补偿,此外还应给予补助和奖励;第二十二条规定,因征收房屋造成搬迁的,房屋征收部门应当向被征收人支付搬迁费。故涉及国有土地上的房屋补偿的,按照上述规定,依法应当给予被征收人搬迁、临时安置的补偿以及补助、奖励。

在房屋征收强制拆除的赔偿案件中,计算"直接损失"时应当包括当事人因违法强拆行为造成的直接财产损失和其他必得利益。当事人在正常的征收补偿程序中依据安置补偿方案应得的利益,均应认定为其所受到的直接损失,应予赔偿。比如,本案中最高人民法院就认定因强制拆除行为违法,原补偿协议中约定的按期搬迁奖励、搬迁费和临时安置费均应纳入赔偿范围,计算为直接损失。

(五)利息损失

行政赔偿原则上只赔直接损失,唯一要赔偿的间接损失是"利息"。《国家赔偿法》第二条第二款规定,赔偿义务机关应当及时履行赔偿义务;第九条第一款规定,行政机关及其工作人员违法造成人身、财产损害的,应当给予赔偿。故赔偿义务机关有及时支付赔偿金的法定义务。

依据公平原则,行政机关在违法征收或强制拆除房屋后,理应及时履行

赔偿义务，尽快支付违法损害赔偿金，以使赔偿金的孳息尽早归于受害人，尽可能减少受害人的损失。若违法损害赔偿金不计付利息，则会使受害人的直接损失无法得到全部赔偿，甚至可能促使加害人拖延履行赔偿义务。故在司法裁判实践中，部分法院认为，未及时支付赔偿金所产生的利息亦属于直接损失的范围。比如，本案中最高人民法院认为利息损失应当予以赔偿，以判决的赔偿金额为基数，以违法强拆的时间为起始时间计算银行利息，利息以作出生效赔偿判决时中国人民银行公布的一年期人民币整存整取定期存款基准利率计算，不计算复利。

【需要注意的问题】

本案涉及行政赔偿标准的问题，2022年5月1日起施行的《最高人民法院关于审理行政赔偿案件若干问题的规定》（法释〔2022〕10号）作了重大修改，对各类赔偿标准作出了具体的规定。

1. 关于财产损害及违法征收征用土地房屋的赔偿原则，司法解释第二十七条规定，不能返还财产或者恢复原状的，按照损害发生时该财产的市场价格计算损失；市场价格无法确定，或者该价格不足以弥补公民、法人或者其他组织损失的，可以采用其他合理方式计算。违法征收征用土地、房屋，人民法院判决给予被征收人的行政赔偿，不得少于被征收人依法应当获得的安置补偿权益。上述条款的规定，基本与最高院判例的裁判标准是一致的。

2. 关于停产停业期间必要的经常性费用开支的构成，司法解释第二十八条作出具体规定，包括：（1）必要留守职工的工资；（2）必须缴纳的税款、社会保险费；（3）应当缴纳的水电费、保管费、仓储费、承包费；（4）合理的房屋场地租金、设备租金、设备折旧费；（5）维系停产停业期间运营所需的其他基本开支。

3. 关于国家赔偿法规定的"直接损失"，司法解释第二十九条作出具体规定，包括：（1）存款利息、贷款利息、现金利息；（2）机动车停运期间的营运损失；（3）通过行政补偿程序依法应当获得的奖励、补贴等；（4）对财产造成的其他实际损失。这一规定将利息认定为直接损失，更有利于弥补当事人的实际损失。

上述修改，对于当事人主张相关损失提供了法律条款支持，改变了原司法实践中由法官依据相关证据进行自由裁量的裁判规则，更有利于对当事人合法权益的保护。

【参考法条和相关资料】

《中华人民共和国国家赔偿法》（2012年10月26日修正）

第二条 国家机关和国家机关工作人员行使职权，有本法规定的侵犯公民、法人和其他组织合法权益的情形，造成损害的，受害人有依照本法取得国家赔偿的权利。

本法规定的赔偿义务机关，应当依照本法及时履行赔偿义务。

第三条 行政机关及其工作人员在行使行政职权时有下列侵犯人身权情形之一的，受害人有取得赔偿的权利：

（一）违法拘留或者违法采取限制公民人身自由的行政强制措施的；

（二）非法拘禁或者以其他方法非法剥夺公民人身自由的；

（三）以殴打、虐待等行为或者唆使、放纵他人以殴打、虐待等行为造成公民身体伤害或者死亡的；

（四）违法使用武器、警械造成公民身体伤害或者死亡的；

（五）造成公民身体伤害或者死亡的其他违法行为。

第四条 行政机关及其工作人员在行使行政职权时有下列侵犯财产权情形之一的，受害人有取得赔偿的权利：

（一）违法实施罚款、吊销许可证和执照、责令停产停业、没收财物等行政处罚的；

（二）违法对财产采取查封、扣押、冻结等行政强制措施的；

（三）违法征收、征用财产的；

（四）造成财产损害的其他违法行为。

第三十二条 国家赔偿以支付赔偿金为主要方式。

能够返还财产或者恢复原状的，予以返还财产或者恢复原状。

第三十六条 侵犯公民、法人和其他组织的财产权造成损害的，按照下列规定处理：

……

（六）吊销许可证和执照、责令停产停业的，赔偿停产停业期间必要的经常性费用开支；

……

（八）对财产权造成其他损害的，按照直接损失给予赔偿。

《中华人民共和国土地管理法》（2019年8月26日修正）

第六十六条第一款、第二款 有下列情形之一的，农村集体经济组织报经原批准用地的人民政府批准，可以收回土地使用权：

（一）为乡（镇）村公共设施和公益事业建设，需要使用土地的；

……

依照前款第（一）项规定收回农民集体所有的土地的，对土地使用权人应当给予适当补偿。

《中华人民共和国城市房地产管理法》（2019年8月26日修正）

第二十条 国家对土地使用者依法取得的土地使用权，在出让合同约定的使用年限届满前不收回；在特殊情况下，根据社会公共利益的需要，可以依照法律程序提前收回，并根据土地使用者使用土地的实际年限和开发土地的实际情况给予相应的补偿。

《中华人民共和国行政诉讼法》（2017年6月27日修正）

第三十八条第二款 在行政赔偿、补偿的案件中，原告应当对行政行为造成的损害提供证据。因被告的原因导致原告无法举证的，由被告承担举证责任。

《国有土地上房屋征收与补偿条例》（2011年1月21日起施行）

第二条 为了公共利益的需要，征收国有土地上单位、个人的房屋，应当对被征收房屋所有权人（以下称被征收人）给予公平补偿。

第十七条 作出房屋征收决定的市、县级人民政府对被征收人给予的补偿包括：

......

（二）因征收房屋造成的搬迁、临时安置的补偿；

（三）因征收房屋造成的停产停业损失的补偿。

市、县级人民政府应当制定补助和奖励办法，对被征收人给予补助和奖励。

第二十二条 因征收房屋造成搬迁的，房屋征收部门应当向被征收人支付搬迁费；选择房屋产权调换的，产权调换房屋交付前，房屋征收部门应当向被征收人支付临时安置费或者提供周转用房。

第二十三条 对因征收房屋造成停产停业损失的补偿，根据房屋被征收前的效益、停产停业期限等因素确定。具体办法由省、自治区、直辖市制定。

《中共中央、国务院关于完善产权保护制度依法保护产权的意见》（中发〔2016〕28号）

八、完善财产征收征用制度

完善土地、房屋等财产征收征用法律制度，合理界定征收征用适用的公共利益范围，不将公共利益扩大化，细化规范征收征用法定权限和程序。遵循及时合理补偿原则，完善国家补偿制度，进一步明确补偿的范围、形式和标准，给予被征收征用者公平合理补偿。

《最高人民法院关于适用〈中华人民共和国行政诉讼法〉的解释》（法释〔2018〕1号）

第四十七条第三款 当事人的损失因客观原因无法鉴定的，人民法院应当结合当事人的主张和在案证据，遵循法官职业道德，运用逻辑推理和生活经验、生活常识等，酌情确定赔偿数额。

《最高人民法院关于审理民事、行政诉讼中司法赔偿案件适用法律若干问题的解释》（法释〔2016〕20号）

第十四条 国家赔偿法第三十六条第六项规定的停产停业期间必要的经常性费用开支，是指法人、其他组织和个体工商户为维系停产停业期间运营所需的基本开支，包括留守职工工资、必须缴纳的税费、水电费、房屋场地租金、设备租金、设备折旧费等必要的经常性费用。

《最高人民法院关于审理行政赔偿案件若干问题的规定》（法释〔2022〕10号）

第二十七条　违法行政行为造成公民、法人或者其他组织财产损害，不能返还财产或者恢复原状的，按照损害发生时该财产的市场价格计算损失。市场价格无法确定，或者该价格不足以弥补公民、法人或者其他组织损失的，可以采用其他合理方式计算。

违法征收征用土地、房屋，人民法院判决给予被征收人的行政赔偿，不得少于被征收人依法应当获得的安置补偿权益。

第二十八条　下列损失属于国家赔偿法第三十六条第六项规定的"停产停业期间必要的经常性费用开支"：

（一）必要留守职工的工资；

（二）必须缴纳的税款、社会保险费；

（三）应当缴纳的水电费、保管费、仓储费、承包费；

（四）合理的房屋场地租金、设备租金、设备折旧费；

（五）维系停产停业期间运营所需的其他基本开支。

第二十九条　下列损失属于国家赔偿法第三十六条第八项规定的"直接损失"：

（一）存款利息、贷款利息、现金利息；

（二）机动车停运期间的营运损失；

（三）通过行政补偿程序依法应当获得的奖励、补贴等；

（四）对财产造成的其他实际损失。

参考案例1

最高人民法院公报案例　最高人民法院（2017）最高法行再101号许某诉某区人民政府行政强制及行政赔偿案

【裁判要旨】市、县级人民政府在既未作出补偿决定又未通过补偿协议解决补偿问题的情况下，违法强制拆除被征收人房屋的，应当赔偿被征收人房屋价值损失、屋内物品损失、安置补偿等损失。人民法院在确定赔偿数额时,应当坚持全面赔偿原则,合理确定房屋等的评估时点,并综合协调适用《国家赔偿法》规定的赔偿方式、赔偿项目、赔偿标准与《国有土地上房屋征收与补偿条例》规定的补偿方式、赔偿项目、赔偿标准,确保被征收人得到的赔偿不低于其依照征收补偿方案可以得到的征收补偿。

参考案例 2

最高人民法院(2018)最高法行赔再 4 号 刘某诉某区人民政府行政赔偿案

【裁判要旨】 人民法院在审理行政赔偿案件时,确定赔偿数额时要坚持全面赔偿和公平合理的理念,既要体现对行政机关违法拆除行为的惩戒,也要确保赔偿请求人的合法权益得到充分保障。在房屋征收强制拆除的行政赔偿案件中,依照现行法律规定确定行政赔偿项目和数额时应当秉持的基本原则是,赔偿数额至少应不低于赔偿请求人依照安置补偿方案可以获得的全部征收补偿权益,不能让赔偿请求人获得的赔偿数额低于依法征收可能获得的补偿数额,以体现赔偿诉讼的惩戒性和对被侵权人的关爱与体恤,最大限度地发挥国家赔偿制度在维护和救济因受到公权力不法侵害的行政相对人的合法权益方面的功能与作用。此时,对《国家赔偿法》第三十六条中关于赔偿损失范围之"直接损失"的理解,不仅包括赔偿请求人因违法拆除行为造成的直接财产损失,还应包括其作为被征收人所可能享有的全部房屋征收安置补偿权益,如产权调换安置房、过渡费、搬家费、奖励费以及对动产造成的直接损失等,如此才符合《国家赔偿法》的立法精神。

图书在版编目（CIP）数据

行政复议和行政诉讼实务与案例指引/朱加宁主编.—2版.—北京：中国法制出版社，2024.4

（中国人民大学律师学院律师操典丛书/刘瑞起总主编）

ISBN 978-7-5216-4283-4

Ⅰ.①行… Ⅱ.①朱… Ⅲ.①行政复议—案例—中国 ②行政诉讼法—案例—中国 Ⅳ.① D925.305

中国国家版本馆 CIP 数据核字（2024）第 048340 号

责任编辑：秦智贤（qinzhixian@zgfzs.com） 封面设计：杨泽江

行政复议和行政诉讼实务与案例指引
XINGZHENG FUYI HE XINGZHENG SUSONG SHIWU YU ANLI ZHIYIN

主编/朱加宁
经销/新华书店
印刷/三河市国英印务有限公司

开本 / 710 毫米 × 1000 毫米　16 开	印张 / 19　字数 / 290 千
版次 / 2024 年 4 月第 2 版	2024 年 4 月第 1 次印刷

中国法制出版社出版
书号 ISBN 978-7-5216-4283-4　　　　　　　　　　　　定价：66.00 元

北京市西城区西便门西里甲 16 号西便门办公区
邮政编码：100053

网址：http://www.zgfzs.com	编辑部电话：010-63141798
市场营销部电话：010-63141612	印务部电话：010-63141606

传真：010-63141600

（如有印装质量问题，请与本社印务部联系。）